Workbook/Lab Man...
Cuaderno de actividades y Manua...

¡Dímelo tú!

Workbook/Lab Manual

¡Dímelo tú!

Cuaderno de actividades y Manual de laboratorio

SIXTH EDITION

Francisco Rodríguez Nogales
Santa Barbara City College

Fabián A, Samaniego
Emeritus, University of California–Davis

Thomas J. Blommers
California State University–Bakersfield

HEINLE
CENGAGE Learning

Australia • Brazil • Japan • Mexico • Singapore • Spain • United Kingdom • United States

HEINLE
CENGAGE Learning

ISBN-13: 978-1-4282-6307-9
ISBN-10: 1-4282-6307-1

Heinle
20 Channel Center St.
Boston, MA 02210
USA

Cengage Learning is a leading provider of customized learning solutions with office locations around the globe, including Singapore, the United Kingdom, Australia, Mexico, Brazil, and Japan. Locate your local office at:
international.cengage.com/region

Cengage Learning products are represented in Canada by Nelson Education, Ltd.

For your course and learning solutions, visit
www.cengage.com

Purchase any of our products at your local college store or at our preferred online store **www.ichapters.com**

Printed in the United States of America
1 2 3 4 5 6 7 13 12 11 10 09 08

Contents

Preface

The **Cuaderno de Actividades** is an integral part of the *¡Dímelo tú!* program. It provides numerous vocabulary-building activities and structured aural, reading, and writing exercises designed to help you attain specific competency goals. In order to help you learn to focus on the message being communicated, all exercises in the **Cuaderno** are contextualized or personalized. New concepts and important vocabulary are carefully recycled in all sections to help you achieve the expected competency.

Actividades de práctica escrita

Each section in a given chapter of the **Actividades de práctica escrita** is organized in the following manner.

- **Practice of *Vocabulario.*** Chapter vocabulary practiced in meaningful contexts and word game formats.
- **Practice of *En preparación.*** Contextualized grammar exercises keyed to the grammar presented in each **Paso.**
- ***El rincón de los lectores.*** Supplemental cultural readings with pre- and post-reading activities in the last **Paso** of every chapter.
- ***¡Escríbelo!*** This open-ended writing practice, in the last **Paso** of every chapter, is designed to give you the opportunity to use the language creatively following the writing strategies that you learned working with *¡Dímelo tú!*

  You are invited to use *Atajo 4.0: Writing Assistant for Spanish* to help you with vocabulary, grammar, and useful phrases pertaining to your writing task. *Atajo* can also help you avoid spelling errors.

Actividades de práctica de comprensión auditiva

The **Actividades de práctica de comprensión auditiva** is accompanied by audio CDs. Each section in a given chapter is organized in the following manner.

- **Listening comprehension practice of *Vocabulario.*** These real-world listening activities consist of radio, TV, public address announcements, phone conversations, and the like, to help you develop competency in listening.
- **Listening comprehension practice of *En preparación.*** A variety of contextualized/personalized exercises keyed to the grammar presented in each Paso reinforce new structures and recycle important vocabulary.
- ***Pronunciación.*** These activities are designed to help you develop near-native pronunciation in Spanish. Emphasis on sound discrimination helps develop good listening skills at an early stage. Practice on syllabification and accentuation will help you bridge the gap between aural/oral skills and reading/writing skills.
- ***Acentuación.*** This section provides ample practice aimed at helping you master Spanish accentuation, both in speaking and writing.
- ***Dictado.*** In this section you will fine-tune your listening skills by listening to brief statements about the country being studied in each chapter, and practice writing exactly what you hear.

Un paso más allá: Actividades de práctica con el video

In each chapter of *Dímelo tú,* those of you looking for a greater challenge in understanding spoken Spanish, will get to know five people from different Spanish-speaking countries that have come together to live and learn from each other in "La Hacienda Vista Alegre" outside San Juan, Puerto Rico. Before watching each segment, you'll review strategies that will help you to better comprehend what you see and hear. Then, you'll do activities in which you will demonstrate your understanding of the information.

More specifically, the video offers a total of fourteen segments that correspond to the chapters of the *¡Dímelo tú!* textbook. For each video segment, there are a series of accompanying activities. First, the **Antes de ver el video** section prepares you for the video segment through the completion of pre-viewing activities that activate background knowledge and allow you to review and apply the viewing and listening strategies (recognizing cognates, anticipating information, listening from the top down, etc.) that you have learned in the **Saber comprender** sections of your textbook. Second, the **Al ver el video** section assesses your comprehension of the video segment and provides you with additional practice of linguistic structures and vocabulary presented in your textbook. Finally, the **Después de ver el video** section includes form-focused communicative activities that will motivate you to use your comprehension of the video segment as a springboard for additional open-ended, pair or group activities. **¡Empecemos!**

Francisco Rodríguez Nogales

Fabián A. Samaniego

Thomas J. Blommers

PARA EMPEZAR

¡Hola! Bienvenidos!

Práctica escrita

Practice of *Vocabulario*

*Before working on these exercises, review the **Para empezar, Vocabulario,** in your ¡**Dímelo tú!** textbook, and visualize the meaning of the words as you go over them. For pronunciation, you may listen to the ¡**Dímelo tú!** Text Audio CD.*

A. Asociaciones. What expression in column B do you associate with each one in column A?

	A		B
_____	1. ¡Muchas gracias!	a.	Alejandra.
_____	2. ¿Qué tal?	b.	¡Buenas!
_____	3. ¡Mucho gusto!	c.	El gusto es mío.
_____	4. ¿Cómo te llamas?	d.	¡De nada!
_____	5. ¡Buenas tardes!	e.	¡Terrible!

B. Los que están. Circle the word or expression that does not belong in each group.

1. ¡Gracias!   Buenas tardes.   Buenos días.

2. Me llamo…   Hasta pronto.   Yo soy…

3. Hasta luego.   Hasta mañana.   Igualmente.

4. mamá   conversación   papá

5. tú   abrazo   usted

1

C. Diálogos. Complete the dialogue using five of the following words or phrases.

¡Hola! ¿cómo te llamas? ¡Mucho gusto! Este es...

esta es Encantado Encantada

FRANCISCO: ¡Hola!

ANA: (1) _____

FRANCISCO: Me llamo Francisco. Y tú, (2) _____

ANA: ¿Yo? Me llamo Ana, Ana Rodríguez.

FRANCISCO: (3) _____

ANA: El gusto es mío.

FRANCISCO: Ana, (4) _____ la profesora Castillo.

ANA: (5) _____, profesora.

PROFESORA CASTILLO: Mucho gusto, Ana.

Practice of *En preparación*, PE.1

The Spanish alphabet and pronunciation: Vowels and diphthongs
Spelling and forming vowel sounds

D. Bellas ciudades. Write the names of these Latin American cities, as they are spelled out for you.

1. Eme, e, ene, de, o, zeta, a: _____, Argentina

2. Te, e, ge, u, ce, i, ge, a, ele, pe, a: _____, Honduras

3. Ese, a, ene, te, i, a, ge, o: _____, Chile

4. A, ce, a, pe, u, ele, ce, o: _____, México

5. Eme, o, ene, te, e, ve, i, de, e, o: _____, Uruguay

E. Hermosos países. Spell out the names of the following Latin American countries.

1. Argentina: _____

2. Bolivia: _____

3. Paraguay: _____

4. Chile: _____

5. Venezuela: _____

Practice of *En preparación*, PE.2

Saludos, presentaciones y despedidas

Greeting, introducing and saying good-bye

F. ¡Hola! You are studying abroad at the Universidad de Puerto Rico. Today is the first day of class and you are in the cafeteria listening to different people greet each other. Indicate which of their greetings are formal and which are informal by circling **formal** or **informal**.

1. ¡Hola, señora García! ¿Cómo está?   **formal**   **informal**

2. ¿Cómo estás, Margarita?   **formal**   **informal**

3. Hola, Juanito. ¿Qué tal?   **formal**   **informal**

4. Buenas noches, profesor Mena.   **formal**   **informal**

5. Buenas noches. ¿Cómo se llama usted?   **formal**   **informal**

G. Te quiero presentar a... Complete the following conversations between you, your friend Ramón, and Professor Rivera. The conversations take place at 4:00 P.M.

TÚ: ¡Buenas **(1)** _____, Ramón! ¿Cómo **(2)** _____?

RAMÓN: Muy **(3)** _____, gracias. ¿Y **(4)** _____?

TÚ: Bien, **(5)** _____.

While walking together, you meet one of your professors.

TÚ: **(6)** _____ tardes, profesora.

PROFESORA: **(7)** _____ _____.

TÚ: Mira, Ramón, te **(8)** _____ a mi **(9)** _____ de español.

RAMÓN: Mucho **(10)** _____, profesora Rivera.

PROFESORA: El **(11)** _____ es mío, Ramón.

Practice of *En preparación*, PE.3

Tú *and* **usted** *and titles of address*   *Addressing people*

H. ¿Tú o usted? Would you address the following people formally or informally? If formally, circle **usted**; if informally, circle **tú**.

1. el profesor Moreno   **tú**   **usted**

2. una amiga, Virginia Gutiérrez   **tú**   **usted**

3. un amigo, Ricardo Dorantes   **tú**   **usted**

4. la doctora Susana Barnes   **tú**   **usted**

5. la profesora Ygualt   **tú**   **usted**

El rincón de los lectores

Antes de empezar, dime...

In the United States, which of the above gestures (**gestos**) would be used by men (**hombres**) and which would be used by women (**mujeres**)? Circle who would use each one. If both would use the gesture, circle both; if none, circle **No se usa** to indicate that the gesture is not used.

		hombres	mujeres	No se usa
a.	apretón de manos	hombres	mujeres	No se usa
b.	despedida	hombres	mujeres	No se usa
c.	abrazo	hombres	mujeres	No se usa
d.	beso en la mejilla	hombres	mujeres	No se usa
e.	saludo	hombres	mujeres	No se usa

Lectura

Saludos y despedidas: El apretón de manos, el abrazo y el beso

El saludo y la despedida son expresiones culturales muy importantes en la sociedad humana. En la sociedad hispana, por ejemplo, el apretón de manos, el abrazo y el beso son características típicas de todos los saludos y despedidas. El apretón de manos es típico entre hombres, entre hombres y mujeres y entre mujeres. El abrazo también es típico entre hombres, entre hombres y mujeres y entre mujeres. El beso es común entre mujeres o entre hombres y mujeres, pero no entre hombres. Es importante reconocer que el beso no es en estas ocasiones un beso romántico. Al contrario, es un beso en la mejilla. En Hispanoamérica el beso es en una mejilla, pero en España generalmente es en las dos mejillas.

Y ahora, dime...

In the Spanish-speaking world, which of the groups indicated would use the gestures listed? Circle all that are correct.

a. apretón de manos	hombres/mujeres	mujeres/mujeres	hombres/hombres
b. ¡Adiós!	hombres/mujeres	mujeres/mujeres	hombres/hombres
c. abrazo	hombres/mujeres	mujeres/mujeres	hombres/hombres
d. beso en la mejilla	hombres/mujeres	mujeres/mujeres	hombres/hombres
e. ¡Hola!	hombres/mujeres	mujeres/mujeres	hombres/hombres

¡Escríbelo!

Imagine that you are getting ready to compete in a vocabulary contest with other first-year Spanish students. How many different greetings can you write in two minutes? Time yourself.

_____

_____

_____

_____

_____

Now list as many different ways as you can to say good-bye in two minutes. Time yourself.

_____

_____

_____

Práctica de comprensión auditiva 🎧

Listening comprehension practice of *Vocabulario*

A. Palabras. Listen to the following situations and select the word(s) that best respond(s) to it. [CD 1, track 2]

1. _____ a. Buenas tardes.   b. Buenos días.   c. Hola.

2. _____ a. Te presento a mi amiga Janet.   b. Le presento a mi amiga Janet.   c. ¡El gusto es mío!

3. _____ a. Encantado.   b. Bastante bien.   c. ¡Gracias!

4. _____ a. Muy bien, gracias. ¿Y tú?   b. Muy bien, gracias. ¿Y Ud.?   c. ¿Qué tal?

Listening comprehension practice of *En preparación*, PE.1

The Spanish alphabet and pronunciation: Vowels and diphtongs

B. Recepcionista. You are the receptionist at a hotel and are having difficulty reading the handwriting on some registration forms. Ask the following guests to spell their last name for you. Write the missing letters in the spaces below. [CD 1, track 3]

    MODELO   YOU HEAR: Aquí están Francisco Pacheco y familia. ¿Cómo se escribe su apellido?
            YOU WRITE: **P A C H E C O**

1. A_____ U_____ A   4. L_____ _____ A

2. _____ A _____ I _____ A   5. V A _____ E _____

3. P A_____ T O_____ A

C. ¿Cómo se escribe? You have just met two people from Bolivia and you would like to keep in contact with them. As they tell you their names and spell them for you, write their names below. [CD 1, track 4]

1. _____

2. _____

Listening comprehension practice of *En preparación*, PE.2

Saludos, presentaciones y despedidas

D. ¿Formal o informal? Listen to the following dialogues. Circle **formal, informal,** or **ambos** *(both)* according to the forms of address you hear used. The dialogues will be repeated. [CD 1, track 5]

1. formal   informal   ambos

2. formal   informal   ambos

3. formal   informal   ambos

4. formal   informal   ambos

5. formal   informal   ambos

Listening comprehension practice of *En preparación*, PE.3

Tú and usted *and titles of address*

E. Saludos. You are in the school cafeteria having breakfast. As various people greet you, respond appropriately using one of the choices below. [CD 1, track 6]

1. ___ a. ¿Cómo te llamas?   b. Buenos días, señor.   c. Hola, amigo.

2. ___ a. Y tú, ¿qué tal?   b. Bastante bien. ¿Y tú?   c. Igualmente.

3. ___ a. Mucho gusto.   b. Elvira Padilla. ¿Y usted?   c. Muy bien, gracias. ¿Y usted?

4. ___ a. Gilberto Silva. ¿Y tú?   b. Mi padre, Jorge Molina.   c. Encantada.

5. ___ a. ¿Y cómo se llama usted?   b. Hasta pronto.   c. Bien, ¿y tú?

F. A observar. You have just arrived in a Spanish-speaking country. Listen to the following conversations and circle **tú** if the speakers are using an informal form of address or **usted** if they are using a formal form. [CD 1, track 7]

1. tú   usted

2. tú   usted

3. tú   usted

4. tú   usted

5. tú   usted

Pronunciación

Vocales [CD 1, track 8]

The Spanish vowels are pronounced in a short, clear, and tense manner. Note the difference in length and sound of the vowels **a, e, i, o, u** in Spanish.

Repeat the following sounds after the speaker. Be careful to avoid lengthening the Spanish vowels.

1. a e i o u

2. ma me mi mo mu

3. na ne ni no nu

4. sa se si so su

5. fa fe fi fo fu

Now repeat the following words after the speaker.

1. Ana	él	ir	otro	cucú
2. llama	ménte	así	como	sur
3. mañana	excelente	dividir	ojo	tú

Acentuación [CD 1, track 9]

In Spanish, all words of two or more syllables have one syllable that is stressed more forcibly than the others. In writing Spanish, vowels can be marked with an accent to indicate which syllable is to be stressed (**á, é, í, ó, ú**). Whether one stressed vowel carries a written accent or not, depends on some basic accentuation rules that you will learn as you practice with *¡Dímelo tú!*

Listen to and repeat the following words. Do not worry now about the meaning of the words.

Now listen to these words again, and underline the syllable that is stressed by the speaker as they are pronounced. Remember that, in Spanish, only one syllable is stressed.

caso	casó	América	americano
entro	entró	canción	canciones
esta	está	examen	exámenes

Dictado [CD 1, track 10]

Listen as the narrator tells you the three most important characteristics of greetings and good-byes in the Spanish-speaking world, and write down exactly what you hear. The dictation will be repeated.

1. _____

2. _____

3. _____

CAPÍTULO **1** **¡A la universidad... en las Américas!**

Práctica escrita ✏

PASO **1** Mis compañeros... centroamericanos y caribeños

Practice of *Vocabulario*

Before working on these activities, review the **Capítulo 1, Paso 1, Vocabulario** *in your* **¡Dímelo tú!** *text-book, and visualize the meaning of the words as you go over them. For pronunciation, you may listen to the* **¡Dímelo tú!** *Text Audio CD.*

A. Examen. Select the word that does not belong in each group.

MODELO ☐ libro ☐ papel ☑ baloncesto

1. ☐ estudioso ☐ trabajador ☐ perezoso

2. ☐ bolígrafo ☐ mochila ☐ lápiz

3. ☐ fútbol ☐ sociable ☐ inteligente

4. ☐ ciclismo ☐ librería ☐ tenis

5. ☐ conservador ☐ liberal ☐ compañero

B. Categorías. In each list, choose the word (only one) that is related to the category at the top.

_____ 1. objetos	_____ 2. deportes	_____ 3. lugares	_____ 4. adjetivos
a. estupendo	a. librería	a. serio	a. pasatiempo
b. país	b. voleibol	b. baloncesto	b. nombre
c. papel	c. ciudad	c. ciudad	c. libro
d. deporte	d. elegante	d. mochila	d. extrovertido

C. Marcas y ejemplos. Match the words in column A with the words that you associate them with in column B.

A		B	
_____	1. Madrid, Nueva York	a.	clase
_____	2. personalidad	b.	baloncesto
_____	3. ¡Dímelo tú!	c.	universidad
_____	4. Yale, Harvard	d.	talentoso
_____	5. deporte	e.	ciudad
_____	6. Español 101, Historia 203	f.	libro

Practice of *En preparación,* 1.1

Subject pronouns and the verb ser: *Singular forms*

Clarifying, emphasizing, contrasting, and stating origin

D. ¡Tantos nombres! You and a friend are creating a list of people to be invited to your fraternity's (sorority's) open house. Your friend wants to confirm each name, as you list it. What do you say to confirm each name?

> MODELO   YOUR FRIEND: ¿José? ¿El amigo de Ricardo?
> YOU WRITE: **Sí, es él.**

1. ¿Luisa? ¿La amiga de Paco?

   _____

2. ¿Camila? ¿La presidenta de la Asociación de Estudiantes?

   _____

3. ¿Francisco? ¿El secretario de la asociación?

   _____

4. ¿La señora Peña? ¿La profesora de arte?

   _____

5. ¿Andrés? ¿El compañero de cuarto de Mario?

   _____

E. ¿Quién es? There are many new students on campus this semester and you want to know where they are from. What does your classmate say when you ask her these questions?

> MODELO　　YOU: ¿Es ella de Lima, Perú? (Sí)
> YOUR CLASSMATE: **Sí, ella es peruana.**

1. ¿Es el estudiante de La Habana, Cuba? (Sí)

   _____

2. ¿Eres tú de Caracas, Venezuela? (Sí)

   _____

3. ¿Es él de Montevideo, Uruguay? (Sí)

   _____

4. ¿Es la estudiante de San Salvador, El Salvador? (Sí)

   _____

5. ¿Es Elena de Asunción, Paraguay? (Sí)

   _____

Practice of *En preparación*, 1.2

Adjectives: Singular forms

Describing people, places, and things

F. ¡Rumores! There are rumors going around about some of your classmates, and you decide to put a stop to them. How do you contradict the rumors you hear?

> MODELO　Myrna es muy conservadora, ¿no?
> **No, ella es muy liberal.**

1. Manuel es muy impaciente, ¿no?

   _____

2. Consuelo es muy perezosa, ¿no?

   _____

3. Pepa es muy tímida, ¿no?

   _____

4. Jaime es introvertido, ¿no?

_____

5. Toñi es muy seria, ¿no?

_____

Practice of *En preparación*, 1.3

Gender and number: Articles and nouns

Indicating specific and nonspecific people and things

G. ¿Qué buscas? You are ready to leave for school, but first you have to find everything you will need for today. What do you look for?

> MODELO   lápices
> **Busco los lápices.**

1. bolígrafo _____

2. calculadora _____

3. mochila _____

4. libro de español _____

5. papel _____

6. diccionario _____

H. Mi cuarto. Your Spanish instructor wants to know what things you need in your room that are conducive to studying. What do you say?

> MODELO   escritorio *(desk)*
> **Necesito un escritorio.**

1. mochila _____

2. libros _____

3. bolígrafos _____

4. papeles _____

5. lápices _____

I. En la librería. There are several school supplies in the bookstore below. What are they?

1. _____

2. _____

3. _____

4. _____

5. _____

6. _____

MODELO   **Hay** *(There is)* **un diccionario en la librería.**

1. Hay _____ en la librería.

2. Hay _____ en la librería.

3. Hay _____ en la librería.

4. Hay _____ en la librería.

5. Hay _____ en la librería.

6. Hay _____ en la librería.

PASO 2 ¡Los latinoamericanos son... estupendos!

Practice of *Vocabulario*

Before working on these activities, review the **Capítulo 1, Paso 2, Vocabulario** *in your* **¡Dímelo tú!** *textbook, and visualize the meaning of the words as you go over them. For pronunciation, you may listen to the* **¡Dímelo tú!** *Text Audio CD.*

J. Personajes famosos. Circle the class in which these people are most likely to be mentioned.

1. Fidel Castro:	biología	física	ciencias políticas
2. Javier Bardem:	cine	música	educación física
3. Shakira:	historia	música	física
4. Pablo Picasso:	teatro	arte	literatura
5. Sandra Cisneros:	ingeniería	química	literatura

K. Similares. Match the words in these two columns according to their use.

A	B
_____ 1. bolígrafo	a. leer
_____ 2. televisión	b. escuchar
_____ 3. libro	c. hablar
_____ 4. radio	d. mirar
_____ 5. teléfono	e. escribir

L. Antónimos. Choose an antonym in column B for each word in column A.

A	B
_____ 1. grande	a. malo
_____ 2. fácil	b. desorganizado
_____ 3. bueno	c. pequeño
_____ 4. divertido	d. difícil
_____ 5. organizado	e. aburrido

Practice of *En preparación*, 1.4

Infinitives

Naming activities

M. Responsabilidades. Do you need to do the following activities this week?

> MODELO   estudiar
>   Sí, **necesito estudiar.**

1. comprar lápices

   Sí, _____.

2. esquiar

   No, _____.

3. llamar a unos amigos

   No, _____.

4. comer

   Sí, _____.

5. leer libros

   Sí, _____.

6. estudiar mucho

   Sí, _____.

Practice of *En preparación*, 1.5

Subject pronouns and the verb **ser:** *Plural forms*

Stating origin of several people

N. Estudiantes internacionales. The president of the International Students Association is introducing herself and some of the new students. What does she say? Use the correct form of **ser** as you tell what she says.

César y yo (1) _____ de Bolivia. Yo (2) _____ de La Paz y él (3) _____ de Sucre.

Elena (4) _____ de Ecuador. Ella (5) _____ estudiante de economía. Felipe y Jorge

(6) _____ de Venezuela. Ellos (7) _____ de la capital, Caracas. Todos nosotros

(8) _____ de Latinoamérica. Y ustedes, ¿de dónde (9) _____?

O. ¡Preguntas y más preguntas! What does Noah answer when his brother Bryan, asks him these questions?

> MODELO   BRYAN: ¿Ellos? ¿Amigos? (Sí)
>   NOAH: **Sí, ellos son amigos.**

1. BRYAN: ¿Ellas? ¿Estudiantes de la universidad? (Sí)

   NOAH: _____.

2. BRYAN: ¿Ella? ¿Una amiga? (Sí)

   NOAH: _____.

3. BRYAN: ¿Ustedes? ¿De Venezuela? (No)

   NOAH: _____.

4. BRYAN: ¿Tú? ¿De los Estados Unidos? (Sí)

   NOAH: _____.

5. BRYAN: ¿Ellos? ¿Estudiantes? (Sí)

   NOAH: _____.

6. BRYAN: ¿Yo? ¿Tímido? (No)

   NOAH: _____.

Practice of *En preparación*, 1.6

Adjectives: Plural forms

Describing people, places, and things

P. ¡Opiniones! You are completing a survey about your own university. Express your opinion by selecting the correct options to complete the sentences.

_____ 1. El profesor de química…

     a.   es inteligente y divertido.

     b.   es divertida.

     c.   son inteligentes.

_____ 2. Los profesores de español…

     a.   es organizado.

     b.   son estupendas.

     c.   son inteligentes.

_____ **3.** Las estudiantes de la universidad…   _____ **4.** Las clases…

    a. es conservadora.   a. es aburrida.

    b. son muy activas.   b. son muy interesantes.

    c. son chistosos.   c. es divertido.

_____ **5.** La universidad en general…

    a. es estupenda.

    b. son muy fáciles.

    c. soy chistosa.

Q. Los profesores. Ana is on the phone with her parents. They want to know all about her new professors. What does she say?

MODELO   la profesora de sociología / elegante / serio
La profesora de sociología es elegante y seria.

1. los profesores de historia / inteligente / liberal

_____

2. las profesoras Carrillo y Álvarez / paciente / divertido

_____

3. el profesor de física / tímido / serio

_____

4. la profesora de matemáticas / inteligente / simpático

_____

5. todos los profesores de español / organizado / paciente

_____

R. El amigo ideal. Select from the list the characteristics that you consider most important in the ideal friend.

☐ activo(a)	☐ conservador(a)	☐ extrovertido(a)	☐ interesante	☐ romántico(a)
☐ atlético(a)	☐ divertido(a)	☐ fuerte	☐ introvertido(a)	☐ serio(a)
☐ atractivo(a)	☐ elegante	☐ impaciente	☐ liberal	☐ simpático(a)
☐ chistoso(a)	☐ estudioso(a)	☐ inteligente	☐ perezoso(a)	☐ sincero(a)
☐ sociable	☐ talentoso(a)	☐ tímido(a)	☐ trabajador(a)	☐ amable
☐ antipático(a)	☐ bueno(a)	☐ callado(a)	☐ desorganizado(a)	☐ egoísta
☐ hablador(a)	☐ independiente	☐ informal	☐ listo(a)	☐ organizado(a)
☐ popular	☐ sociable	☐ torpe	☐ malo	☐ informal

PASO 3   Vida estudiantil en... ¡las Américas!

Practice of *Vocabulario*

Before working on these activities, review the **Capítulo 1, Paso 3, Vocabulario** *in your* **¡Dímelo tú!** *textbook, and visualize the meaning of the words as you go over them. For pronunciation, you may listen to the* **¡Dímelo tú!** *Text Audio CD.*

S. Relaciones. Select the word that does not belong in each group.

MODELO ☐ cuarto   ☑ papel   ☐ casa

1.	☐ gimnasio	☐ piscina	☐ teatro
2.	☐ banco	☐ lápiz	☐ biblioteca
3.	☐ primer piso	☐ supermercado	☐ planta baja
4.	☐ mirar	☐ escuchar	☐ lavar
5.	☐ película	☐ biblioteca	☐ cafetería

T. Los lugares. Match the activities in column A with the places in column B where they are likely to occur.

A		B	
_____	1. leer	a.	discoteca
_____	2. comprar libros	b.	biblioteca
_____	3. bailar	c.	librería
_____	4. comer	d.	piscina
_____	5. nadar	e.	restaurante

Practice of *En preparación*, 1.7

Present tense of -ar *verbs*
Stating what people do

U. ¿Qué hacen? What do these students do at the end of the day after classes?

1. María y Mariana _____ (escuchar) música en la radio.

2. Mario _____ (preparar) la comida.

3. Amelia y yo _____ (estudiar) español en la biblioteca.

4. Yo _____ (hablar) por teléfono.

5. Pedro _____ (llamar) a sus padres.

6. Juan Miguel y Francisco _____ (mirar) la tele.

7. Víctor y yo _____ (tomar) unos refrescos.

8. Tú _____ (estudiar) mucho.

V. ¡Ay, papá! Your father calls you to find out how things are at school. What does he ask you?

1. TU PADRE: ¿(Escuchar) _____ música constantemente tú y tus amigos?

   TÚ: No, no escuchamos música constantemente.

2. TU PADRE: ¿(Estudiar) _____ tú todos los días?

   TÚ: Sí, estudio todos los días.

3. Tu padre: ¿(Comprar) _____ la comida en el supermercado?

   Tú: Sí, compro la comida en el supermercado.

4. Tu padre: ¿(Trabajar) _____ mucho todos los días?

   Tú: Sí, trabajo mucho todos los días.

5. Tu padre: ¿(Preparar) _____ la cena tus compañeros?

   Tú: No, yo preparo la cena.

6. Tu padre: ¿(Tocar) _____ tu instrumento favorito?

   Tú: Sí, toco la guitarra todos los días.

Practice of *En preparación*, 1.8

The verb ir

Stating destination and what you are going to do

W. **¿Qué hacemos?** Where are the people listed in the first column going?

	A		B
_____	1. Yo…	a.	vamos a un restaurante.
_____	2. Gabriel y yo…	b.	va a la biblioteca a estudiar.
_____	3. Tú…	c.	vas a la cafetería.
_____	4. Ustedes…	d.	voy a la universidad.
_____	5. Usted…	e.	van al gimnasio a jugar baloncesto.

X. **¡El fin de semana!** What are these students going to do this weekend?

MODELO María / comer en / restaurante
María va a comer en el restaurante.

1. mis amigos / comprar libros en / librería

   _____

2. yo / estudiar en / biblioteca

   _____

3. tú / tomar refrescos en / cafetería

   _____

4. Samuel y yo / comer en / restaurante

_____

5. Ana y Julio / comprar comida en / supermercado

_____

El rincón de los lectores

Antes de empezar, dime...

1. How often do you shake hands when you greet someone?

_____

2. When you do shake hands, do you extend your arm to maintain a "safe" distance between you and the person you are greeting or do you bend your elbow to create a more "intimate" distance?

_____

3. What do you consider an appropriate distance between two people talking?

_____

Lectura

Distancia y espacio

El concepto de distancia y espacio es muy importante en la comunicación. En todas las culturas hay contacto diario con otras personas: en los metros y en los buses, en los cafés y restaurantes, en el trabajo o en la universidad y, por supuesto, en la familia. En la cultura hispana, la distancia y el espacio entre dos individuos que hablan en persona es mínima, mientras que entre dos estadounidenses, por ejemplo, hay más distancia y espacio.

Es interesante observar cuando un hispano habla con un estadounidense. El hispano no necesita mucha distancia ni espacio, pero el estadounidense necesita más distancia y espacio entre él y la persona con quien habla. Por esa razón, el hispano avanza para mantener una distancia más íntima, y el estadounidense se mueve para conservar más distancia y espacio entre él y la otra persona. Cuando un norteamericano saluda, generalmente extiende el brazo al darle la mano a la otra persona. Un hispano también da la mano pero, para eliminar distancia, también da un abrazo, o entre mujeres, besos en la mejilla.

Es obvio que para el estadounidense la distancia es más importante, mientras que para el hispano una distancia íntima es preferible.

Y ahora, dime...

Y. Distancia y espacio. Based on what you read, compare how Hispanics and people from the United States react to distance and space when doing the following activities.

Distancia y espacio

	Los hispanos	Los estadounidenses
Cuando dos personas hablan		
Cuando dos personas se saludan y dan la mano		

Z. Características. How are Hispanics and people from the United States similar? How are they different? Indicate if the following characteristics describe **hispanos (H)**, **estadounidenses (E)**, or **ambos** *(both)* **(A)** according to what you read.

_____ 1. Se dan besos y abrazos.

_____ 2. La distancia es más grande.

_____ 3. Favorecen eliminar distancia al hablar.

_____ 4. Se dan la mano.

_____ 5. Necesitan mucha distancia y espacio.

_____ 6. Extienden el brazo al dar la mano.

_____ 7. Prefieren una distancia más íntima.

¡Escríbelo!

Antes de escribir

In *¡Dímelo tú!,* Capítulo 1, ¡Escríbelo!, you learned that when asked to write in Spanish you should reach for the vocabulary, structures, and cultural concepts that you have already acquired. Thinking of what you would like to write about in English and then translating it into Spanish is counterproductive. Inevitably, you will have to look up many words and structures that you probably have not studied yet. This results not only in a lot of frustration but also in poor writing.

The proper way to begin a writing assignment is to think in Spanish and make a list of the words and structures you already know and expect to use. Practice this principle as you begin the writing task that follows. Begin by thinking in Spanish of all the adjectives you know that apply to you, as well as the activities you like that you can name, the sports you can name, and so forth.

Write a short paragraph describing yourself. Use only words and structures that you are familiar with.

_____

_____

_____

_____

_____

_____

_____

Atajo Writing Assistant: You may now use the Atajo Writing Assistant to explore possible ways of talking about yourself, to check your grammar and spelling, to consult the dictionary, to conjugate verbs, and to receive suggestions for useful phrases. Search for the following vocabulary and/or topics.

Vocabulary: nationality; personality; professions; religions; school: studies; body parts
Grammar: verbs: use of **ser** & **estar;** personal pronoun: use of
Phrases: describing people; greeting
Verb conjugator: **ser (presente)**

_____

_____

_____

_____

_____

Ahora ¡a revisar! Based on what you learned in this chapter and from using the Atajo Writing Assistant, rework and make the necessary changes to your draft in the **Antes de escribir** section.

La versión final. Now create a title and write a short composition in which you introduce yourself to a new friend in Bolivia. Do not forget to include some greetings in your composition. Finally, read your composition once more and make any final changes if necessary.

Título:

_____

_____

_____

_____

_____

_____

_____

_____

_____

_____

_____

_____

_____

_____

_____

_____

_____

_____

_____

Práctica de comprensión auditiva

PASO 1 Mis compañeros... centroamericanos y caribeños

Listening comprehension practice of *Vocabulario*

A. Palabras. Listen to the following statements and circle the word that best completes them. The statements will be repeated. [CD 1, track 11]

1. a. extrovertida.	b. estudiosa.	c. sinceros.
2. a. sociable.	b. introvertido.	c. tímida.
3. a. conservador.	b. liberal.	c. atleta.
4. a. bolígrafo.	b. mochila.	c. papel.

B. El primer día de clase. It's the first day of class. Listen to the conversation between three students, Ramona, Andrés, and Carlos. For each statement below, circle **C (cierto)** if the statement is true, or **F (falso)** if the statement is false. The conversation will be repeated. [CD 1, track 12]

1.	C	F	Andrés es estudiante de la Universidad de Puerto Rico.
2.	C	F	Andrés no es estudioso.
3.	C	F	Carlos no es inteligente.
4.	C	F	Ramona es de Uruguay.
5.	C	F	Carlos es muy simpático.

Listening comprehension practice of *En preparación*, 1.1

Subject pronouns and the verb ser: *Singular forms*

Clarifying, emphasizing, contrasting, and stating origin

C. ¿De dónde es? Your instructor is introducing everyone in class. As you hear your instructor ask students to stand, give their name, and say where they are from, match each student with his or her home country. [CD 1, track 13]

	Estudiante			País
_____	**1.** Carlos		a.	Chile
_____	**2.** Elena		b.	Ecuador
_____	**3.** Jorge		c.	Colombia
_____	**4.** Lupe		d.	Uruguay
_____	**5.** Patricio		e.	Perú

D. ¿Cómo es? You will hear descriptions of six students after their first day of class. Write the name of each student next to the description that best matches the one you hear. Each description will be repeated. [CD 1, track 14]

1. Él es popular y trabajador. _____

2. Él es muy atlético. _____

3. Ella es simpática. _____

4. Ella es seria y paciente. _____

5. Él es estudioso. _____

6. Ella es conservadora y elegante. _____

E. ¿A quién describen? Listen to these descriptions and decide whether an instructor or a student is being described. Mark the appropriate box. Each description will be repeated. [CD 1, track 15]

> MODELO   YOU HEAR: Tú eres muy serio.
>   YOU MARK: ☑ **Estudiante**

	Profesor	Estudiante		Profesor	Estudiante
1.	☐	☐	**4.**	☐	☐
2.	☐	☐	**5.**	☐	☐
3.	☐	☐	**6.**	☐	☐

Listening comprehension practice of *En preparación*, 1.2

Adjectives: Singular forms

Describing people, places, and things

F. En la novela. Your Spanish literature instructor is discussing the differences between the principal characters in a novel you are about to read in class. Listen to your instructor and then mark the boxes to indicate which character has the following characteristics. Confirm your responses when your instructor repeats the discussion. [CD 1, track 16]

	Teresa	Tomás	El profesor
1. conservador(a)	☐	☐	☐
2. divertido(a)	☐	☐	☐
3. romántico(a)	☐	☐	☐
4. impaciente	☐	☐	☐
5. atlético(a)	☐	☐	☐
6. tímido(a)	☐	☐	☐
7. difícil	☐	☐	☐
8. inteligente	☐	☐	☐
9. elegante	☐	☐	☐
10. simpático(a)	☐	☐	☐

G. ¿Hombre o mujer? Carmen is describing her teachers. Listen to her descriptions and then indicate whether the teacher is a man or a woman. [CD 1, track 17]

MODELO YOU HEAR: Es sincero.
YOU MARK: ☑ **Hombre**

	Hombre	Mujer		Hombre	Mujer
1.	☐	☐	4.	☐	☐
2.	☐	☐	5.	☐	☐
3.	☐	☐	6.	☐	☐

Listening comprehension practice of *En preparación*, 1.3

Gender and number: Articles and nouns

Indicating specific and nonspecific people and things

H. ¿Qué necesitamos? What will you need to take with you on the first day of class? Listen to the speaker and then decide whether you will need some (**unos/unas**) or only one (**un/una**) of the objects mentioned. Write the correct answer next to each item and add the plural ending where necessary. The description will be repeated. [CD 1, track 18]

1. _____ libro _____   4. _____ cuaderno _____

2. _____ mochila _____   5. _____ calculadora _____

3. _____ bolígrafo _____   6. _____ lápiz _____

I. ¿De quién es? There are several items on the table. Tell what belongs to whom. [CD 1, track 19]

> MODELO   YOU HEAR: Hay *(There is)* un libro en la mesa *(table)*. ¿De quién es?
> YOU WRITE: **El** libro es de Jaime.

1. _____ cuaderno es de Gloria.

2. _____ bolígrafos son de Andrés.

3. _____ mochila es de Carlitos.

4. _____ lápiz es de Julia.

5. _____ calculadoras son de la profesora.

6. _____ papeles son de Ricardo.

PASO 2   ¡Los latinoamericanos son... estupendos!

Listening comprehension practice of *Vocabulario*

J. ¿Cómo son los estudiantes? Your roommate is telling you what the students in each of his classes are like. As you listen to his description, circle the word that best describes the students in each class. The description will be repeated. [CD 1, track 20]

1. Los estudiantes de la clase de español son…

   a. inteligentes.   b. perezosos.   c. simpáticos.

2. Los estudiantes de la clase de ciencias políticas son…

   a. perezosos.   b. buenos.   c. divertidos.

3. Los estudiantes de la clase de química son…

   a. perezosos y aburridos.   b. inteligentes.   c. estudiosos.

4. Los estudiantes de la clase de matemáticas son…

   a. inteligentes.   b. aburridos.   c. divertidos.

5. Los estudiantes de la clase de economía son…

   a. simpáticos.   b. muy buenos.   c. aburridos.

K. ¡Son terribles! Your roommate is not very happy with the people who live in the apartment across the hall. Listen to him describe them. Then indicate if each statement that follows is **cierto (C)** or **falso (F).** The descriptions will be repeated. [CD 1, track 21]

1.	C	F	Son muy trabajadores.
2.	C	F	Son perezosos.
3.	C	F	Son muy pacientes.
4.	C	F	Son divertidos.
5.	C	F	No son liberales.

L. Pasatiempos. The teacher is talking to some students about their favorite pastimes. Listen to their conversation. Then match each student's name to his or her favorite pastime. [CD 1, track 22]

Estudiantes		Pasatiempos	
_____	1. Lupe	a.	ver la tele y leer
_____	2. Carlos	b.	nadar y bailar
_____	3. Anita	c.	bailar y escuchar música
_____	4. Pablo	d.	comer
_____	5. Roberto	e.	ver la tele
_____	6. Ana	f.	estudiar

Listening comprehension practice of *En preparación,* 1.4

Infinitives

Naming activities

M. Responsabilidades. What responsibilities do your classmates have? Listen to the following sentences. Then circle the word that best matches what you heard. The sentences will be repeated. [CD 1, track 23]

1.	Alicia:	comer	esquiar	leer
2.	Elena:	ver la tele	nadar	ir de compras
3.	Carlos y María:	nadar	preparar la	cena escuchar música
4.	Juan:	leer	ver	pasear
5.	Lupe y Patricio:	hablar por teléfono	comer	preparar la comida

Listening comprehension practice of *En preparación*, 1.5

Subject pronouns and the verb ser: *Plural forms*

Stating origin of several people

N. ¿Ellos/ellas o nosotros/nosotras? Who is being described? Listen to the speakers and then write the correct subject pronoun in the space provided. [CD 1, track 24]

> **MODELO**   YOU HEAR: Somos peruanas.
> YOU WRITE: **nosotras**

1. _____   4. _____

2. _____   5. _____

3. _____   6. _____

Listening comprehension practice of *En preparación*, 1.6

Adjectives: Plural forms

Describing people, places, and things

O. ¿Quién es? Tomás is talking about his friends Yolanda and Paco. Listen to Tomás and indicate whether each statement refers to Yolanda, Paco, or both. [CD 1, track 25]

> **MODELO**   YOU HEAR: Es divertido.
> YOU MARK: ☑ **Paco**

	Yolanda	Paco	Yolanda y Paco
1.	☐	☐	☐
2.	☐	☐	☐
3.	☐	☐	☐
4.	☐	☐	☐
5.	☐	☐	☐
6.	☐	☐	☐
7.	☐	☐	☐

P. ¡Qué día! Your roommate is just home from her first day of classes and you want to hear all about it. As you listen to her, match the objects and persons she mentions with the descriptions she gives. The descriptions will be repeated. [CD 1, track 26]

_____   1. libros de matemáticas   a. aburrido

_____   2. profesora Martínez   b. trabajadores

_____   3. clase de español   c. interesante

_____ 4. profesor Hernández   d. conservadora

_____ 5. libro de historia   e. buenos

_____ 6. estudiantes   f. divertida

PASO 3 Vida estudiantil en... ¡las Américas!

Listening comprehension practice of *Vocabulario*

Q. ¿Qué van a hacer? What are Paco, Marta, Ana, and Carlos going to do after class? Listen to their conversation. Then circle the correct answer. The conversation will be repeated. [CD 1, track 27]

1. Paco…

   a. va a la clase de historia.   b. va al teatro.   c. va a la biblioteca.

2. Marta…

   a. va a la biblioteca.   b. va a la universidad.   c. va a ver a Ana.

3. Ana va con Marta…

   a. al teatro.   b. a la clase de historia.   c. a la biblioteca.

4. Paco va con Carlos…

   a. a casa de Marta.   b. a la universidad.   c. a la clase de historia.

5. Carlos va…

   a. con Ana al teatro.   b. a la clase de historia.   c. a la biblioteca.

R. Programa de radio. Nora, a new student, is introducing herself on Radio Universidad. Listen to her and indicate whether each statement is **cierto (C)** or **falso (F)**. Nora's introduction will be rebroadcast so that you may confirm your answers. [CD 1, track 28]

1.	C	F	Nora es de Chile.
2.	C	F	Nora estudia matemáticas.
3.	C	F	Los profesores de Nora son difíciles.
4.	C	F	Nora trabaja en la librería.
5.	C	F	Nora estudia en la biblioteca.

S. En mi apartamento. A friend is describing life at his apartment. Listen to what he says, then indicate if each statement is **cierto (C)** or **falso (F)**. The description will be repeated. [CD 1, track 29]

1.	C	F	Ellos miran mucho la tele.
2.	C	F	No escuchan la radio.
3.	C	F	Él habla con sus padres por teléfono.
4.	C	F	Él toma café cuando estudia.
5.	C	F	Ellos preparan la cena todos los días.

Listening comprehension practice of *En preparación*, 1.7

Present tense of -ar verbs

Stating what people do

T. Compañeros de cuarto. Fill in the missing words as you hear a description of what Ernesto and Gilberto are doing this evening. The list will be repeated. [CD 1, track 30]

Ernesto **(1)** _____ la tele y **(2)** _____ la cena. Gilberto también

(3) _____ la tele mientras **(4)** _____ su libro de matemáticas. Gilberto

(5) _____ para un examen. Gilberto **(6)** _____ ir a la biblioteca para estudiar, ¿no?

U. ¡A casa! Norma decides to go home for the weekend. What does she say that everyone does when she arrives? Respond by matching each phrase in the second column to the person(s) in the first column. The sentences will be repeated. [CD 1, track 31]

_____	1. yo no	a.	bailar en el patio
_____	2. nosotros	b.	estudiar para el examen
_____	3. Papá	c.	comprar refrescos
_____	4. Pepito y yo	d.	mirar la tele
_____	5. yo	e.	llamar a un amigo
_____	6. Mamá	f.	preparar la cena especial

V. Por fin, ¡solo! Now that you are living away from home, your parents want to know how you are doing. Answer their questions by writing in the missing words. [CD 1, track 32]

1. Sí, _____ más dinero.

2. Sí, _____ en la biblioteca.

3. Sí, _____ todas las noches.

4. Sí, _____ mucho la tele.

5. Sí, _____ la guitarra para mis amigos.

Listening comprehension practice of *En preparación*, 1.8

The verb ir

Stating destination and what you are going to do

W. El último día... Tomorrow is your best friend's last day at home before leaving for school. Listen to him tell what everyone is going to do, then match each activity with the person(s) doing it. [CD 1, track 33]

_____ **1.** Gilberto   a. mirar la tele

_____ **2.** Tina   b. estudiar en la biblioteca

_____ **3.** tú y Carmen   c. escribir cartas

_____ **4.** yo   d. ir al banco

_____ **5.** nosotros   e. preparar la cena

_____ **6.** Carlos y Roberto   f. chatear con unos amigos

Pronunciación

Diptongos [CD 1, track 34]

A diphthong is formed when the Spanish vowel **i** or **u** occurs next to another vowel in a word. Diphthongs are pronounced as one syllable. A written accent is required to separate them into two syllables.

- Listen to the following words and circle D if you hear a diphthong or ND if the diphthong has been split into two syllables. Each word will be repeated.

  1. D ND   **3.** D ND   **5.** D ND   **7.** D ND

  2. D ND   **4.** D ND   **6.** D ND   **8.** D ND

- Listen to the following sentences. Circle the diphthong you hear in each sentence. Each sentence will be repeated.

  1. ia ue   **2.** oi ui   **3.** uo ie   **4.** ai eu   **5.** ei ue

Silabeo [CD 1, track 35]

- A single consonant sound between two vowels always starts a new syllable. Listen to the following words and divide them into syllables. Each word will be repeated.

  1. romántico   **3.** sincera   **5.** historia

  2. liberal   **4.** montaña   **6.** impaciente

- If two consonants occur between vowels, they are usually divided, one with each syllable. Listen to the following words and divide them into syllables. Each word will be repeated.

> MODELO   buscar   **bus-car**

1. seleccionar
2. disfrutar
3. participar
4. computadora
5. estudiar
6. antipático

- If the second consonant is **r** or **l**, the consonants cannot be separated into two syllables. Listen to the following words and divide them into syllables. Each word will be repeated.

> MODELO   preparar   **pre-pa-rar**

1. extrovertido
2. librería
3. ciclismo
4. biblioteca
5. padres
6. comprar

- If the vowels **a, e, o** occur together in any combination, they separate to form two syllables. Listen to the following words and divide them into syllables. Each word will be repeated.

1. cuaderno   2. teatro   3. correo   4. bueno   5. cuarto   6. maestro

- A diphthong may be separated into two syllables by writing an accent over the **i** or **u**. Listen to the following words and divide them into syllables. Each word will be repeated.

1. librería   2. Raúl   3. economía   4. país   5. biología   6. abogacía

Acentuación [CD 1, track 36]

- The following rules govern where a word is stressed and when words require written accents. Words that end in a vowel (**a, e, i, o, u**), or **n** or **s**, receive the natural stress on the next-to-the-last syllable. For example:

tardes   estudian   grande   papa   globo   mariachi   tribu

Listen to the following words and underline the stressed syllable.

arte   examen   organizado   programa   taxi   refresco   salami   padres

- When words end in a vowel (**a, e, i, o, u**), or **n** or **s**, and the stress occurs in the last syllable, a written accent is needed. For example:

Tucumán   estrés   sofá   café   tomó   rubí   ñandú

As you listen to the following words, underline the stressed syllable and write the accent mark on the appropriate syllable. Words will be repeated.

comun   interes   papa   enamore   fingi   controlo   Peru

Dictado [CD 1, track 37]

Listen as the narrator tells you what a student survey found are the three favorite activities of university students across the country. Write down exactly what you hear. The dictation will be repeated.

1. _____

2. _____

3. _____

CAPÍTULO **2** # Hay tanto que hacer... ¡en Puerto Rico!

Práctica escrita

PASO **1** ¿Vienes a trabajar en... San Juan?

Practice of *Vocabulario*

*Before working on these activities, review the **Capítulo 2, Paso 1, Vocabulario** in your ¡Dímelo tú!
textbook, and visualize the meaning of the words as you go over them. For pronunciation, you may
listen to the ¡Dímelo tú! Text Audio CD.*

A. Asociaciones. What things or activities do you associate with the following employees?

	Empleados		Cosas, actividades y lugares
_____	1. cocinero	a.	administración
_____	2. secretaria	b.	clínica
_____	3. dependiente	c.	comida
_____	4. veterinaria	d.	tribunal
_____	5. profesor	e.	vender
_____	6. juez	f.	sala de los profesores

B. Profesionales. Mónica, Estela, Julio, Alicia, and Enrique are professionals. Choose the appropriate
words from the following list to find out what they do.

arquitectas	veterinaria	juez	corte
receta	animales	clientes	periodista

Ella es Mónica y yo soy Estela. Mónica es **(1)** _____ y trabaja en una clínica de animales

en el Viejo San Juan. Ella **(2)** _____ medicinas para los **(3)** _____.

35

Julio es (4) _____. Trabaja en la (5) _____ de la ciudad. Alicia y yo somos

(6) _____. Diseñamos edificios y casas para los (7) _____. Enrique es

(8) _____. Escribe artículos para su periódico.

C. Los que son. Select the word that does not belong in each group.

1. oficina	hospital	menú	fábrica
2. restaurante	artículo	reporte	periódico
3. corte	sentencia	tribunal	farmacéutico
4. actriz	actor	abogado	cantante
5. cocinero	oficina	mesero	restaurante

D. Buen trabajo. Number the description that corresponds with the job in the drawing.

1.

4.

2.

5.

3.

_____ A. Soy Gilberto. Preparo la comida para la gente en el restaurante en donde trabajo.

_____ B. Javier y Carmen escriben excelentes artículos para el periódico local.

_____ C. Julio repara computadoras y sus componentes. Es muy trabajador.

_____ D. Estela y Mónica trabajan en un tienda especializada en ropa femenina.

_____ E. Víctor es gerente de la empresa. Entrevista a los candidatos a los empleos.

Practice of *En preparación*, 2.1
Present tense of -er *and* -ir *verbs*
Stating what people do

E. ¡Es increíble! Matías works at a restaurant near the University of Puerto Rico in Río Piedras. His friends, Lourdes and Ángel Luis, cannot believe how busy the place is. Complete the following paragraph to find out what Lourdes observes.

Dos chicos **(1)** _____ (abrir) constantemente la puerta de la cocina. Una chica **(2)** _____

(correr) a la cocina y regresa inmediatamente. Un mesero **(3)** _____ (recibir) las órdenes de

los clientes y **(4)** _____ (escribir) todo rápidamente. Ángel Luis y yo **(5)** _____ (comer)

unos sándwiches y **(6)** _____ (beber) unos refrescos.

F. En la librería. After lunch, Lourdes and Ángel Luis decide to go to the bookstore. Complete the description of what they see there.

En la librería hay mucha actividad. Los clientes **(1)** _____ (entrar) constantemente. Los depen-

dientes **(2)** _____ (vender) libros y materiales escolares. La dependienta **(3)** _____ (recibir)

el dinero de los clientes. Hay un gerente. Él **(4)** _____ (dividir) el trabajo entre los empleados de

la librería. Muchos de los empleados son estudiantes. El gerente **(5)** _____ (diseñar) el horario

de los trabajadores. Lourdes y Ángel Luis **(6)** _____ (decidir) solicitar trabajo allí.

Practice of *En preparación*, 2.2
Three irregular verbs: tener, salir, venir
Expressing obligations, departures, and arrivals

G. ¡Qué jactanciosa! Luz María is a real show-off. Form sentences with the words given to find out what she says.

1. yo / tener un coche nuevo todos los años

_____

2. mis padres / salir de viaje a Europa frecuentemente

_____

3. mi papá siempre / ir a Arecibo

_____

4. yo / salir con los muchachos más ricos de la universidad

_____

5. mis amigos siempre / venir a mis fiestas

_____

H. ¡Vacaciones! What does Jorge do while on vacation? To find out, complete this paragraph with the appropriate form of the verb in parentheses.

En las vacaciones yo no **(1)** _____ (tener) mucho que hacer. Mi hermana Marla y yo

(2) _____ (salir) a caminar por los centros comerciales. Generalmente no compramos mucho

porque no **(3)** _____ (tener) mucho dinero. Marla **(4)** _____ (tener) dinero en el banco,

pero es para su educación. Algunas veces mis amigos **(5)** _____ (venir) a visitarnos y entonces

todos **(6)** _____ (ir) a ver una película. Mis vacaciones son muy tranquilas.

PASO 2 ¿Qué tal va tu vida... en Puerto Rico?

Practice of *Vocabulario*

Before working on these activities, review the **Capítulo 2, Paso 2, Vocabulario** *in your ¡Dímelo tú! textbook, and visualize the meaning of the words as you go over them. For pronunciation, you may listen to the ¡Dímelo tú! Text Audio CD.*

I. Examen. Circle the word that does not belong in each group.

1. gerente	entrevista	canción	pregunta
2. trabajo	diccionario	salario	descanso
3. ¿Dónde?	¿Cómo?	¡Hola!	¿Cuándo?
4. mi	tu	nosotros	su
5. diccionario	disco compacto	café	hoja de papel

J. ¿Sinónimo o antónimo? Indicate if the following words are synonyms (**S**) or antonyms (**A**).

1.	S	A	clínica / hospital
2.	S	A	trabajador / perezoso
3.	S	A	vacaciones / trabajo
4.	S	A	gerente / jefe
5.	S	A	trabajar / descansar

K. Actividades y complementos. Match each activity in the first column with the appropriate item in the second column.

_____	1. escribir	a.	disco compacto
_____	2. beber	b.	periódico
_____	3. escuchar	c.	botella de agua
_____	4. leer	d.	tarjeta de crédito
_____	5. comprar	e.	hoja de papel

Practice of *En preparación*, 2.3

Interrogative words

Asking questions

L. Preocupaciones. Irene's mother is very worried about her daughter, who just started classes at the university. She is now on the phone with her. What does she ask? Match the answers in column B with the questions in column A.

A

_____	1. ¿Cuántos días de la semana sales?	a. Ochenta dólares al mes.
_____	2. ¿Con quién vives?	b. Mi amiga Sara.
_____	3. ¿Dónde trabajas?	c. Con dos amigas.
_____	4. ¿Quién prepara la cena en tu casa?	d. No salgo.
_____	5. ¿Cómo vives?	e. En la cafetería de la universidad.
_____	6. ¿Cuándo miras la televisión?	f. Bien, pero trabajo mucho.
_____	7. ¿Cuánto pagas de teléfono?	g. Los fines de semana.

B

M. Preguntas. Ask questions using interrogative words based on the words in italics.

> MODELO   ¿**Quién** corre de noche?
> *Julián* corre de noche.

1. ¿ _____ descansamos?

   Descansamos *por las vacaciones.*

2. ¿ _____ vive el cocinero?

   El cocinero vive *en el hotel.*

3. ¿ _____ entrevista a los niños?

   El maestro entrevista a los niños.

4. ¿ _____ pregunta el maestro?

   El maestro pregunta *si los estudiantes tienen la tarea.*

5. ¿ _____ periódicos vende el niño?

   El niño vende *200* periódicos.

Practice of *En preparación,* 2.4

Numbers 0–199

Counting, solving math problems, and expressing cost

N. ¡Qué raro! You are trying to contact Manuel González, a friend of yours in Bayamón, Puerto Rico. When you ask the operator for his number, she informs you that there are five persons with that name. Write in Arabic numerals the five phone numbers she gives you.

1. cinco, cincuenta y ocho, veintidós, once

   _____

2. nueve, diez, catorce, noventa y tres

   _____

3. siete, setenta y uno, sesenta, cero, ocho

   _____

4. dos, quince, dieciséis, cuarenta y tres

   _____

5. cinco, diecinueve, veintinueve, catorce

   _____

Practice of *En preparación*, 2.5

Possessive adjectives

Indicating ownership

O. ¡Se necesita compañera! Emilia and Consuelo are looking for a roommate and have written the following ad to post around campus. Complete their ad with the appropriate possessive adjectives.

Se necesita compañera de cuarto

¡Hola! Soy Emilia y **(1)** _____ *(my)* compañera de cuarto se llama Consuelo. Somos

estudiantes, buenas personas y no fumamos. Buscamos una compañera de cuarto.

(2) _____ *(Our)* apartamento tiene tres habitaciones. **(3)** _____ *(Our)* habitaciones

son grandes. Consuelo tiene muchas fotos. **(4)** _____ *(Her)* fotos decoran casi toda la sala.

Nosotras escuchamos música y **(5)** _____ *(my)* estéreo está en la sala. **(6)** _____

(Your) alquiler va a ser muy razonable. Si te interesa, **(7)** _____ *(our)* número de teléfono

es el 555–8912.

PASO 3 Puerto Rico... ¡esto es vida!

Practice of *Vocabulario*

Before working on these activities, review the **Capítulo 2, Paso 3, Vocabulario** *in your* **¡Dímelo tú!** *textbook, and visualize the meaning of the words as you go over them. For pronunciation, you may listen to the* **¡Dímelo tú!** *Text Audio CD.*

P. Asociaciones lógicas. Match the words in column A with the logical words in column B.

	A		B
_____	1. mes	a.	otoño
_____	2. día	b.	22 de abril
_____	3. deporte	c.	béisbol
_____	4. estación	d.	jueves
_____	5. fecha	e.	febrero

Q. Examen. Circle the word that does not belong in each group.

1. comprar   vender   dependiente   ejercicio

2. miércoles   primavera   otoño   verano

3. verano   marzo   julio   abril

4. mes   hora   día   mesero

5. jueves   sábado   frío   domingo

Practice of *En preparación*, 2.6

Telling time

Stating at what time things occur

R. ¿A qué hora... ? Answer your friend's questions concerning what you do during the day.

> MODELO   AMIGO(A): ¿A qué hora es tu examen mañana?
>
>   Tú: (4:00 P.M.) **A las cuatro de la tarde.**

1. AMIGO(A):   ¿A qué hora es tu primera clase?

   Tú: (9:10 A.M.)

   _____

2. AMIGO(A):   ¿A qué hora vas a la cafetería a comer?

   Tú: (1:00 P.M.)

   _____

3. AMIGO(A):   ¿A qué hora sales de tu clase de español?

   Tú: (2:50 P.M.)

   _____

4. AMIGO(A):   ¿A qué hora regresas al apartamento?

   Tú: (6:25 P.M.)

   _____

5. Amigo(a): ¿A qué hora vas a la biblioteca?

Tú: (8:35 p.m.)

_____

S. ¡Detalles! At what time does the sun rise **(sale el sol)** and set **(se pone el sol)** in San Juan on the first day of each season? Write the times in Spanish.

1. El primer día de invierno

Sunrise: 7:20 a.m.   Sunset: 4:49 p.m.

El sol sale a las _____.

El sol se pone a las _____.

2. El primer día de primavera

Sunrise: 6:05 a.m.   Sunset: 6:22 p.m.

El sol sale a las _____.

El sol se pone a las _____.

3. El primer día de verano

Sunrise: 5:42 a.m.   Sunset: 8:34 p.m.

El sol sale a las _____.

El sol se pone a las _____.

4. El primer día de otoño

Sunrise: 6:54 a.m.   Sunset: 7:02 p.m.

El sol sale a las _____.

El sol se pone a las _____.

Practice of *En preparación*, 2.7

Days of the week, months, and seasons

Giving dates and stating when events take place

T. Por estas fechas. Match the dates in column A with the dates in column B.

	A		B
_____	1. 19/3	a.	trece de julio
_____	2. 13/7	b.	veinte de octubre
_____	3. 7/1	c.	diecinueve de marzo
_____	4. 12/4	d.	siete de enero
_____	5. 20/10	e.	doce de abril

U. ¡Días importantes! Write the dates of these special holidays in Spanish.

MODELO ¿Cuándo es la Navidad? (25/12)
La Navidad es el veinticinco de diciembre.

1. ¿Cuándo es el día de los Reyes Magos *(Three Wise Men)*? (6/1)

   _____

2. ¿Cuándo es el día de San Valentín? (14/2)

   _____

3. ¿Cuándo es el día de San Patricio? (17/3)

   _____

4. ¿Cuándo es el día de la independencia de los Estados Unidos? (4/7)

   _____

5. ¿Cuándo es la celebración del descubrimiento de Puerto Rico? (9/11)

   _____

El rincón de los lectores

Antes de empezar, dime...

Write down some of your perceptions of universities in Spanish-speaking countries before you read **Universidades en Hispanoamérica.** Then read the selection and return to see if your predictions were on target or not.

1. One of the oldest universities in the Americas is the Universidad Autónoma de México. When do you think it was founded? (Take a guess.)

   _____

2. Would you expect the overall organization of the university (i.e., a president, several colleges, a gym, a library, a stadium, etc.) in the United States to be very similar to or very different from universities in Spanish-speaking countries?

   _____

3. What are some of the differences you would expect to find?

   _____

Lectura

Universidades en Hispanoamérica

Entre las universidades hispanas, la más antigua es la Universidad de Salamanca, en España. Fue fundada en el año 1230. En Hispanoamérica, las más antiguas son la Universidad de San Marcos de Lima, fundada en el año 1551 en Perú, y la Universidad Autónoma de México, fundada en el año 1553 en México, D.F. (Distrito Federal).

Al comparar las universidades de los Estados Unidos con las universidades hispanas, vemos algunas semejanzas y también muchas diferencias.

En las semejanzas notamos que la estructura del sistema universitario es relativamente similar, con un rector, directores de escuelas o facultades, los profesores y ayudantes y, por supuesto, los estudiantes. En relación a la estructura física, también son muy similares. Las dos tienen sus aulas o salas de clases, laboratorios, gimnasios y en algunos casos, estadios, anfiteatros y bibliotecas.

Donde son notables las diferencias es en los nombres que usamos. Véase este cuadro.

Universidades en Hispanoamérica	Universidades en los Estados Unidos
1. Rector	1. *President*
2. Catedrático, Profesor	2. *Professor*
3. Profesorado	3. *Faculty*
4. Facultad de... (Ingeniería)	4. *College of . . . (Engineering)*
5. Universidad	5. *University, College*
6. Residencia	6. *Dormitory*
7. Colegio	7. *School (Elementary or Secondary)*
8. Decano	8. *Dean*

En los países hispanos, los estudiantes que desean una profesión universitaria van directamente de la escuela secundaria a una universidad, después de pasar rigurosos exámenes. No existen los *junior colleges,* como en los Estados Unidos. En las universidades hispanoamericanas todos los estudiantes saben qué carreras o profesiones quieren porque no existe el estado de *undeclared.* También en los países hispanos es el catedrático el que dicta las clases y el ayudante el que trabaja en laboratorios o prácticas con los estudiantes. No hay *TAs* que dictan las clases como en los Estados Unidos. Finalmente, en la mayoría de los casos, los estudiantes viven con sus padres durante su vida universitaria. Muchas universidades en Hispanoamérica no tienen residencias para los estudiantes.

Y ahora, dime...

Complete this Venn diagram to show how universities in Spanish-speaking countries compare to universities in the United States. Indicate differences in the outside columns and similarities in the middle column.

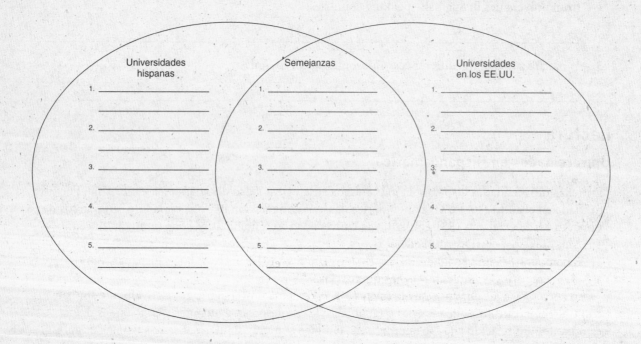

¡Escríbelo!

Antes de escribir

As you learned in the *¡Dímelo tú!*, **Capítulo 2, ¡Escríbelo!** activity, when getting ready to write, it is a good idea to brainstorm, that is, to list as many thoughts as possible about what you are going to write. To brainstorm, you must think and write as many ideas as you can on a given topic. Try to think in Spanish so that you don't have to translate structures you may not know yet.

List as many ideas as you can about taking a vacation. Use the following questions as your initial reference:

¿Adónde vas? ¿Con quién vas? ¿Cuándo sales? ¿Cómo es el país al que van? ¿Cuándo regresan? ¿Estás contento(a)? ¿Nervioso(a)? ¿Preocupado(a)?

_____

_____

_____

_____

_____

_____

Atajo Writing Assistant: You may now use the Atajo Writing Assistant to explore possible ways of talking about your vacation plans, to check your grammar and spelling, to consult the dictionary, to conjugate verbs, and to receive suggestions for useful phrases. Search for the following vocabulary or topics.

Vocabulary: traveling; countries; emotions
Grammar: verbs: future with **ir**; verbs: use of **ser** & **estar**
Phrases: describing places; planning a vacation
Verb conjugator: **ir (presente); estar (presente)**

_____

_____

_____

_____

_____

_____

Ahora ¡a revisar! Based on what you learned in this chapter and from using the Atajo Writing Assistant, rework and make the necessary changes to your draft from the **Antes de escribir** section.

La versión final. Now create a title and prepare the final version of your composition in which you describe your vacation plans to your instructor. Finally, read your composition once more and make any final changes if necessary.

Título:

_____

_____

_____

_____

_____

_____

_____

_____

_____

_____

_____

_____

_____

_____

_____

_____

_____

_____

_____

Práctica de comprensión auditiva 🎧

PASO 1 ¿Vienes a trabajar en... San Juan?

Listening comprehension practice of *Vocabulario*

A. ¿Dónde trabajan? Listen as the narrator tells you where these people work. Then indicate the place where each one works. The sentences will be repeated. [CD 2, track 2]

_____ 1. Mari Carmen trabaja...   a. en un hospital.

_____ 2. José trabaja...   b. en la corte.

_____ 3. Lupe trabaja...   c. en una clínica veterinaria.

_____ 4. Pedro trabaja...   d. en un restaurante.

_____ 5. Teresa trabaja...   e. en la universidad.

_____ 6. Juan Carlos trabaja...   f. en una librería.

B. ¿Qué hacen estas personas? What do the following people do? Indicate each one's line of work. The sentences will be repeated. [CD 2, track 3]

_____ 1. Antonio es...   a. médicos.

_____ 2. Alicia es...   b. dependiente.

_____ 3. Manuel es...   c. cocinero.

_____ 4. Marta y Yolanda son...   d. periodista.

_____ 5. Gilberto y Cristina son...   e. estudiante.

_____ 6. Alfredo es...   f. secretarias.

C. Empleos. Lorenzo and Cristina are discussing their jobs. Listen to their conversation and then check your understanding by indicating whether each statement is **cierto** (C) or **falso** (F). The conversation will be repeated. [CD 2, track 4]

1.	C	F	Cristina trabaja en una oficina ahora.
2.	C	F	Lorenzo trabaja en una oficina también.
3.	C	F	El trabajo de Cristina es muy interesante.
4.	C	F	Lorenzo escribe todo el día en la computadora.
5.	C	F	El trabajo de Lorenzo es difícil pero interesante.
6.	C	F	El trabajo de secretaria paga bien.

Listening comprehension practice of *En preparación*, 2.1

Present tense of -er *and* -ir *verbs*

Stating what people do

D. Cambio de trabajo. As you listen to the following paragraph about Elvira's decision to change her line of work, fill in the missing words. Choose from the words below. The paragraph will be repeated. [CD 2, track 5]

escribe	decide	vende	va
necesita	vive	abre	llega

Elvira **(1)** _____ cambiar de trabajo. Ella ahora **(2)** _____ libros en una librería. Elvira

(3) _____ lejos del trabajo y hay mucho tráfico para llegar allí. En la mañana Elvira **(4)** _____

la tienda y en la noche **(5)** _____ a casa muy tarde. Ella **(6)** _____ un cambio. **(7)** _____

muy bien en la computadora y por eso **(8)** _____ a trabajar en una oficina.

E. Un trabajo muy interesante. As you listen to Elvira tell about her new job, fill in the missing words. Choose from the words below. The paragraph will be repeated. [CD 2, track 6]

compartimos	leo	aprendo	escribo
comemos	vende	salimos	vivo
trabajamos	trabajo		

Ahora yo **(1)** _____ en una oficina en el centro. **(2)** _____ mucho allí. Las otras

personas y yo **(3)** _____ las responsabilidades del trabajo. Nuestra compañía **(4)** _____

computadoras. Nosotros **(5)** _____ con compañías de los Estados Unidos y de Hispanoamérica.

Yo (6) _____ y (7) _____ mucho en español. Ahora yo (8) _____ cerca de mi

trabajo. Con frecuencia, los otros empleados y yo (9) _____ a comer en diferentes restaurantes,

pero cuando es necesario nosotros (10) _____ en la oficina. Hay mucho trabajo, pero ahora

estoy más contenta.

Listening comprehension practice of *En preparación*, 2.2
Three irregular verbs: tener, salir, venir
Expressing obligations, departures, and arrivals

F. Respuestas. Indicate which of the three possibilities given could answer each of the questions you
will hear. The questions will be repeated. [CD 2, track 7]

> MODELO   YOU HEAR: ¿Vienen tus amigos a la fiesta?
> YOU SELECT THE CORRECT RESPONSE:
>
> a. Sí, vengo a la fiesta.
>
> b. Sí, vienes a la fiesta.
>
> c. **Sí, vienen a la fiesta.**

1. _____ a. Tiene un problema. b. Tengo un problema. c. Tienes un problema.

2. _____ a. Salimos mañana. b. Salgo mañana. c. Salen mañana.

3. _____ a. Sí, vengo a estudiar. b. Sí, venimos a estudiar. c. Sí, vienen a estudiar.

4. _____ a. Tiene que aprender español. b. Tienes que aprender español. c. Tienen que aprender español.

5. _____ a. Sí. Sales a correr. b. Sí. Salgo a correr. c. Sí. Sale a correr.

6. _____ a. Sí. Vienes todos los días. b. Sí. Vienen todos los días. c. Sí. Vengo todos los días.

G. ¿Ejercicios o estudios? Listen to the following conversation between Sarina and Francisca
and complete it with the missing forms of the verbs **tener, salir,** and **venir.** The conversation will
be repeated. [CD 2, track 8]

SARINA: ¿A qué hora (1) _____ a correr hoy?

FRANCISCA: Hoy yo no (2) _____.

SARINA: ¿Por qué?

FRANCISCA: Porque (3) _____ que estudiar.

SARINA: ¿Por qué no (4) _____ al parque y corremos un poco primero?

FRANCISCA: Es que (5) _____ un examen mañana en la clase de matemáticas.

SARINA: Pero tú y yo (6) _____ que hacer un poco de ejercicio.

FRANCISCA: Mañana (7) _____ y hacemos ejercicio, ¡después del examen!

PASO 2 ¿Qué tal va tu vida... en Puerto Rico?

Listening comprehension practice of *Vocabulario*

H. Palabras. Listen to the following statements and select the word that completes them. The statements will be repeated. [CD 2, track 9]

1. _____ a. teléfono celular.   b disco compacto.   c. descanso.

2. _____ a. descanso.   b. salario.   c. especialista.

3. _____ a. cantante.   b. juez.   c. jefe.

4. _____ a. representante.   b. héroe.   c. responsable.

I. Problemas. Listen to the following students talk about their problems. After each one speaks, answer the questions about what he or she says. The students will repeat their problems. [CD 2, track 10]

1. Susana Vargas: ¿Cuál es el problema de Susana en la tienda?

   a. Viene a comprar una botella de agua y recibe un café.

   b. Viene a comprar un café y recibe una botella de agua.

   c. No tiene dinero para comprar un café.

2. Miguel Antonio Hernández: ¿Qué problema tiene Miguel Antonio?

   a. Sus compañeros de empleo reciben un buen salario, pero él no.

   b. Él recibe un buen salario, pero sus compañeros de empleo, no.

   c. Sus compañeros y él reciben un buen salario.

3. Serena Pacheco: ¿Por qué es difícil la situación de Serena?

   a. Porque tiene una comida.

   b. Porque tiene una entrevista y no tiene que preparar la comida.

   c. Porque tiene una entrevista, pero tiene que preparar la comida.

Listening comprehension practice of *En preparación*, 2.3

Interrogative words

Asking questions

J. Información inesperada. You will hear information that will surprise you. Using interrogative words, complete the questions below that you would ask to clarify uncertainty. [CD 2, track 11]

1. ¿No? ¿ _____ materias toma entonces?

2. ¿No? ¿ _____ trabaja entonces?

3. ¿Sí? ¿ _____ están? Muy nerviosos, me imagino.

4. ¿No? ¿ _____ vas entonces?

5. ¿No? ¿ _____ son entonces?

6. ¿No? ¿ _____ es entonces?

K. Una cita. José Antonio has asked Teresa to a party. She has several questions. Which of the possibilities below answers each question? The questions will be repeated. [CD 2, track 12]

1. _____
   a. Es a las nueve.
   b. Es el viernes.
   c. Todos los días.

2. _____
   a. Estoy en la universidad.
   b. Voy a la casa de mi amigo Lorenzo.
   c. En casa de Gabriela Santos.

3. _____
   a. Es amiga de Jorge Luis.
   b. Se llama Arturo Ponce.
   c. Soy Antonio, de la clase de química.

4. _____
   a. A todos sus amigos de la clase.
   b. Dos amigos invitan a Gabriela.
   c. ¿Por qué no invitas a dos estudiantes más?

5. _____
   a. Porque no es muy popular.
   b. Gabriela viene en autobús a la fiesta.
   c. Porque es muy popular.

Listening comprehension practice of *En preparación*, 2.4

Numbers 0–199

Counting, solving math problems, and expressing cost

L. ¿Qué número es? Listen to the information given about people's addresses, phone numbers, etc. Then provide the missing information in the following sentences. [CD 2, track 13]

1. Mi amigo Juan Delgado vive en nuestra residencia en el número _____.

   a. 92   b. 29   c. 93

2. El número de teléfono de la universidad es el _____.

   a. 253-4861   b. 263-4855   c. 273-4851

3. En la residencia hay _____ habitaciones.

   a. 175   b. 165   c. 155

4. El salario de Jorge es de _____ dólares.

   a. 30   b. 120   c. 130

5. Su familia es muy grande. Tiene _____ personas.

   a. 60   b. 160   c. 6

M. ¡A la clase de matemáticas! Listen to the math teacher's review of math problems. Indicate in each case which one you hear. Check your answers as the problems are repeated. [CD 2, track 14]

1. _____   a. $5 \times 13 = 65$ b. $5 + 10 = 15$ c. $5 \times 3 = 15$

2. _____   a. $30 \times 6 = 180$ b. $180 \div 6 = 30$ c. $150 \div 5 = 30$

3. _____   a. $25 + 45 + 55 = 125$ b. $25 + 60 + 30 = 115$ c. $25 + 50 + 40 = 115$

4. _____   a. $76 - 62 = 14$ b. $66 - 52 = 14$ c. $76 - 32 = 44$

5. _____   a. $160 \div 10 = 16$ b. $16 \times 10 = 160$ c. $6 \times 10 = 60$

Listening comprehension practice of *En preparación*, 2.5

Possessive adjectives

Indicating ownership

N. ¡Aquí está! Everything your friend asks about is right here. Complete your answers to his questions with the appropriate possessive adjectives. The questions will be repeated. [CD 2, track 15]

> MODELO   AMIGO: ¿Bernardo tiene un bolígrafo?
> Tú: Sí. Aquí está **su** bolígrafo.

1. Sí. Aquí está _____ computadora.

2. Sí. Aquí están _____ libros de química.

3. Sí. Aquí está _____ periódico en español.

4. Sí. Aquí está _____ calculadora.

5. Sí. Aquí está _____ radio.

6. Sí. Aquí están _____ videojuegos.

O. Descripciones. Answer your friend's questions by describing the things he asks about. Complete the responses with the appropriate possessive adjectives. The questions will be repeated. [CD 2, track 16]

> MODELO   AMIGO: ¿Daniela tiene un apartamento?
> Tú: Sí. **Su** apartamento es muy modesto.

1. Sí. _____ amigos venezolanos son simpáticos.

2. Sí. _____ casa es muy bonita.

3. Sí. _____ tienda es muy elegante.

4. Sí. _____ examen va a ser difícil.

5. No. _____ clase es en este edificio.

PASO 3   Puerto Rico... ¡esto es vida!

Listening comprehension practice of *Vocabulario*

P. Palabras. Listen to the following definitions and select the word that best matches their meaning. The definitions will be repeated. [CD 2, track 17]

1. _____ a. viajar.   b. leer.   c. feliz.

2. _____ a. mediodía.   b. frío.   c. domingo.

3. _____ a. reportero.   b. enero.   c. medianoche.

4. _____ a. ¿A qué hora?   b. la tarde.   c. menos.

Q. Planes. Teresa, Rosa, Pedro, and José are making their plans for their next vacation. What are they saying? Listen carefully and write the letter that corresponds to the dialogue. [CD 2, track 18]

1. _____

2. _____

3. _____

4. _____

Listening comprehension practice of *En preparación*, 2.6

Telling time   Stating at what time things occur

R. Horario. Look at Natalia's schedule for next week. Then indicate whether each statement is **cierto** (C) or **falso** (F) based on the information in the schedule. The statements will be repeated. [CD 2, track 19]

	lunes	martes	miércoles	jueves	viernes
8:00–9:00	clase de español	clase de aeróbicos	clase de español	clase de aeróbicos	clase de español
9:00–10:00	reunión en la cafetería	clase de matemáticas	terminar proyecto	clase de matemáticas	hablar con el prof. Díaz
10:00–11:00	clase de química	clase de física	clase de química	clase de física	clase de química
11:00–12:00					
1:00–7:00	TRABAJO	TRABAJO	TRABAJO	TRABAJO	TRABAJO
7:00	a casa	a casa	a casa	a casa	a casa

1. C F   2. C F   3. C F   4. C F   5. C F

S. ¿Dónde está? Based on the schedule you used in activity **R,** write where Natalia is at each of the times read by the speaker. The statements will be repeated. [CD 2, track 20]

1. _____   a. en la cafetería   b. en una oficina   c. en una clase   d. en el trabajo

2. _____   a. en la cafetería   b. en una oficina   c. en una clase   d. en el trabajo

3. _____   a. en la cafetería   b. en una oficina   c. en una clase   d. en el trabajo

4. _____   a. en la cafetería   b. en una oficina   c. en una clase   d. en el trabajo

5. _____   a. en la cafetería   b en una oficina   c. en una clase   d. en el trabajo

6. _____   a. en la cafetería   b. en una oficina   c. en una clase   d. en el trabajo

Listening comprehension practice of *En preparación*, 2.7

Days of the week, months, and seasons

Giving dates and stating when events take place

T. Calendario. In Mateo's calendar, important dates are circled. Listen to the information given by the speaker and complete the following sentences. The sentences will be repeated. [CD 2, track 21]

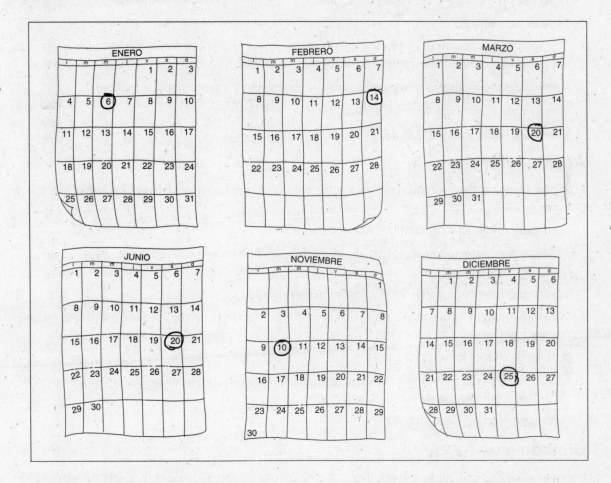

1. El primer día de verano es _____.

2. El _____ es muy importante para Mateo porque tiene un examen muy difícil.

3. El primer día de primavera es _____.

4. El aniversario de los padres de Mateo es _____.

5. El _____ Mateo visita a sus familiares.

6. El día de San Valentín es _____.

Pronunciación

Las letras *p, t* [CD 2, track 22]

- The Spanish **p** is produced by slightly turning your lips inward and almost closing them completely. No puff of air should escape your mouth as in the English pronunciation of *p*. For example, if you hold the palm of your hand in front of your mouth, you should not feel a puff of air if you are saying the Spanish **p** correctly.

  Now repeat the following words and sentences, paying close attention to the **p** sound.

  Pepe puesto periodista pantalla platos polvo

  Pepe es periodista.

- The Spanish **t** is produced by placing the tip of the tongue in back of the upper front teeth. As with the **p** sound, no puff of air should escape from your mouth.

  Now repeat the following words and sentences, paying close attention to the **t** sound.

  Tomás trabajo artículo teclado tarde

  El técnico trabaja con el teclado.

Acentuación [CD 2, track 23]

- When a word ends in a consonant (except for **n** or **s**) the natural stress falls on the last syllable. For example:

  elemental robot ciudad caminar actriz español

  As you listen to the following words, divide each into syllables and underline the stressed syllable. Each word will be repeated.

  buscar sentimental español intelectual mujer amistad

- Words that end in a consonant (except for **n** or **s**) with the stress on the second-to-the-last-syllable require a written accent. For example:

  fácil lápiz cáncer azúcar

  As you listen to the following words, divide each into syllables and write an accent on the vowel of the stressed syllable. Each word will be repeated.

  Perez angel arbol Cadiz util futbol

Dictado [CD 2, track 24]

Listen to what this student says about living and studying in Puerto Rico and then write down what you hear. The dictation will be repeated.

1. _____

   _____

2. _____

   _____

3. _____

   _____

CAPÍTULO **3** **Estamos pasándolo en grande en... ¡España!**

Práctica escrita ✐

PASO **1** De vacaciones en... ¡España!

Practice of *Vocabulario*

Before working on these activities, review the **Capítulo 3, Paso 1, Vocabulario** *in your* **¡Dímelo tú!** *textbook, and visualize the meaning of the words as you go over them. For pronunciation, you may listen to the* **¡Dímelo tú!** *Text Audio CD.*

A. Asociaciones. What words in column B do you associate with the words in column A?

	A		B
_____	1. torero	a.	sur
_____	2. este	b.	feliz
_____	3. alegre	c.	toro
_____	4. feria	d.	estudiar
_____	5. examen	e.	fiesta

B. Los que son. Circle the word that does not belong in each group.

1. nervioso	furiosa	cansado	noroeste
2. norte	sur	triste	este
3. triste	enfermo	alegre	aterrorizado
4. primero	invitado	fiesta	comida
5. bombero	cantante	torero	chico

Practice of *En preparación*, 3.1

The verb estar

Giving location and indicating change

C. ¡Preparaciones! Some friends are helping you organize your apartment. What do they ask you when they cannot find the things or people they need?

MODELO ¿Dónde **están** las cosas?

1. ¿Dónde _____ la guitarra?

2. ¿Dónde _____ tú?

3. ¿Dónde _____ los invitados?

4. ¿Dónde _____ el libro?

5. ¿Dónde _____ la mochila?

D. ¿Qué pasa? You are at a friend's wedding reception. How is everyone feeling?

1. ¿Cómo está la mamá de Marisa?

☐ a. cansado

☐ b. emocionante

☐ c. triste

2. ¿Cómo está el papá de Marisa?

☐ a. preocupado

☐ b. nerviosos

☐ c. cansada

3. ¿Cómo está Ernesto?

☐ a. contentos

☐ b. frustrado

☐ c. entusiasmada

4. ¿Cómo están los invitados?

☐ a. furioso

☐ b. contentos

☐ c. ocupadas

5. ¿Cómo está Óscar?

☐ a. furiosa

☐ b. interesado

☐ c. ocupados

6. ¿Y cómo está Filomena?

☐ a. aburrida

☐ b. cansado

☐ c. tristes

E. ¿Dónde está? You and your friend are making plans to visit some cities in Spain, and she is asking you where these cities are. Look at the map of Spain in your textbook and answer by matching the location with the city.

1. En el este están...

2. En el suroeste están...

3. En el noroeste está...

4. En el noreste está...

5. En el norte está...

a. Pamplona

b. Barcelona

c. Valencia y Buñol

d. Sevilla y Jerez de la Frontera

e. Santiago de Compostela

PASO 2 Tu casa en... ¡España!

Practice of *Vocabulario*

Before working on these activities, review the **Capítulo 3, Paso 2, Vocabulario** *in your* **¡Dímelo tú!** *textbook, and visualize the meaning of the words as you go over them. For pronunciation, you may listen to the* **¡Dímelo tú!** *Text Audio CD.*

F. Los que son. Circle the word that does not belong in each group.

1. cantar	disco	canción	tortilla
2. receta	comida	cenar	llamar
3. ¡Gracias!	¡Lo siento!	¡Chorizo!	¡De nada!
4. bailar	invitar	conversar	comprar
5. bueno	malo	terrible	guapo

G. Categorías. In each list, choose and circle the word (only one) that is related to the category at the top.

1. **fiestas**	2. **estados de ánimo**	3. **música**	4. **descripción**
a. asistir	a. patio	a. guitarra	a. pregunta
b. bolígrafo	b. rico	b. tortilla	b. decorar
c. sur	c. entusiasmado	c. inventar excusas	c. interesado
d. papel	d. llegar	d. estar	d. con

Practice of *En preparación, 3.2*
Present progressive tense
Describing what is happening now

H. ¿Qué pasa? It is Monday morning and everyone is very busy on campus. What is everyone doing?

> MODELO El rector (trabajar) en su oficina.
> **El rector *está trabajando* en su oficina.**

1. El cocinero (preparar) la comida en la cafetería.

_____

2. El profesor (llegar) a la oficina.

_____

3. Tomás (estudiar) francés en la biblioteca.

_____

4. Carlos y Marta (hablar) de muchas cosas con la profesora de español.

_____

5. Nosotros (tocar) la guitarra en la clase de música.

_____

I. ¿Qué están haciendo? There is a party at your house. Describe what is happening at the party.

> MODELO   Antonio / bailar / todo / chicas
> **Antonio está bailando con todas las chicas.**

1. Manuel y Olga / preparar / comida

_____

2. Emilio / hacer / la sangría

_____

3. los invitados / comer / y tomar / refrescos

_____

4. yo / conversar / con muchas personas / interesante

_____

5. todos nosotros / cantar / pasarlo en grande

_____

PASO 3   Me gusta España, «me gustas tú»

Practice of *Vocabulario*

Before working on these activities, review the **Capítulo 3, Paso 3, Vocabulario** *in your* **¡Dímelo tú!** *textbook, and visualize the meaning of the words as you go over them. For pronunciation, you may listen to the* **¡Dímelo tú!** *Text Audio CD.*

J. Definiciones. Select the phrase that best defines the word in the first column.

1. atasco: _____ problemas por **congestión de tráfico** / _____ persona **aburrida**

2. siesta: _____ **dormir** un poco durante el día / _____ **fiesta** en casa de los amigos

3. tinto: _____ **vino rojo** / _____ **café con leche**

4. vino: _____ **bebida que normalmente tiene alcohol** / _____ **no tiene alcohol**

5. gambas: _____ **marisco** / _____ **baile flamenco**

K. Antónimos. Choose an antonym in column B for each word in column A.

		A		B
_____	**1.**	limpio	a.	adulto
_____	**2.**	rizado	b.	feo
_____	**3.**	niño	c.	lacio
_____	**4.**	guapo	d.	horroroso
_____	**5.**	exquisito	e.	sucio

L. Lista loca. Circle the word that does not belong in each group.

1.	lacio	rubio	rizado	idioma
2.	aventura	terror	gaseosa	ciencia ficción
3.	disco compacto	pregunta	pasodoble	música
4.	tapas	tortilla	sangría	pastel
5.	humo	rubio	alto	delgado

Practice of *En preparación*, 3.3

**Ser *and* estar *with adjectives*

Describing attributes, location of an event, and indicating changes

M. ¡Qué chico! To find out what Teresa says of herself and her friends, complete her comments by circling the correct form of **ser** or **estar**.

1. Ricardo necesita ir al hospital. (Es / Está) enfermo.

2. Ahora Manuel toca la guitarra. (Es / Está) un buen músico.

3. Tenemos un examen mañana. (Somos / Estamos) muy nerviosos.

4. José y Pepi van a tomar seis clases el próximo semestre. ¡No van a (ser / estar) aburridos!

5. Tengo un poco de depresión. Siempre (soy / estoy) triste.

N. ¿Qué está pasando? Pablo has to study tonight so he is not able to go to his friend's party. After studying for several hours he decides to call Andrés to find out how the party is going. Complete their conversation with the correct form of **ser** or **estar.**

PABLO: ¿Qué pasa? ¿Todos los invitados (1) _____ contentos?

ANDRÉS: Oh, sí, muy contentos. Muchas personas bailan. Felipe (2) _____ en la cocina

comiendo. Clara, Marcos, y sus amigos (3) _____ en el patio. Eva María

(4) _____ muy guapa esta noche. (5) _____ muy simpática y baila

fenomenal. (6) _____ de Salamanca, ¿no?

PABLO: No, (7) _____ de León, como su nuevo novio.

ANDRÉS: ¿Quién (8) _____ su novio ahora?

PABLO: ¡Yo!

Practice of *En preparación*, 3.4

The verb gustar

Talking about what you like or dislike

O. Por eso no va a la fiesta. Maribel is talking to Juan Antonio. He does not want to go to the party for Maribel's cousin. To find out why not, write his responses to Maribel's comments.

MODELO Van a servir sangría.
         No me gusta la sangría.

1. También van a servir otros refrescos.

   _____

2. Vamos a cantar.

   _____

3. Vamos a comer paella.

   _____

4. Vamos a bailar un pasodoble.

   _____

5. Vamos a tocar la guitarra.

   _____

P. ¡Eso sí me gusta! Everyone seems to find something they like at Maribel's party. What do these people say they like?

> MODELO   a Sergio y a Claudio: la música
> **A Sergio y a Claudio les gusta la música.**

1. a Cristina: los refrescos

    _____

2. a nosotros: la paella

    _____

3. a mi amigo Pedro: la sangría

    _____

4. a mí: bailar flamenco

    _____

5. a Ramiro y a Juanita: las tapas

    _____

El rincón de los lectores

Antes de empezar, dime...

1. ¿Qué tipo de música prefieres tú? ¿Conoces la música de otros países?

    _____

    _____

2. ¿Crees que la música es algo muy popular en Latinoamérica? ¿Por qué?

    _____

    _____

3. ¿Sabes cuál es el origen de algunos de estos ritmos: la rumba, la conga, el mambo, el chachachá, el calipso, el merengue, la guaracha y la salsa?

    _____

    _____

Lectura

La música y los jóvenes hispanos

Los jóvenes hispanos de hoy aceptan diversas manifestaciones de la música popular. Ellos conocen, tocan, cantan, bailan y admiran no solo la música nativa, sino también la música de otros países y culturas. De hecho, el *soul,* el *rock,* el *rap* y el *jazz* son enormemente populares con los jóvenes hispanos.

La música popular tradicional combina música, canto y baile. De esta tradición viene el tango en Argentina, un ritmo que hoy se escucha, se canta y se baila en todo el continente. El bolero, música y baile que expresan tristeza, viene de los países del Caribe.

La música popular de los países cercanos al trópico es particularmente hermosa. De Colombia, Venezuela, Panamá, Cuba, Puerto Rico y la República Dominicana vienen estilos de gran movimiento, como la rumba, la conga, el mambo, el chachachá, el calipso, el merengue, la guaracha y la salsa. Estos ritmos sensuales, vivos y alegres tienen raíces africanas.

Así, los jóvenes latinoamericanos conocen y aprecian realmente todo estilo de música. Todo tipo de música y todos los ritmos son verdaderamente una parte íntima de la vida diaria de los jóvenes latinoamericanos.

Y ahora, dime...

Compara los intereses en la música de los jóvenes latinoamericanos y los estadounidenses.

	Intereses de los jóvenes latinoamericanos	Intereses de los jóvenes estadounidenses
Música popular de los EE.UU.: el *soul,* el *rock,* el *rap,* el *jazz,*...		
Música popular de Latinoamérica: la rumba, la conga, el mambo, el chachachá, el calipso,...		
Música de otros países y culturas		

¡Escríbelo!

Antes de escribir

In *¡Dímelo tú!*, **Capítulo 3, ¡Escríbelo!**, you learned about the importance of organizing your ideas into various groups called clusters, that is, listings of closely related ideas.

Since in this activity you will be asked to write about music, it would be helpful to organize your ideas into a cluster similar to the one that follows. Consider this your first draft:

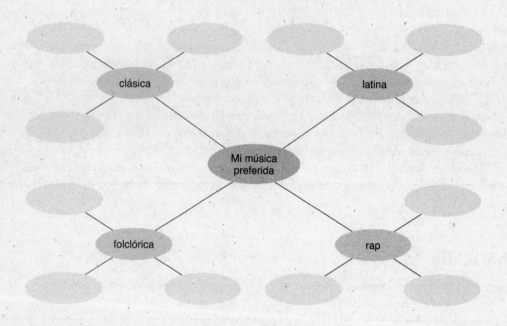

Atajo Writing Assistant: You may now use the Atajo Writing Assistant to explore possible ways of talking about music and your personality, to check your grammar and spelling, to consult the dictionary, to conjugate verbs, and to receive suggestions for useful phrases. Search for the following vocabulary or topics.

> **Vocabulary:** musical instruments; use a guitar; emotions: positive; emotions: negative; personality
> **Grammar:** verbs: use of **ser** & **estar;** adjective agreement
> **Phrases:** stating a preference; expressing irritation
> **Verb conjugator:** estar **(presente);** ser **(presente)**

_____

_____

_____

_____

_____

Ahora ¡a revisar! Based on what you learned in this chapter and from using the Atajo Writing Assistant, review and make the necessary changes to your draft/cluster from the **Antes de escribir** section.

La versión final. Now create a title, and prepare the final version of the composition in which you describe to your instructor your favorite music and how that music makes you feel when you hear it at parties, during holidays, or on other occasions.

Título:

_____

_____

_____

_____

_____

_____

_____

_____

_____

_____

_____

_____

_____

_____

_____

_____

_____

_____

_____

_____

_____

Práctica de comprensión auditiva

PASO 1   De vacaciones en... ¡España!

Listening comprehension practice of *Vocabulario*

A. Palabras. Listen to the following statements and select the word that matches the definition. The statements will be repeated. [CD 2, track 25]

1. _____   a. contenta.   b cansado.   c. chico.

2. _____   a ocupada.   b. emocionantes.   c. interesado.

3. _____   a. exámenes.   b. fallas.   c. ferias.

4. _____   a. sangría.   b. invitado.   c. aburridos.

B. Cuatro situaciones. You will hear four people, each in a different situation. Listen to each one and circle the option that best completes each statement. The speeches will be repeated. [CD 2, track 26]

1. La persona que habla está...

   a. contenta.

   b. enferma.

   c. entusiasmada.

2. La persona que habla está en...

   a. un restaurante.

   b. una clase de francés.

   c. un hospital.

3. La persona que habla está también...

   a. preocupada.

   b. ocupada.

   c. cansada.

4. ¿Cuántos están bailando en la fiesta?

   a. Dos personas.

   b. Una persona.

   c. Todo el mundo.

Listening comprehension practice of *En preparación*, 3.1

The verb estar

Giving location and indicating change

C. Conversación. Listen to the following conversation between Mrs. Valdivia and her two children. Fill in the missing forms of the verb **estar** as you hear them talk. The conversation will be repeated. [CD 2, track 27]

MAMÁ: Hola, hija, ¿cómo (1) _____ ?

Yo: (2) _____ muy bien. ¿Y ustedes?

MAMÁ: (3) _____ bien. Luis (4) _____ un poco nervioso porque esta noche sale con María Dolores.

Yo: ¡Ah! ¿Y cómo (5) _____ tu amiga María Dolores?

LUIS: (6) _____ muy bien. (7) _____ en la misma clase de historia.

MAMÁ: Es una chica muy trabajadora y estudiosa. Siempre (8) _____ en la biblioteca.

LUIS: ¡Y es muy guapa también!

Yo: Tengo la impresión que (9) _____ muy contento con la escuela este semestre.

LUIS: ¡Sí! Pero (10) _____ preocupado porque la semana próxima tenemos muchos exámenes.

Yo: Pues, necesitas estudiar con tu amiguita María Dolores.

D. Preguntas y respuestas. You are talking to a friend on your way to class. Answer her questions, using the correct forms of **estar.** The questions will be repeated. [CD 2, track 28]

1. _____ en el laboratorio.

2. Sí, _____ en esta clase también.

3. Sí, _____ muy contentos.

4. _____ en su oficina.

5. _____ enfermo.

PASO 2 Tu casa en... ¡España!

Listening comprehension practice of *Vocabulario*

E. Palabras. Listen to the following definitions and select the word that matches their meaning. The definitions will be repeated. [CD 3, track 2]

1. _____ a. el patio.   b. la cocina.   c. el dormitorio.

2. _____ a. pizza.   b. tapas.   c. aceituna.

3. _____ a. la sangría.   b. la patata.   c. el vino.

4. _____ a. fenomenales.   b. ¿Qué estás haciendo?   c. ¡Lo siento!

F. Conversación en la fiesta. Listen to the following conversation. Then circle the correct answers to the questions below. The conversation will be repeated. [CD 3, track 3]

1. Según Estela, ¿cómo está la fiesta?

    a. Está furiosa.

    b. Está fenomenal.

    c. Está triste.

2. ¿Qué hacen en la sala?

    a. Están mirando la televisión.

    b. Están cantando.

    c. Están bailando y escuchando música.

3. ¿Qué discos están escuchando?

    a. Están escuchando discos de flamenco.

    b. Están escuchando discos de rock.

    c. Están escuchando discos de salsa.

4. ¿Dónde está la comida?

    a. Está en la sala.

    b. Está en la cocina.

    c. Está en el patio.

Listening comprehension practice of *En preparación*, 3.2

Present progressive tense

Describing what is happening now

G. Por eso. Explain to the speaker why the things he asks about cannot happen. Use the same verb as the speaker's in your response. The questions will be repeated. [CD 3, track 4]

     MODELO   YOU HEAR: Necesito hablar con Roberto.
               YOU WRITE: Lo siento. Roberto **está hablando** con su mamá.

1. Lo siento. Isabel _____ con Daniel.

2. Lo siento. Paco de Lucía _____ la guitarra en este momento.

3. Lo siento. Toñi _____ con otra persona ahora.

4. Lo siento. Nosotros _____ hoy la sala.

5. Lo siento. Tú siempre _____ excusas para no limpiar tu cuarto.

H. En el restaurante. Listen to the speaker's descriptions of Alberto and his friends when they go out for dinner to their favorite restaurant. Then select the phrase that best describes what each person is doing. The descriptions will be repeated. [CD 3, track 5]

1. Alberto...

    a. está comiendo.

    b. está bebiendo.

    c. está escribiendo.

2. El señor...

    a. está estudiando.

    b. está lavando el auto.

    c. está cocinando.

3. En la radio...

    a. está sonando una canción.

    b. están dando las noticias.

    c. están hablando de política.

4. Marcos y José Luis...

    a. están tomando sangría.

    b. están comiendo paella.

    c. están comiendo tapas.

5. Jorge...

    a. está conversando.

    b. está paseando.

    c. está hablando por teléfono.

PASO 3   Me gusta España, «me gustas tú»

Listening comprehension practice of *Vocabulario*

I. Palabras. Listen to the following definitions and select the word that matches their meaning. The definitions will be repeated. [CD 3, track 6]

1. _____   a. título.   b. película de terror.   c. taquillera.

2. _____   a. bajo.   b. sana.   c. tranquilo.

3. _____   a. pasodoble.   b. fútbol.   c. canción.

4. _____   a. corrida de toros. b. idioma.   c. siesta.

Listening comprehension practice of *En preparación*, 3.3

Ser *and* estar *with adjectives*

Describing attributes, location of an event, and indicating changes

J. Así es. You are having coffee with your Spanish instructor after class. Answer all his questions using the correct form of **ser** or **estar.** The questions will be repeated. [CD 3, track 7]

1. Sí, _____ inteligente.

2. Sí, _____ muy nerviosos por el examen.

3. Sí, _____ muy altos.

4. Sí, _____ rica.

5. Sí, _____ cansados.

K. Más preguntas. Your roommate just walked in the door and immediately started bombarding you with questions. Answer her by completing the sentences below with the correct form of **ser** or **estar.** The questions will be repeated. [CD 3, track 8]

1. _____ muy contento(a).

2. _____ muy interesantes.

3. _____ difícil.

4. Porque _____ antipática.

5. _____ muy preocupada por su novio.

6. Porque _____ enfermo.

Listening comprehension practice of *En preparación,* 3.4

The verb **gustar**

Talking about what you like or dislike

L. Mamá tiene razón. Natalia's mother is trying to guess what everyone would like to eat and drink. How does Natalia respond to her mother's suggestions? [CD 3, track 9]

> MODELO YOU HEAR: Susana y Ricardo van a tomar sangría, ¿verdad?
> YOU WRITE: Sí. A ellos **les gusta** mucho la sangría.

1. No, a él no _____ mucho el vino.

2. Sí. A ellos _____ mucho los refrescos.

3. Sí. A ellos _____ mucho los mariscos.

4. Sí. A ti _____ mucho las tapas.

5. Sí. A mí _____ mucho la tortilla.

M. ¡No me gusta nada! Juan and Mario are at Natalia's party. Juan is bored and doesn't like anything. Listen as Mario asks Juan questions. Then complete Juan's answers as in the model. [CD 3, track 10]

> MODELO YOU HEAR: ¿Te gusta el flamenco?
> YOU WRITE: No, **no me gusta.**

1. No, _____ .

2. No, _____ .

3. No, _____ .

4. No, _____ .

5. No, _____ .

Pronunciación
Las letras *b, v* [CD 3, track 11]

- In Spanish, the **b** and **v** are pronounced exactly the same. However, depending on where they occur in a word, their pronunciation will vary. When **b** and **v** occur at the beginning of a word or after **m** or **n** they have a hard **b** sound similar to the English *b* in *bank*. For example:

    botar   votar   baja   viaja   hombre

    In any other position the **b** and **v** have a softer sound. For example:

    tubo   tuvo   lobo   lava   la boca   la vaca

As you listen to the following words, circle **H** if you hear a hard **b/v** sound or **S** if you hear a soft **b/v** sound. Each word will be repeated.

1. H S   2. H S   3. H S   4. H S   5. H S   6. H S

- The hard **b** sound is produced by closing the lips and cutting the flow of air at the initial stage of producing the sound. Repeat the following words with a hard **b/v** sound being careful not to exaggerate the sound.

  1. viaja Vicente Venecia viernes   Vicente viaja a Venecia el viernes.

  2. bebe bar Benito bien   Benito bebe en el bar.

  The soft **b/v** sound is produced with the lips restraining, but not stopping, the air that escapes as the sound is produced.

  Now repeat the following words with a soft **b/v** sound. Remember that the lips should not completely block the flow of air and avoid using the front teeth and lower lip used in producing the English *v*.

  1. lleva Mave llave llavero   Mave lleva la llave en el llavero.

  2. abuelo Abel trabaja Cristóbal   Mi abuelo Abel trabaja en San Cristóbal.

- Repeat the following words, which have both soft and hard **b/v** sounds. Note the difference in sound.

  Bolivia vive Viviana verano Venezuela viaja

  Viviana vive en Bolivia y en verano viaja a Venezuela.

Acentuación [CD 3, track 12]

When words have the natural stress on the third to last syllable, regardless of ending, a written accent is required. For example:

médico   matrícula   dímelo   matemáticas   física

As you listen to the following words, underline the stressed syllable and write an accent mark. Words will be repeated.

publico   republica   Mexico   comico   satira

Dictado [CD 3, track 13]

Listen to the reasons a tourist likes Spain so much and then write down what you hear. The dictation will be repeated.

1. _____

   _____

2. _____

   _____

3. _____

   _____

CAPÍTULO 4 ¡De visita en... México, D.F.!

Práctica escrita

PASO 1   La magia de... México, D.F.

Practice of *Vocabulario*

Before working on these activities, review the **Capítulo 4, Paso 1, Vocabulario** *in your* **¡Dímelo tú!** *textbook, and visualize the meaning of the words as you go over them. For pronunciation, you may listen to the* **¡Dímelo tú!** *Text Audio CD.*

A. Personas, lugares y cosas. What persons, places, and things on the right do you associate with the persons and things on the left?

_____	1. cuadro	a.	hombre
_____	2. rebozo	b.	muchacho
_____	3. rojo	c.	museo
_____	4. chico	d.	blanco
_____	5. mujer	e.	traje

B. Significa lo mismo. Indicate which of the substitutions can be made for the underlined word(s) without changing the meaning of the original sentence.

1. ¿A qué hora <u>vuelven</u> los estudiantes?

    a. salen   b. van   c. regresan

2. Aquí en la residencia <u>almorzamos</u> entre las doce y las dos y media.

    a. estudiamos   b. comemos   c. lavamos

3. ¡Qué vestido tan <u>bonito</u> llevas!

    a. feo   b. lindo   c. caliente

4. La <u>mujer</u> de Ricardo es muy inteligente.

    a. esposa   b. artista   c. figura

5. Es un <u>cuadro</u> maravilloso.

    a. foto   b. sol   c. retrato

C. Clasificación. Classify each word in the list below in one of the four proposed categories.

azul	falda	mujer	traje
blanco	muchacho	rojo	vestido
museo	retrato	esposa	autorretrato

arte	ropa	colores	personas
_____	_____	_____	_____
_____	_____	_____	_____
_____	_____	_____	_____

Practice of *En preparación, 4.1*

Demonstrative adjectives

Pointing out specific people, places, events, or things

D. ¡Modas! You are shopping for clothes with a friend at the **Palacio de Hierro** in Mexico City. What does your friend say as you walk around the store?

MODELO   faldas / largo
Estas faldas son largas.

1. rebozo / elegante

   _____

2. camisas / grande

   _____

3. blusa / amarillo

   _____

4. falda / hermoso

_____

5. traje / feo

_____

6. vestidos / largo

_____

E. ¡Para nada! You can never agree with your friend. What do you tell your friend as he talks about things in the store?

> MODELO **Esas faldas son largas. / No, cortas.**
> **No, aquellas faldas son cortas.**

1. Ese rebozo es elegante. / No, feo.

_____

2. Esas camisas son grandes. / No, **pequeñas.**

_____

3. Esa blusa es amarilla. / No, **roja.**

_____

4. Esa falda es hermosa. / No, fea.

_____

5. Ese traje es feo. / No, hermoso.

_____

6. Esos vestidos son largos. / No, **cortos.**

_____

Practice of *En preparación*, 4.2

Present tense of e → ie and o → ue stem-changing verbs
Describing activities

F. Estudiante típico de la UNAM. Rogelio is a typical student at UNAM in Mexico City. To find out why, complete this paragraph by writing the correct form of the verb in parentheses.

Rogelio está en su apartamento estudiando. No **(1)** _____ (entender) un problema de

cálculo. **(2)** _____ (Querer) terminar la tarea, pero no **(3)** _____ (poder) con-

centrarse. **(4)** _____ (Pensar) en sus próximas vacaciones. **(5)** _____ (Preferir)

estar en una playa en Acapulco bebiendo una piña colada. Cuando sus amigos **(6)** _____

(volver) al apartamento y **(7)** _____ (empezar) a estudiar, Rogelio **(8)** _____

(volver) a la realidad. ¡A estudiar otra vez!

G. ¡No voy a Acapulco! Vicente does not want to go on vacation to Acapulco with his parents. Complete these sentences to see what excuses he gives them.

1. yo / preferir estar en casa

   _____

2. yo no / poder dormir en hoteles

   _____

3. mi boleto *(ticket)* / costar mucho

   _____

4. ustedes / poder hacer más si no voy

   _____

5. ustedes / volver muy tarde

   _____

H. ¡Sí mamá, sí papá! Vicente's parents call to find out how he is doing. How does he answer their questions?

> MODELO ¿Empiezas a estudiar temprano? (sí, a las 4:00)
> **Sí, empiezo a estudiar a las cuatro.**

1. ¿Almuerzas bien? (sí)

   _____

2. ¿Tus amigos y tú vuelven tarde a la residencia? (no, a las 10:00)

_____

3. ¿Cuál de las clases prefieres? (la clase de física)

_____

4. ¿Duermes ocho horas todas las noches? (sí)

_____

5. ¿Pierdes mucho tiempo mirando la tele? (no)

_____

6. ¿Cuándo piensas volver a casa? (en diciembre)

_____

PASO 2   ¡De compras en el... D.F.!

Practice of *Vocabulario*

Before working on these activities, review the **Capítulo 4, Paso 2, Vocabulario** *in your* **¡Dímelo tú!** *textbook, and visualize the meaning of the words as you go over them. For pronunciation, you may listen to the* **¡Dímelo tú!** *Text Audio CD.*

I. Descripciones, cosas y acciones. What terms in column B do you associate with the terms in column A?

	A		B
_____	1. bota	a.	chaleco
_____	2. almacén	b.	escaparate
_____	3. chamarra	c.	zapato
_____	4. algodón	d.	pendientes
_____	5. aretes	e.	mezclilla

J. Examen. Select the word that does not belong in each group.

1. seda   zapato   algodón   lana

2. matrícula   falda   corbata   sombrero

3. traje	chamarra	**pantalón**	lana
4. caro	barato	**mejor**	impermeable
5. estacionamiento	auto	**autorretrato**	bicicleta

K. ¿Qué necesitas? Indicate what things from column B you need in order to do the things in column A.

A

B

_____ 1. para no mojarte *(get wet)* a. impermeable

_____ 2. para dormir b. zapatos

_____ 3. para caminar c. pijamas

_____ 4. para no tener frío d. lana

_____ 5. para hacer un suéter e. chamarra

Practice of *En preparación*, 4.3

Numbers above 200

Counting and writing checks

L. ¡Profesiones! How much do these professionals earn? Write out their salary, as if you were writing a check.

1. El salario promedio *(average)* de un(a) profesor(a) es $52.450 al año.

_____

2. El salario promedio de un(a) recepcionista es $18.500 al año.

_____

3. El salario básico del ejecutivo a cargo *(CEO)* de IBM es $2.000.000.

_____

4. El salario promedio de un(a) médico(a) es $75.430.

_____

5. El salario anual del presidente de los Estados Unidos es $400.000.

_____

6. El salario anual del vicepresidente de los Estados Unidos es $230.000.

_____

M. ¡Gané! Congratulations! You just won a lot of money in the lottery. Write checks to buy things for you, your family, and your friends.

1. Para _____:

   Una casa nueva ($750.499)

	2729
	626-1488

Páguese al

portador _____ $ _____

_____

Banco Industrial, S.A.
Av. Américas 1729, Col. Provincia
Guadalajara, Jalisco C.P. 44620

Memo _____   _____

2. Para _____:

   Un viaje por crucero a Europa para dos personas ($17.635)

	2730
	626-1488

Páguese al

portador _____ $ _____

_____

Banco Industrial, S.A.
Av. Américas 1729, Col. Provincia
Guadalajara, Jalisco C.P. 44620

Memo _____   _____

3. Para _____ :

Un Toyota MR2 ($37.239)

	2731
	626-1488

Páguese al

portador _____ $ _____

_____

Banco Industrial, S.A.
Av. Américas 1729, Col. Provincia
Guadalajara, Jalisco C.P. 44620

Memo _____ _____

4. Para _____ :

Un televisor gigante ($5.332)

	2732
	626-1488

Páguese al

portador _____ $ _____

_____

Banco Industrial, S.A.
Av. Américas 1729, Col. Provincia
Guadalajara, Jalisco C.P. 44620

Memo _____ _____

Practice of *En preparación*, 4.4

Comparisons of equality

Stating equivalence

N. ¡Guerra de precios! **Palacio de Hierro** and **Gigante** are two clothing stores in Mexico City. How do their prices compare?

> **MODELO** camisas de manga larga
> **Son tan caras en Gigante como en el Palacio de Hierro.**

Gigante		Palacio de Hierro
$19,00	camisas	$19,00
$45,00	pantalones	$45,00
$300,00	trajes	$300,00
$20,00	pijamas	$20,00
$700,00	aretes de plata	$700,00
$18,00	corbatas de seda	$18,00

1. pantalones

_____

2. trajes

_____

3. pijamas

_____

4. aretes de plata

_____

5. corbatas de seda

_____

Practice of *En preparación*, 4.4

Comparisons of inequality

Comparing and contrasting

O. ¡Mis hermanos! Según Rogelio, ¿cómo se comparan él y su hermano?

> MODELO   ¿Quién es más delgado?
> Yo: delgado   Mi hermano: gordo
> **Yo soy más delgado que mi hermano.**

1. ¿Quién es más alto?

   Yo: 1 metro 85 cms.   Mi hermano: 1 metro 90 cms.

   _____

2. ¿Quién es mejor en matemáticas?

   Yo: A   Mi hermano: C+

   _____

3. ¿Quién es mayor?

   Yo: 25 años   Mi hermano: 19 años

   _____

4. ¿Quién es menos ordenado?

   Yo: desordenado   Mi hermano: muy ordenado

   _____

5. ¿Quién tiene más paciencia?

   Yo: paciente   Mi hermano: impaciente

   _____

P. ¡Prefiero un departamento! Quieres convencer a tus padres de que te conviene vivir en un departamento y no en la residencia estudiantil. Usa la información siguiente para convencerlos.

Residencia	Departamento
• $600 al mes por persona	• $300 al mes por persona
• dos personas por habitación	• una persona por habitación
• habitación pequeña	• habitación grande
• tres baños	• un baño
• hay mucho ruido	• no hay mucho ruido

MODELO **Residencia**   **Departamento**

• comida buena   • comida no tan buena

¿Cuál tiene mejor comida?

La residencia tiene mejor comida.

1. ¿Cuál es más caro?

_____

2. ¿Cuál acepta más personas por habitación?

_____

3. ¿Cuál tiene la habitación más grande?

_____

4. ¿Cuál tiene más baños?

_____

5. ¿Dónde hay más ruido *(noise)*?

_____

PASO 3   Ayer fuimos al... ¡D.F.!

Practice of *Vocabulario*

Before working on these activities, review the **Capítulo 4, Paso 3, Vocabulario** *in your* ***¡Dímelo tú!*** *textbook, and visualize their meaning as you go over each word. For pronunciation, you may listen to the* ***¡Dímelo tú!*** *Text Audio CD.*

Q. Problemas y soluciones. Indicate which action in column B would resolve the problem in column A.

	A		B
_____	**1.** tener hambre	a.	llevar un suéter
_____	**2.** tener frío	b.	comer
_____	**3.** tener sueño	c.	abrir las puertas
_____	**4.** tener calor	d.	beber
_____	**5.** tener sed	e.	dormir

R. Categorías. From the following lists, choose the word that does not belong in each group.

1. extremo   frío   hambre   sed

2. taza   bebida   té   tú

3. precioso   lindo   bonito   irrepetible

4. tener calor   tener frío   tener sed   tener prisa

Practice of *En preparación*, 4.5

Idioms with tener

Expressing feelings, obligations, and age

S. ¡Buen observador! You are having lunch at Sanborns in Ciudad Juárez, México. To pass the time, you keep an eye on everything going on around you. For everything you observe, as listed in the second column, select an appropriate **tener** idiom from the first column.

_____ 1. Tiene prisa.

_____ 2. Tiene sed.

_____ 3. Tiene hambre.

_____ 4. Tiene frío.

_____ 5. Tiene que pagar.

_____ 6. Tiene sueño.

a. Una persona usa su tarjeta de crédito.

b. Una persona come todo y quiere más.

c. Una persona mira la hora y quiere terminar pronto.

d. Una persona quiere un suéter.

e. Una persona quiere beber un refresco.

f. Un niño duerme profundamente.

T. De compras en Guadalajara. Two friends are going shopping in Guadalajara. Complete their conversation by filling in the blanks with the correct form of the following expressions.

tener razón   tener que   tener miedo   tener sed   tener hambre   tener frío

ANDREA: ¿Quieres ir de compras?

MARTA: Sí, **(1)** _____ comprar un regalo (*gift*) para el Día de las Madres.

ANDREA: Vamos, pues. Pero primero quiero ir a la residencia por un suéter porque

           (2) _____. La temperatura es de 55 grados.

MARTA: ¡Tú (3) _____! Hace mucho frío. Yo también necesito un suéter.

            (En el centro)

ANDREA: ¿Sabes? Yo no comí esta mañana y ahora (4) _____. Vamos a comer, ¿quieres?

MARTA: Está bien, pero no voy a comer mucho porque (5) _____ de subir de

            peso (*gain weight*). Pero (6) _____ y puedo tomarme un refresco.

ANDREA: Vamos, pues.

Practice of *En preparación,* 4.6

Preterite of ir, ser, poder, *and* tener

Narrating in past time

U. De noche en el D.F. Martín and Leticia are talking about what they did last night in Mexico City. Complete their conversation by filling in the blanks with the correct preterite form of **ir, ser, poder,** or **tener.**

LETICIA: ¿Qué hicieron anoche? ¿Fueron al teatro?

MARTÍN: No, no (1) _____ comprar los boletos. Por eso Graciela y yo (2) _____ al cine.

            La película (3) _____ muy buena. Y ustedes, ¿adónde (4) _____ anoche?

LETICIA: Paco y yo (5) _____ a cenar temprano en el Sanborns de la Zona Rosa. Después de cenar,

            Paco (6) _____ que trabajar desde la medianoche hasta las ocho de la mañana.

V. Fue ayer. Everything your friend asks you already happened yesterday. Answer your friend's questions using **ayer** and the preterite in your response.

MODELO   ¿Cuándo vas al banco?
         Fui al banco ayer.

1. ¿Cuándo tienen ustedes el examen de español?

    _____

2. ¿Cuándo es la fiesta de Paula?

    _____

3. ¿Cuándo vas a ver la nueva película?

    _____

4. ¿Cuándo tienen que pagar el alquiler Carlos y Sara?

_____

5. ¿Cuándo va Sara a Cancún?

_____

El rincón de los lectores

Antes de empezar, dime...

Antes de leer **Mazatlán, una ciudad costera,** contesta estas preguntas.

1. ¿Por qué son tan populares las ciudades de la costa? ¿Qué atrae *(attracts)* a tantas personas a estas ciudades?

_____

_____

2. ¿Conoces algunas ciudades costeras en los Estados Unidos? ¿Cuáles? ¿Con qué frecuencia las visitas? ¿Qué haces allí cuando visitas?

_____

_____

3. México tiene varias ciudades costeras muy famosas. ¿Puedes nombrar algunas? ¿Dónde están, en el océano Pacífico o el océano Atlántico? Si es necesario, mira en el mapa de México, en el libro de texto.

_____

_____

Lectura

Mazatlán, una ciudad costera

Esta pequeña península del océano Pacífico es por muchos años un refugio de piratas. Pero hace más de cien años, a finales del siglo XIX, Mazatlán se convierte en el primer puerto mexicano con una industria turística.

Con sus estupendas playas y abundancia de vida marítima, Mazatlán es el paraíso para personas interesadas en la pesca y en deportes acuáticos. Personas de todas partes del mundo vienen a Mazatlán a pescar y a practicar los deportes acuáticos.

Mazatlán tiene unas de las playas más atractivas de México. Entre ellas están Las Gaviotas, Cerritos, Sábado, Camarón Sábado y Norte. Se puede ir a nadar o darse un estupendo baño de sol. Se puede también encontrar una abundancia de excelentes restaurantes, tiendas y hoteles.

El Centro Histórico de Mazatlán ofrece el ambiente tradicional de la antigua provincia mexicana, con famosos restaurantes que se especializan en pescado y mariscos.

Y ahora, dime...

Compara Mazatlán con tu ciudad costera favorita de los Estados Unidos.

	Ciudad costera en los EE.UU.: _____	Mazatlán
Interés histórico:		
Interés deportivo:		
Calidad de playas:		

¡Escríbelo!

Antes de escribir

In the *¡Dímelo tú!*, **Capítulo 4, ¡Escríbelo!** activity you learned that when writing advertisements, it is necessary to have a list of key words and phrases (**palabras y frases clave**) to be worked into the advertisement. These key words or phrases usually contain the essence of the message to be conveyed.

Since in this activity you will be asked to write an advertisement for your favorite tourism office in your city/town, you may want to start by writing down the things that you like about your city/town and then listing key words and phrases that you can use to write your advertisement. Write the things that you consider important in your city/town: Is it safe? Is it clean? Does it have many cultural institutions and events, services, and amenities? Is there anything else that you can think of?

_____

_____

_____

_____

_____

_____

Atajo Writing Assistant: You may now use the Atajo Writing Assistant to explore possible ways of talking about your favorite city, to check your grammar and spelling, to consult the dictionary, to conjugate verbs, and to receive suggestions for useful phrases. Search for the following vocabulary or topics.

Vocabulary: city; monuments; cultural periods & movements; stores; seasons
Grammar: verbs: use of **ser** & **estar;** adjective agreement; adverbs; prepositions (various)
Phrases: describing places; describing objects; expressing distance
Verb conjugator: estar **(presente);** ser **(presente);** encontrar **(presente);** sports-related activities **(esquiar, jugar...); explorar (presente); gozar (presente)**

_____

_____

_____

_____

Ahora ¡a revisar! Based on what you learned in this chapter and from using the Atajo Writing Assistant, rework and make the necessary changes to your draft from the **Antes de escribir** section.

La versión final. Now create a title and prepare the final version of your advertisement in which you promote and at the same time describe your favorite city/town to your instructor.

Título:

_____

_____

_____

_____

_____

_____

_____

_____

_____

_____

_____

_____

_____

_____

_____

_____

_____

_____

Práctica de comprensión auditiva 🎧

PASO 1   La magia de... México, D.F.

Listening comprehension practice of *Vocabulario*

A. Palabras. Listen to the following definitions and select the word that best matches their meaning. The definitions will be repeated. [CD 3, track 14]

1. _____
   a. la catedral.
   b. el centro.
   c. la ciudad.

2. _____
   a. la camiseta.
   b. la falda.
   c. la camisa.

3. _____
   a. la blusa.
   b. el impermeable.
   c. el traje.

4. _____
   a. un auto.
   b. un autobús.
   c. una bicicleta.

B. ¿Quién? Listen to the following conversation, which takes place in the **Museo de Arte Moderno** in Chapultepec Park in Mexico City, between Paco, Rosa, and a museum guard. Then indicate which of the characters talked about each of the following topics. The conversation will be repeated. [CD 3, track 15]

	Paco	Rosa	Guardia
1. Dice que el museo es maravilloso.	_____	_____	_____
2. Tiene interés en David Alfaro Siqueiros.	_____	_____	_____
3. Dice que hay arte de Diego Rivera en el otro salón.	_____	_____	_____
4. Tiene ganas de ver los cuadros de Frida Kahlo.	_____	_____	_____
5. Le pregunta al guardia dónde está el salón que tiene los cuadros de Frida Kahlo.	_____	_____	_____
6. Dice que el museo tiene una buena colección de Frida Kahlo.	_____	_____	_____
7. Pregunta dónde está el baño.	_____	_____	_____
8. Dice dónde está el baño.	_____	_____	_____

Listening comprehension practice of *En preparación*, 4.1

Demonstrative adjectives

Pointing out specific people, places, events, or things

C. Contrastes. Mrs. Gómez is walking with her two children in Chapultepec Park. She meets Mrs. Aranda who asks her a lot of questions. Complete Mrs. Gómez's answers with the forms of the demonstrative adjectives that you hear her use. The conversation will be repeated. [CD 3, track 16]

1. _____ es un cuadro de Frida Kahlo. _____ es un mural de su esposo.

2. _____ tiendas son caras. _____ tiendas son más razonables.

3. _____ rebozo es rojo. _____ rebozo es azul.

4. _____ faldas son blancas. _____ faldas son grises.

5. _____ mujer lleva un suéter. _____ mujer lleva un rebozo.

D. Cerca de mí y de ti. Select the most likely physical distance that the speakers are from the objects they mention, by listening to their use of the various forms of **esta(s), -o(s), -e(s)** or **esa(s), -o(s), -e(s)**. The statements will be repeated. [CD 3, track 17]

> MODELO   YOU HEAR: Ah, aquí tienes este libro de química.
>   a.   0,5 metros   b.   15 metros
>
>   YOU SELECT: **0,5 metros**

1. _____   a.   5 metros   b.   15 metros

2. _____   a.   5 metros   b.   0,5 metros

3. _____   a.   1 metro   b.   15 metros

4. _____   a.   1 metro   b.   500 metros

Listening comprehension practice of *En preparación*, 4.2

Present tense of e → ie and o → ue stem-changing verbs

Describing activities

E. Salir a comer. Carlos and Silvina are students at the UNAM. Today, he is trying to find a time to take Silvina out to dinner. As you listen, complete his explanation of why it is so difficult. The passage will be repeated. [CD 3, track 18]

(1) _____ salir a almorzar con mi amiga Silvina, pero ella no (2) _____ salir hoy.

(3) _____ terminar su tarea hoy, y por eso (4) _____ en su habitación.

(5) _____ salir mañana, pero mañana yo (6) _____ muy tarde del laboratorio

y no (7) _____ almorzar juntos. (8) _____ que el fin de semana es mejor.

(9) _____ salir cuando no tenemos que pensar en nuestro trabajo.

F. Problemas de estudiantes de la UNAM. Learn why Carlos and Rafael aren't happy this semester at the UNAM by answering the questions you will hear. The questions will be repeated. [CD 3, track 19]

> MODELO   YOU HEAR: ¿Por qué no pasan Carlos y Rafael más tiempo en la biblioteca? (no poder)
> YOU WRITE: **No pueden.** Tienen mucho trabajo.

1. _____ qué deben hacer.

2. _____ apartamento.

3. _____ allí.

4. _____ dormir.

5. _____ las ventanas.

PASO 2   ¡De compras en el... D.F.!

Listening comprehension practice of *Vocabulario*

G. De compras en el Palacio de Hierro. Listen to the following dialogue between a salesman and a tourist at a department store in Mexico City. Then circle the correct answer to the questions below. The dialogue will be repeated. [CD 3, track 20]

1. ¿Qué desea comprar la turista?

    a.   unos zapatos

    b.   una falda

    c.   una blusa

    d.   un vestido

2. ¿Cuánto cuesta la blusa amarilla?

    a. $244,90

    b. $144,90

    c. $240,99

    d. $140,99

3. ¿Por qué no compra la turista la blusa blanca?

    a.   El color negro es su favorito.

    b.   No le gusta el color blanco.

    c.   No le gusta el verde.

    d.   El azul es su color favorito.

4. ¿Por qué quiere la turista una blusa de otro color?

   a. Quiere una azul.

   b. No busca una blusa.

   c. Prefiere una blusa negra.

   d. Es muy pequeña.

5. ¿Cuánto cuesta la blusa que compra la turista?

   a. $244,90

   b. $144,90

   c. $240,99

   d. $140,99

Listening comprehension practice of *En preparación* 4.3

Numbers above 200

Counting and writing checks

H. De compras. You're shopping in a department store in Mexico City. Can you understand the prices that the clerks quote for you? Circle the price of each item. The salespeople's statements will be repeated. [CD 3, track 21]

1. Suéter:

   a. $599,00

   b. $959,00

   c. $9.509,00

2. Zapatos:

   a. $519,92

   b. $510.009,92

   c. $590,92

3. Pijama:

   a. $273,54

   b. $283,54

   c. $263,54

4. Traje:

   a. $300.102,00

   b. $3.202,00

   c. $3.112,00

5. Falda:

   a. $499,99

   b. $499.990,00

   c. $490.990,00

I. Población. Can you use your knowledge of numbers to take notes in a geography class? You will hear the population of several cities in Latin America. Circle the correct figures below. The information will be repeated. [CD 3, track 22]

1. Maracaibo, Venezuela:

    a. 2.600.000

    b. 1.106.000

    c. 1.206.000

2. Ciudad de Panamá

    a. 411.000

    b. 4.411.000

    c. 400.011

3. Cali, Colombia

    a. 1.637.000

    b. 1.037.000

    c. 6.137.000

4. Callao, Perú

    a. 5.074.000

    b. 754.000

    c. 574.000

5. Córdoba, Argentina

    a. 696.000

    b. 969.000

    c. 690.900

Listening comprehension practice of *En preparación*, 4.4

Comparisons of equality and inequality

Stating equivalence, comparing, and contrasting

J. Igual. Summarize your friend's remarks by completing the sentences below. Your friend's remarks will be repeated. [CD 3, track 23]

> MODELO   YOU HEAR: Juana es alta. Arturo es alto también.
>   YOU WRITE: Juana es tan alta como Arturo.

1. Esta camisa es _____ esa camisa.

2. Sabrina es _____ Gloria.

3. Aquellos aretes son _____ estos.

4. Esta falda es _____ esa falda.

5. Pablito es _____ Ernesto.

K. Comparación de países. Rosa, who is from México, D.F., is telling Sergio, a new acquaintance from a South American country, about Mexico. Sergio responds by saying his country is just like Mexico in all respects. Complete Sergio's responses with the appropriate comparison of equality. [CD 3, track 24]

> **MODELO**   YOU HEAR ROSA SAY: México es muy grande.
> YOU WRITE: Mi país es **tan grande como** México.

1. Las ciudades de mi país (country) son _____ las ciudades de México.

2. Mi país tiene _____ México.

3. La capital de mi país es _____ la Ciudad de México.

4. La gente de mi país lee _____ los mexicanos.

5. En mi país hay _____ en México.

L. Mi hermano. Escucha la siguiente descripción de dos hermanos. Después de escuchar las descripciones, escucharás (you will hear) unas preguntas. Completa las respuestas a esas preguntas con la información necesaria. La descripción y las preguntas se repetirán. [CD 3, track 25]

1. Es más _____ que su hermano mayor.

2. El hermano _____ estudia más.

3. El hermano _____ es más inteligente.

4. El hermano _____ es más sociable.

M. Comparaciones. María Teresa está comparándose con sus amigos de la universidad. Escucha las siguientes comparaciones y escribe las palabras necesarias para completar cada comparación. [CD 3, track 26]

1. El departamento de María Teresa es _____ grande que el departamento de su amiga Victoria.

2. Para la clase de inglés tiene que trabajar _____ que para la clase de español.

3. El departamento de Miguel Ángel es _____ caro que el departamento de Carlos.

4. Daniela es _____ organizada que Raquel.

PASO 3 Ayer fuimos al... ¡D.F.!

Listening comprehension practice of *Vocabulario*

N. Palabras. Listen to the following definitions and select the word that matches their meaning. The definitions will be repeated. [CD 3, track 27]

1. _____
   a. una torta.
   b. una aspirina.
   c. agua mineral.

2. _____
   a. tiene ganas de llegar al fin de semana.
   b. tiene frío
   c. tiene calor

3. _____
   a. té.
   b. agua.
   c. cerveza.

4. _____
   a. ¡Tengo miedo!
   b. ¡Extraordinario!
   c. ¡Tengo prisa!

O. ¡Otro museo! Listen as two friends visiting Mexico City try to decide how to spend the day. Indicate if each statement below is **cierto (C)** or **falso (F)**. The dialogue will be repeated. [CD 3, track 28]

1.	C	F	La amiga quiere ir al Museo Nacional de Antropología.
2.	C	F	En el museo pueden aprender mucho de los aztecas y los mayas.
3.	C	F	El chico dice que no pasan mucho tiempo en los museos.
4.	C	F	La chica cree que deben ir de compras por la mañana.
5.	C	F	Deciden pasar todo el día en el museo.

Listening comprehension practice of *En preparación*, 4.5

Idioms with tener

Expressing feelings, obligations, and age

P. ¿Qué tiene? Listen to each of the situations your friend describes. Match each one with the appropriate **tener** idiom by writing the numbers 1–6 in the blanks provided. [CD 3, track 29]

_____ Tiene miedo.   _____ Tiene hambre.

_____ Tiene suerte hoy.   _____ Tiene prisa.

_____ Tiene frío.   _____ Tiene razón.

Q. Sí o no. You are visiting the home of a friend for the first time. Your friend's mother is very concerned about your comfort. Using the appropriate **tener** idiom, complete your answers to her questions. The questions will be repeated. [CD 3, track 30]

1. Sí, gracias. _____

2. No, gracias. _____

3. Sí, gracias. _____

4. Sí, no sale hasta las 11:30. No _____

5. Sí, _____

6. Sí, _____ allí.

Listening comprehension practice of *En preparación*, 4.6

Preterite of ir, ser, poder, *and* tener

Narrating in past time

R. Xochimilco. Listen to Javier talk about the tour he and his wife took. Then indicate if each of the statements that follow is **cierto (C)** or **falso (F)**. His story will be repeated. [CD 3, track 31]

1.	C	F	Ayer nuestra excursión no fue muy interesante.
2.	C	F	Fuimos a Xochimilco.
3.	C	F	Mi esposa pudo sacar muchas fotos.
4.	C	F	Mi esposa pudo comprar muchas flores.
5.	C	F	Los mariachis no estuvieron muy buenos.

S. ¡Qué suerte! As you listen to the questions Paulina asks her friend Cuauhtémoc about his evening last night, complete his answers by filling in the blanks with the correct preterite form of the appropriate verb. The questions will be repeated. [CD 3, track 32]

1. Sí, _____ comprar dos boletos en el primer balcón anoche.

2. No, solo _____ que pagar cincuenta pesos por cada boleto.

3. Rosita _____ conmigo.

4. ¡ _____ fenomenales!

5. Después del ballet _____ a tomar un café en la Zona Rosa.

Pronunciación

La letra *d* [CD 3, track 33]

The Spanish **d** has two different sounds: a hard **d** sound, which is similar to the English *d* in *Dan*, and a soft **d** sound, which is similar to the English *th* in *then*. The pronunciation of the **d** will vary depending on its position in a word or, if it is the first letter of a word, its position in a phrase or sentence.

- As you listen to the following words, circle **D** if the sound is similar to the English *d*, and **TH** if it is similar to the English *th* as in the word *then*. Each word will be repeated.

  1. D   TH   3. D   TH   5. D   TH   7. D   TH
  2. D   TH   4. D   TH   6. D   TH   8. D   TH

- The Spanish hard **d** sound is produced with the tip of the tongue against the back of the upper teeth. The flow of air is stopped for an instant by the tongue and then released. The hard **d** occurs after the consonants **n** and **l** and at the beginning of a phrase or sentence.

  Repeat the following words and phrases after the speaker. Be sure to place the tip of the tongue against the back of the upper teeth and not against the back of the upper gum ridge as in the English *d*.

  dime   dando   cuando   Aldo   manda   dólares   falda

  Dime cuando Aldo mande dólares.

- The soft **d** sound is produced by placing the tongue between the upper and lower front teeth and restricting, but not stopping, the flow of air. It occurs between vowels or after any consonant other than **n** or **l**.

  As you repeat the following words, note the similarity between the Spanish soft **d** and the English *th* sound.

  vida   todo   sábado   ustedes   nada   tarde   mudo   estudiar

  No le debes dar nada a David.

- Now repeat the following sentences. Note how the pronunciation of the **d** varies, depending on where it occurs in a word or sentence.

  Debes dármelo. Adiós, doctora Díaz.

  No deben dárselo a él. ¿Adónde va Cándido?

  ¿Dónde está el doctor? David, ¿adónde van?

Las letras *r, rr* [CD 3, track 34]

- The **r** and **rr** in Spanish are produced by having the tip of the tongue tap the back of the gum ridge above the upper teeth. The **r** requires one rapid tap; the **rr** requires several taps in rapid succession.

  As you listen to each word, circle **R** if you hear a single tap and **RR** if there is a succession of taps on the back of the gum ridge above the upper teeth. Each word will be repeated.

  1. R RR   3. R RR   5. R RR   7. R RR
  2. R RR   4. R RR   6. R RR   8. R RR

- The **r** sound occurs between two vowels or after a consonant other than **l, n,** or **s.**

  Repeat the following words. If you have difficulty producing this sound, it sometimes helps to think of the Spanish **r** as sounding like the English *tt* in *Betty* or *better*.

  caro   por   ahora   María   tarde   coro   Alberto   dinero

- The Spanish **r** is pronounced as **rr** when it occurs at the beginning of a word or after the consonants **l, n,** or **s.**

  Now repeat the following words. Make sure you tap the roof of the mouth several times in succession.

  Roberto   socorro   ropa   alrededor   romántico   Enrique   arroz   terremoto

- Now repeat the following word pairs. Note how a single tap of the tongue can change the meaning of a word completely.

  coral / corral   ahorra / ahora   vara / barra   carro / caro

  corro / coro   cero / cerro   pero / perro   para / parra

Acentuación [CD 3, track 35]

The written accent is an extremely important part of spelling since it may change the meaning of a word and its pronunciation.

  publico (*I publish*)   público (*public*)   publicó (*he/you formal/she published*)

Listen to the following sentences, and indicate the word that is used.

1. _____   a. práctica   b. practica

2. _____   a. enfrío   b. enfrió

3. _____   a. esta   b. está

Dictado [CD 3, track 36]

Listen to the statements about my visits to Mexico and then write down what you hear. The dictation will be repeated.

1. _____

   _____

2. _____

   _____

3. _____

   _____

CAPÍTULO **5** **¡Caminito a... Argentina!**

Práctica escrita 🖎

PASO **1** **¡Vos tenés que ver ese departamento, che!**

Practice of *Vocabulario*

Before working on these activities, review the **Capítulo 5, Paso 1, Vocabulario** *in your* **¡Dímelo tú!** *text-book, and visualize the meaning of the words as you go over them. For pronunciation, you may listen to the* **¡Dímelo tú!** *Text Audio CD.*

A. Gente, animales, muebles y lugares. Indica a qué categoría de la columna B pertenecen *(belong)* las palabras de la columna A.

	A		B
_____	**1.** sillón	a.	animales
_____	**2.** cuarto de baño	b.	habitaciones
_____	**3.** gato	c.	muebles
_____	**4.** centro	d.	comida
_____	**5.** sopa	e.	ciudad

B. Lo esencial. ¿Qué necesitas para hacer las siguientes cosas? Completa las oraciones lógicamente, usando palabras de la lista.

plástico	estéreo	heladera	puerta
dinero	perros	muebles	televisor

1. Para conservar la comida, los alimentos y las bebidas frías necesito una _____

2. No puedo ver mi programa favorito sin _____

3. No puedo pagar el alquiler sin _____

4. Muchas de las cosas que tenemos están hechas de _____.

5. Mis animales favoritos no son los gatos, son los _____.

C. ¿Dónde? ¿Cuál de las palabras de la lista es el lugar normal de las siguientes acciones?

_____ 1. Juan prepara el agua para la ducha.   a. lavadero

_____ 2. Pedro mira televisión.   b. cocina

_____ 3. Sofía tiene un escritorio en la casa.   c. sala

_____ 4. Arturo prepara la comida.   d. baño

_____ 5. Juan lava la ropa.   e. oficina

Practice of *En preparación,* 5.1

Ser *and* estar: *A second look*

Describing people and things and telling time

D. ¡Un nuevo compañero! Tienes un nuevo compañero de departamento y le estás mostrando *(are showing him)* el departamento. ¿Qué le dices?

    MODELO   departamento / cómodo
            El departamento es cómodo.

1. tu habitación / grande

   _____

2. los muebles / en buenas condiciones

   _____

3. el comedor / al lado de la cocina

   _____

4. el departamento / disponible

   _____

5. el baño / cerca de tu habitación

   _____

E. ¿Cómo lo hacen? Clorinda compara la casa de sus padres en el barrio de la Recoleta con su departamento en el barrio de La Boca, usando la forma apropiada de **ser** o **estar**.

Yo (**1**) _____ muy contenta con mi departamento. No (**2**) _____ muy grande, pero

(**3**) _____ cómodo. El problema es que siempre (**4**) _____ sucio. ¡No sé por qué! Yo limpio

mi departamento con frecuencia, ¡por lo menos una vez al mes! En cambio *(On the other hand)*, la

casa de mis padres (**5**) _____ muy grande pero nunca (**6**) _____ sucia. ¿Cómo lo hacen?

Yo no comprendo.

Practice of *En preparación,* 5.2

Prepositions

Expressing relationships of time, place, material, and possessions

F. ¡En la Recoleta! ¿Quiénes viven cerca de Santiago? Usa este dibujo como referencia y contesta las preguntas con oraciones completas.

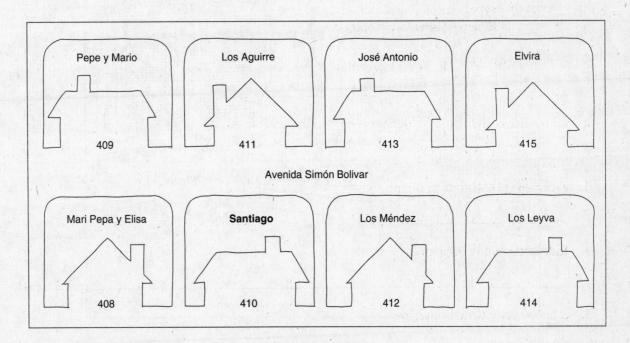

MODELO   ¿Quiénes viven a la izquierda de Santiago?
Mari Pepa y Elisa viven a la izquierda de Santiago.

1. ¿Quién vive enfrente de Santiago?

2. ¿Quién vive a la derecha de José Antonio?

_____

3. ¿Quién vive al lado de los Leyva?

_____

4. ¿Quién vive más lejos de Elvira, en la misma acera _(same sidewalk)?_

_____

5. ¿Quién vive enfrente de Pepe y Mario?

_____

G. ¡Describemelo! Describe dónde están las cosas en relación con otras. Usa algunas de las siguientes expresiones.

a la izquierda	al lado	detrás	entre	enfrente
a la derecha	debajo	encima	lejos	sobre

MODELO   el teléfono / sofá   **El teléfono está cerca del sofá.**

1. el perro / mesita

_____

2. libros / sofá

_____

3. mesita / ventanas

_____

4. sofá / puerta y mesita

_____

5. lámpara / sofá

_____

PASO 2   De paseo por Buenos Aires

Practice of *Vocabulario*

Before working on these activities, review the **Capítulo 5, Paso 2, Vocabulario** *in your* **¡Dímelo tú!** *textbook, and visualize the meaning of the words as you go over them. For pronunciation, you may listen to the* **¡Dímelo tú!** *Text Audio CD.*

H. Antónimos. Selecciona una palabra de la columna de la derecha que se pueda considerar la opuesta a la palabra de la izquierda.

1. tarde ≠   _____   a. trabajo

2. vacaciones ≠ _____   b. cerca

3. viejo ≠   _____   c. sin

4. lejos ≠   _____   d. nuevo

5. con ≠   _____   e. temprano

I. A completar. Completa las siguientes oraciones lógicamente con algunas de las palabras de la lista.

| anoche | a pie | colectivo | cumpleaños |
| entrada | fijo | preferible | superresponsable |

1. Hoy no voy a la universidad ni en autobús ni en taxi; voy _____.

2. _____ celebramos una fiesta maravillosa en mi casa.

3. Lucila estudia mucho y trabaja mucho; es una persona _____.

4. Hay una _____ al subte enfrente de mi casa.

5. Esta noche vamos a celebrar mi _____ con una comida.

Practice of *En preparación*, 5.3

Por *and* para

Expressing direction and means

J. ¡A Bahía Blanca! Quieres ir a Bahía Blanca y tu amigo(a) te pregunta por qué. Escoge **por** o **para** al contestar.

1. —¿Por qué quieres ir a Bahía Blanca?

   —Voy a Bahía Blanca (por / para) pasar *(spend)* una semana divertida.

2. —Pero, ¿por qué Bahía Blanca?

   —(Por / Para) mí es el mejor lugar.

3. —¿Cómo vas a conseguir *(get)* los boletos?

   —Llamo (por / para) teléfono a una agencia de viajes.

4. —¿Qué ruta vas a tomar?

   —Voy (por / para) la costa.

5. —¿Y por qué la costa?

   —(Por / Para) ver las playas en Mar del Plata y Miramar.

K. ¡La primera visita a Mendoza! ¿Por qué está nervioso este chico? Completa la siguiente carta con **por** o **para**.

Querida Dolores del Corazón:

Este fin de semana voy a Mendoza, a la casa de mi Paula **(1)** _____ conocer a sus padres.

En realidad no quiero ir; **(2)** _____ mí, es mejor hablarles **(3)** _____ teléfono. Su casa

está muy lejos y **(4)** _____ llegar allá es muy difícil porque no conozco la ciudad. Tengo que

pasar **(5)** _____ cinco ciudades. También necesito buscar una florería elegante **(6)** _____

comprarle flores a la madre de Paula. Además es mejor **(7)** _____ ellos si no los visito porque no

tienen que cocinar nada especial **(8)** _____ la cena. ¿Qué hago?

Practice of *En preparación*, 5.4

Adverbs of time and frequency

Expressing time and frequency

L. ¡Qué diferencia! Tu compañero(a) de cuarto es argentino(a). Ustedes son muy diferentes. En realidad, ¡son totalmente opuestos(as)! Escribe cómo eres tú, basándote en la descripción de él (ella).

> MODELO   Siempre toma el ascensor para subir a su apartamento. (nunca)
> **Yo nunca tomo el ascensor.**

1. Siempre lee el periódico de la universidad. (nunca)

   _____

2. Estudia en la biblioteca con frecuencia. (casi nunca)

   _____

3. Siempre llega a clase tarde. (nunca)

   _____

4. Escucha música clásica todos los días. (solo los domingos)

   _____

5. Nunca va a partidos de fútbol americano. (siempre)

   _____

PASO 3   Mi familia argentina

Practice of *Vocabulario*

Before working on these activities, review the **Capítulo 5, Paso 3, Vocabulario** *in your* ***¡Dímelo tú!*** *textbook, and visualize the meaning of the words as you go over them. For pronunciation, you may listen to the* ***¡Dímelo tú!*** *Text Audio CD.*

M. Mi familia. Maruja Castro es estudiante de medicina en la Universidad de Buenos Aires y habla con Bryan, su nuevo amigo que estudia español en Buenos Aires. Ahora está ayudando a Bryan, que quiere saber sobre su familia. ¿Qué le dice?

Maruja		Bryan
_____	1. Es el padre de mi padre.	a. Es tu hermana.
_____	2. Es la madre de mi primo.	b. Es tu primo.

_____ 3. Es la hija de mi padre y de mi madre.　　c.　Es tu tía.

_____ 4. Es el hijo de mi tía.　　d.　Es tu hermanastra.

_____ 5. Es la hija de mi nueva mamá.　　e.　Es tu abuelo.

_____ 6. Es la esposa de mi abuelo.　　f.　Es tu abuela.

N. Los que son. Indica la palabra, solo una, que pertenece a cada categoría.

1. **Deporte**	jugador	ventana	feo
2. **Personalidad**	sur	casado	bruto
3. **Aspecto físico**	tapa	morena	patio
4. **Familia**	estatura	sobrino	ojos
5. **Manifestaciones**	protestar	nadador	marcar
6. **Acciones**	coche	reaccionar	dibujante

Practice of *En preparación,* 5.5

Comparisons: Actions and quantities

Stating equivalence, comparisons of inequality

O. ¡Mis hermanas! Según Juanita, ¿cómo se comparan ella y su hermana?

> MODELO　¿Quién viaja más?
> Yo: viajo mucho.　　Mi hermana: viaja mucho.
> **Yo viajo tanto como mi hermana.**

1. ¿Quién trabaja más?

　Yo: 9 horas al día.　　　　　　　　　　Mi hermana: 9 horas al día.

_____

2. ¿Quién visita más a sus padres?

　Yo: visito a mis padres dos veces al mes.　　Mi hermana: visita a mis padres dos veces al mes.

_____

3. ¿Quién hace más ejercicio?

　Yo: hago ejercicio 4 días a la semana.　　Mi hermana: hace ejercicio 4 días a la semana.

_____

4. ¿Quién tiene más amigos?

Yo: tengo muchos amigos. Mi hermana: tiene muchos amigos.

_____

5. ¿Quién va más a la discoteca?

Yo: voy dos veces por semana. Mi hermana: va dos veces por semana

_____

P. ¡Mi hermano! Y ahora, ¿cómo se comparan Pedro y Santiago?

MODELO ¿Quién practica más deportes?
Yo: fútbol y tenis Mi hermano: voleibol
Yo practico más deportes que mi hermano.

1. ¿Quién nada más metros?

Yo: 500 metros Mi hermano: 1 metro 85 cms

_____

2. ¿Quién quema más calorías cuando hacemos ejercicio?

Yo: 600 Mi hermano: 800

_____

3. ¿Quién pasa más frío en invierno?

Yo: paso mucho frío Mi hermano: pasa mucho frío

_____

4. ¿Quién disfruta más en las fiestas?

Yo: disfruto poco Mi hermano: disfruta mucho

_____

5. ¿Quién reacciona mejor en las dificultades?

Yo: reacciono bien Mi hermano: reacciona mal

_____

Practice of *En preparación*, 5.6

Adverbs derived from adjectives

Expressing how an event happened

Q. Mucho deporte. ¿Cómo practican el deporte los atletas argentinos? Contesta las preguntas con oraciones completas, siguiendo el modelo.

> MODELO   ¿Cuándo practican los tenistas profesionales? (constante)
> **Los tenistas profesionales practican constantemente.**

1. ¿Cómo tratan los futbolistas argentinos a sus contrarios? (cortés)

   _____

2. ¿Cómo buscan la victoria los nadadores argentinos? (obsesivo)

   _____

3. ¿Cuándo están de moda los corredores argentinos? (constante)

   _____

4. ¿Cuándo participan en competiciones los golfistas argentinos? (mensual)

   _____

5. ¿Cómo trata el entrenador nacional a sus atletas? (cuidadoso)

   _____

R. ¡Nervioso! Completa el párrafo para saber lo que le pasa a Ramiro, un joven argentino, mientras prepara la cena.

Ramiro prepara la cena (1) _____ (diario) para él y su amiga Camila. Hoy, además, vienen

los papás de ella, y Ramiro la prepara más (2) _____ (cuidadoso) que los otros días. Prepara

(3) _____ (lento) los ingredientes y (4) _____ (calmado) selecciona la

mejor fruta. Camila observa a Ramiro (5) _____ (silencioso). Unos minutos después llega

Camila (6) _____ (total) interesada en los movimientos de Ramiro. Antes, ella limpió la

sala de estar, el baño y la cocina (7) _____ (profundo) porque su mamá es muy ordenada y

muy limpia, y le repite a Camila (8) _____ (constante) lo importante que es tener una casa

limpia, (9) _____ (especial) la cocina y el baño. ¡Va a ser una cena muy especial!

El rincón de los lectores

Antes de empezar, dime...

Antes de leer, completa la primera columna con respecto a **La familia en los EE.UU.** Luego lee la selección y vuelve a este cuadrado para completar la segunda columna: **La familia hispánica.**

	La familia en los EE.UU.	La familia hispánica
1. ¿En qué consiste la familia?		
2. ¿En qué consiste la vida social de la familia?		
3. ¿Cuánto apoyo reciben de sus tíos y primos?		
4. ¿Qué probabilidad hay de trabajar por un pariente?		
5. ¿Cómo afecta la familia a la sociedad?		

Lectura

La familia hispánica

La familia es la institución más importante de la sociedad hispánica. La familia hispana incluye no solo a los padres e hijos, sino también a los abuelos, tíos, hermanos, nietos *(grandchildren)*, cuñados *(in-laws)* y hasta padrinos *(godparents)*. Por eso, es común ver a dos o tres generaciones en la misma casa, y no solamente por razones económicas. Prefieren vivir rodeados de familia.

Dentro del grupo familiar hay una vida social activa. Se reúnen con frecuencia para celebrar cumpleaños, aniversarios, bodas, bautismos y funerales. Estas celebraciones siempre incluyen a toda la familia —niños y adultos. De esta manera los niños aprenden a portarse o actuar bien en la presencia de adultos y los adultos nunca se ponen demasiado viejos para estar con los niños.

La familia ofrece un sistema de apoyo *(support)* emocional y económico para jóvenes y mayores, niños y ancianos. Por lo general, la familia ofrece más seguridad en cuanto a la comida, la vivienda y el trabajo de lo que puede ofrecer la ciudad o el estado.

La lealtad *(loyalty)* a la familia es muy fuerte y se extiende a todos los aspectos de la vida. El dueño de un negocio *(business)* casi tiene la obligación de emplear a un pariente. Si una persona necesita un trabajo, va primero a un pariente que tenga una tienda o fábrica. Si un joven tiene dificultad en hablar de sus problemas personales con sus padres, va a hablar con una tía o un primo porque «son de la familia». Claro está que casi nunca hay necesidad de un *baby-sitter* porque casi siempre hay un pariente que puede ayudar a cuidar a los niños.

En los países hispanos es común que cuando un miembro obtiene trabajo en la administración, este consiga trabajo a otros miembros de la familia. Esto presenta ventajas y desventajas. La familia se conoce bien. Por eso, el tío viejo no tiene problema en ofrecer un trabajo a un sobrino joven que conoce desde niño. Esto es preferible a emplear a un desconocido.

La familia hispana es una institución fuerte y conservadora que da fuerza y estabilidad a la nación. Es una de las razones por las que los graves problemas económicos que ha sufrido Hispanoamérica en los últimos años no han producido problemas sociales más grandes.

Y ahora, dime...

Compara la familia estadounidense con la familia hispánica. Indica en la lista a la izquierda las características de la familia estadounidense y en la de la derecha las de la familia hispánica según esta lectura. En el medio pon todas las características que tienen en común.

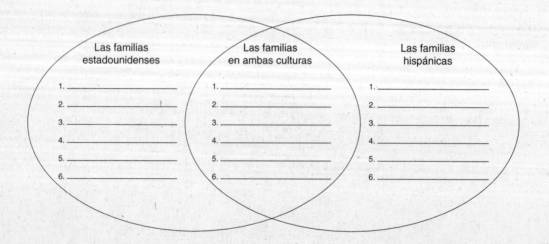

Las familias estadounidenses
1. _____
2. _____
3. _____
4. _____
5. _____
6. _____

Las familias en ambas culturas
1. _____
2. _____
3. _____
4. _____
5. _____
6. _____

Las familias hispánicas
1. _____
2. _____
3. _____
4. _____
5. _____
6. _____

¡Escríbelo!

Antes de escribir

In *¡Dímelo tú!,* **Capítulo 5, ¡Escríbelo!** you learned that when writing advertisements, especially when writing classified ads, it is very important to be precise. Since space is limited and very costly in newspapers, classified ads must be expressed in very few words.

Since in this activity you will be asked to write an ad looking for a roommate who will move into your parents' house, you may want to start by listing in as few words as possible the things that you like about your house and your family. Now remember to be very precise as you describe your house, your family, and the things that you like about them.

_____

_____

_____

_____

_____

Atajo Writing Assistant: You may now use the Atajo Writing Assistant to explore possible ways of talking about your house and your family, to check your grammar and your spelling, to consult the dictionary, to conjugate verbs, and to receive suggestions for useful phrases. Search for the following vocabulary or topics.

Vocabulary: house (various); family members; directions & distance
Grammar: possessive pronouns; possession with **de**; personal pronoun: how to use **se**
Verbs: use of **tener**
Phrases: describing places; describing objects; describing people
Verb conjugator: estar (presente); ser (presente); vivir (presente); gustar (presente)

_____

_____

_____

_____

Ahora ¡a revisar! Based on what you learned in this chapter and from using the Atajo Writing Assistant, review and make the necessary changes to your draft in the **Antes de escribir** section.

La versión final. Now create a title and prepare the final version of your ad in which you describe your house and your family to your instructor.

Título:

_____

_____

_____

_____

_____

_____

_____

_____

_____

_____

_____

_____

_____

_____

_____

_____

Práctica de comprensión auditiva 🎧

PASO 1   ¡Vos tenés que ver ese departamento, che!

Listening comprehension practice of *Vocabulario*

A. Palabras. Escucha las siguientes afirmaciones y selecciona las palabras que mejor completan su significado. Se repetirá. [CD 4, track 2]

1. _____   a.   ordenado.   b.   en el centro.   c.   amueblado.

2. _____   a.   el estacionamiento.   b.   la nevera.   c.   el dormitorio.

3. _____   a.   detrás.   b.   enfrente.   c.   a la izquierda.

4. _____   a.   espejo.   b.   horno.   c.   lavadero.

B. Necesito departamento. Roberto va a comenzar sus estudios en la Universidad de Buenos Aires y en este momento busca departamento. Escucha la conversación que tiene con el dueño *(owner)* de un departamento y marca con un círculo la letra de la respuesta que corresponde con lo que escuchaste *(you heard)*. La conversación se repetirá. [CD 4, track 3]

1. La persona que conteste el teléfono es...

    a.   el dueño.   b.   Roberto.   c.   la esposa del dueño.

2. El departamento está...

    a   cerca del centro.   b.   lejos del centro.   c.   lejos de la biblioteca.

3. El alquiler cuesta...

    a.   10.000 pesos.   b.   1.000 pesos.   c.   100 pesos.

4. ¿Cuándo va Roberto a ver el departamento?

    a.   Mañana.   b.   El domingo.   c.   Esta tarde.

Listening comprehension practice of *En preparación*, 5.1

Ser *and estar: A second look*

Describing people and things and telling time

C. El nuevo departamento en La Boca. Carolina le pregunta a Consuelo sobre su departamento en La Boca. Completa las respuestas de Consuelo con la forma correcta de **ser** o **estar.** Las preguntas se repetirán. [CD 4, track 4]

1. Doscientos ochenta pesos al mes. El departamento no _____ lujoso, pero está bien.

2. Tiene tres. _____ pequeño.

3. No. No _____ muy cerca, pero hay una parada de autobús a una cuadra de allí.

4. Los dueños _____ muy simpáticos.

5. No. El departamento no _____ amueblado.

6. Yo _____ muy cómoda allí.

D. Otro departamento en La Boca. Miguel no tiene la suerte *(luck)* de Consuelo con su departamento en La Boca. Escucha a Miguel mientras habla de su departamento y completa el siguiente párrafo con la forma correcta de los verbos que escuchas. Se repetirá. [CD 4, track 5]

¡Mi nuevo departamento **(1)** _____ muy bien! El dueño **(2)** _____ muy simpático y si tengo problemas enseguida llama al técnico. Los muebles **(3)** _____ muy modernos. **(4)** _____ muy cerca de la parada del colectivo, y tengo una pastelería muy cerca que **(5)** _____ fantástica. La verdad es que **(6)** _____ bastante lejos de la universidad, pero para mí eso no **(7)** _____ problema, porque voy todos los días en bicicleta. En fin, que **(8)** _____ muy contento y no necesito buscar otro departamento para el semestre que viene.

Listening comprehension practice of *En preparación*, 5.2

Prepositions

Expressing relationships of time, place, material, and possessions

E. Boda en la Catedral Metropolitana de B.A. Usando la ilustración como referencia, marca con un círculo la letra de la respuesta que corresponde con lo que escuchaste. Las preguntas se repetirán. [CD 4, track 6]

1. a. Está delante de los novios.

   b. Está detrás de los novios.

   c. Está lejos de los novios.

2. a. Están entre los novios.

   b. Están al lado de los novios.

   c. Están detrás de los novios.

3. a. Está detrás del sacerdote.

   b. Está a la derecha de la novia.

   c. Está lejos de la novia.

4. a. Están delante de los novios.

   b. Están cerca de los novios.

   c. Están lejos de los novios.

5. a. Está al lado del novio.

   b. Está a la derecha del novio.

   c. Está detrás del novio.

F. ¡Descríbemelo! Usando la ilustración como referencia, indica si la frase que describe la habitación es cierta (**C**) o falsa (**F**). La descripción se repetirá. [CD 4, track 7]

1. C   F   3. C   F   5. C   F

2. C   F   4. C   F

PASO 2   De paseo por Buenos Aires

Listening comprehension practice of *Vocabulario*

G. Palabras. Escucha las siguientes afirmaciones y selecciona las palabras que mejor completan su significado. Se repetirá. [CD 4, track 8]

1. _____   a. argentinos.   b. gitanos.   c. bonaerenses.

2. _____   a. red.   b. cumpleaños.   c. salida.

3. _____   a. en avión.   b. a pie.   c. en colectivo.

4. _____   a. compartir.   b. manejar.   c. levantar pesas.

H. Una visita por sorpresa. Escucha el siguiente diálogo para saber qué ocurre cuando los padres de Ricardo Martín pasan por su departamento por sorpresa. Selecciona la letra de la respuesta que se corresponde con lo que escuchaste. La conversación se repetirá. [CD 4, track 9]

1. ¿Por qué visitan los padres a Ricardo?

    a. Porque quieren ver a su hijo.

    b. Porque es el cumpleaños de Ricardo.

    c. Porque Ricardo está enfermo.

2. ¿Qué opina la mamá de Ricardo de su cuarto?

    a. Opina que está muy bien.

    b. Opina que Ricardo pasa frío allí.

    c. Opina que está muy desordenado.

3. ¿Qué opina Ricardo de la ciudad?

    a. Que es muy tranquila.

    b. Que hay mucha delincuencia.

    c. Que es aburrida.

4. ¿Qué dice de Sofía la mamá de Ricardo?

    a. Que en la realidad es muy hermosa.

    b. Que en la foto está más hermosa.

    c. Que está cansada.

Listening comprehension practice of *En preparación*, 5.3

Por *and* para

Expressing direction and means

I. Respuestas breves. Escucha las siguientes preguntas e indica cuál de las opciones es la correcta. Las preguntas se repetirán. [CD 4, track 10]

1. a. Para aprender la lengua.   b. Por aprender la lengua.

2. a. Para el parque.   b. Por el parque.

3. a. Para el tren.   b. Por tren.

4. a. Viajo normalmente por dos horas.   b. Viajo normalmente para dos horas.

J. Mis abuelos. Escucha la descripción del nuevo departamento de los abuelos de Eduardo, y luego completa la información con las palabras necesarias. Se repetirá. [CD 4, track 11]

Mis abuelos tienen ahora un departamento en nuestra ciudad. Está un poco lejos de nuestra casa.

(1) _____ ir a su nuevo departamento, tomo el autobús o voy en auto. Paso (2) _____ el

centro de la ciudad y llego en media hora. Su departamento es pequeño, pero muy cómodo. Ellos y yo

hablamos (3) _____ teléfono dos o tres veces (4) _____ semana. (5) _____ ellos es

mejor vivir cerca de su familia, y (6) _____ nosotros es maravilloso tenerlos aquí.

Listening comprehension practice of *En preparación,* 5. 4

Adverbs of time

Expressing time and frequency

K. ¡Mucho trabajo! Escucha la siguiente narración sobre los hermanos Carlos y Roberto. Selecciona la letra de la respuesta que corresponde con lo que escuchaste. La conversación se repetirá.
[CD 4, track 12]

1. Carlos y Roberto trabajan. . .

   a. de noche.   b. en una cafeteria.   c. todos los días.

2. Carlos empieza a trabajar. . .

   a. a las seis y media.   b. a las doce.   c. a las dos.

3. Roberto trabaja. . .

   a. de noche.   b. de día.   c. toda la tarde.

4. Carlos y Roberto asisten a clases. . .

   a. por la tarde.   b. por la mañana.   c. todo el día.

5. Los chicos estudian. . .

   a. de noche.   b. los fines de semana.   c. toda la mañana.

L. En otras palabras. Escucha el horario de este semestre de Bernardo y sus amigos. Selecciona la letra de la respuesta que se corresponde con lo que escuchaste. La conversación se repetirá. [CD 4, track 13]

1. a. Bernardo trabaja todos los días.
   b. Bernardo estudia todo el tiempo.
   c. Bernardo trabaja y estudia.

2. a. Elena trabaja seis días a la semana.
   b. Elena tiene clases todo el día.
   c. Elena nunca trabaja.

3. a. Jorge practica el piano tres días a la semana.
   b. Jorge practica el piano todos los días.
   c. Jorge nunca practica el piano ahora.

4. a. Mariana siempre llega temprano a la clase de física.
   b. Mariana siempre llega a las nueve en punto a la clase de física.
   c. Mariana siempre llega tarde a la clase de física.

PASO 3 Mi familia argentina

Listening comprehension practice of *Vocabulario*

M. Palabras. Escucha las siguientes definiciones y selecciona las palabras que mejor corresponden. Se repetirá. [CD 4, track 14]

1. _____ a. frecuentemente.
   b. inmediatamente.
   c. prácticamente.

2. _____ a. tú tienes más dinero que yo.
   b. yo tengo más dinero que tú.
   c. yo tengo tanto dinero como tú.

3. _____ a. ejercicio.
   b. natación.
   c. un discurso.

4. _____ a. hermano.
   b. sobrino.
   c. abuelo.

Practice of *En preparación*, 5.5

Comparisons of inequality

Stating equivalence

N. Mi hermano menor. Escucha la siguiente descripción de dos hermanos (el hermano menor y el hermano mayor). Después de escuchar las descripciones, escucharás *(you will hear)* unas preguntas. Completa las respuestas a esas preguntas con la información necesaria. La descripción y las preguntas se repetirán. [CD 4, track 15]

1. El hermano menor trabaja _____ como su hermano mayor.

2. El hermano menor tiene _____ amigos como el hermano mayor.

3. El hermano mayor estudia _____ que el hermano menor.

4. El hermano menor obtiene tantas buenas notas _____ el hermano mayor.

O. Comparaciones. María Teresa está comparándose y comparando a sus amigos de la universidad. Escucha las siguientes comparaciones y escribe las palabras necesarias para completar cada comparación. [CD 4, track 16]

1. El departamento de María Teresa tiene _____ habitaciones que el departamento de su amiga Victoria.

2. Para la clase de inglés estudia _____ que para la clase de español.

3. La mamá de Miguel Ángel viaja _____ que su papá.

4. Daniela tiene _____ ositos de peluche que Raquel.

Listening comprehension practice of *En preparación,* 5.6

Adverbs derived from adjectives

Expressing how an event happened

P. Una profesora excelente. La profesora Zamora es muy popular entre sus estudiantes. Escucha mientras se lee algunas frases de sus evaluaciones e indica con un adverbio lo que opinan los estudiantes de ella. [CD 4, track 17]

> MODELO   YOU HEAR: La profesora Zamora responde rápido a sus correos electrónicos.
> YOU WRITE: **rápidamente**

1. La profesora Zamora revisa la tarea _____.

2. La profesora Zamora _____ se enoja.

3. La profesora Zamora pregunta _____ si tenemos preguntas.

4. La profesora Zamora explica las cosas _____.

5. La profesora Zamora controla _____ las lecciones.

Q. ¡Por suerte! Escucha la siguiente historia sobre una fiesta. Para cada número, selecciona el adverbio que se podría añadir *(that could be added)* al final de cada oración. Se repetirá. [CD 4, track 18]

1. precisamente   diariamente   mensualmente

2. raramente   precisamente   obsesivamente

3. totalmente   eficazmente   lógicamente

4. culturalmente   exactamente   profundamente

5. afortunadamente   excesivamente   lentamente

Pronunciación

Las letras *j, g* [CD 4, track 19]

- The Spanish **j** is pronounced like the English *h* in *horse*. Like the English *h*, the Spanish **j** is produced in the back part of the mouth.

  Now repeat the following.

  José   lejos   junto   espejo   viejo   desventaja   debajo   hijo

  José está lejos del espejo viejo.

- The Spanish **g** has two basic sounds. It is pronounced exactly like the Spanish **j** when it precedes an **e** or an **i**. When it precedes an **a, o,** or **u** it is pronounced like the English *g* in *gate*.

  As you listen to the following words, circle **J** if you hear **ge** or **gi**. If you hear **ga, go,** or **gu** circle **G**. Each word will be repeated.

  1. J   G   3. J   G   5. J   G   7. J   G

  2. J   G   4. J   G   6. J   G   8. J   G

  Now repeat the following.

  gente   Gijón   general   Génova   gimnasio   género

  No hay gente de Gijón en el gimnasio.

- The Spanish **g** before **a, o,** or **u** is produced in the back of the mouth by momentarily stopping the flow of air. When **g** occurs between vowels, the air is only restrained, not completely stopped. Now repeat the following.

  ganado   agua   gusto   gato   gastar   delgado   tango

  Al gato no le gusta el agua.

- In the Spanish syllables spelled **gue** and **gui,** the **u** is silent. The **g** is pronounced like Spanish **g** before **a, o,** and **u.**

  Guevara   guerra   guitarra   sigue   águila   alguien   portugués   pague

- In the Spanish syllables spelled **güe** and **güi,** the **ü** changes the pronunciation of the **g** to the English **w.**

  bilingüe   lingüística   nicaragüense   pingüino

Acentuación [CD 4, track 20]

The written accent mark is used to differentiate words that have the same spelling and pronunciation but have different meanings.

tu *(your)*   de *(of)*   si *(if)*   mi *(my)*   el *(the)*

tú *(you informal)*   dé *(give)*   sí *(yes)*   mí *(me)*   él *(he)*

que *(that)*   mas *(but)*

qué *(what)*   más *(more)*

Listen to the following sentences, and indicate the word that is used.

1. _____   a. sí   b. si

2. _____   a. mí   b. mi

3. _____   a. El   b. Él

Dictado [CD 4, track 21]

Listen to the following statements about the role of children in a Hispanic family, and write down what you hear. The dictation will be repeated.

1. _____

_____

2. _____

_____

CAPÍTULO 6 Guatemala: nación maya en el siglo XXI

Práctica escrita

PASO 1 ¡Por fin en Guatemala!

Practice of *Vocabulario*

Antes de completar estas actividades, revisa el Vocabulario del Capítulo 6, Paso 1, y visualiza su significado mientras repasas palabra por palabra. Para ayudarte con la pronunciación, escucha el Text Audio CD *de* ¡Dímelo tú!

A. Conceptos. Asocia los conceptos de la columna B con los de la columna A.

A	B
_____ 1. avión	a. impresionante
_____ 2. cero	b. construir
_____ 3. maravilloso	c. matemático
_____ 4. edificar	d. planetas
_____ 5. astrónomo	e. aeropuerto

B. Los que pertenecen. Indica la palabra (una sola) que pertenece a cada categoría.

1. viajes	2. descripción	3. instrumentos	4. deportes
a. gobierno	a. sur	a. marimba	a. siglo
b. puerta	b. maravilloso	b alcoba	b. celebrar
c. vuelo	c. hijo	c. avión	c. equipo

Practice of *En preparación*, 6.1

Pretérite of regular verbs

Providing and requesting information about past events

C. ¿Cómo fue eso? Para saber lo que les pasó a mis amigos anoche, pon todos los verbos en el pretérito.

Mis dos amigos Francisco y Raúl **(1)** deciden salir a comer a un restaurante. **(2)** Comen en un excelente restaurante guatemalteco. Cuando **(3)** salen del restaurante, mis amigos no **(4)** encuentran su coche. Raúl **(5)** llama a la policía. La policía **(6)** llega en veinte minutos. Afortunadamente, la policía **(7)** encuentra el coche. La policía también **(8)** arresta a dos personas.

1. _____   5. _____

2. _____   6. _____

3. _____   7. _____

4. _____   8. _____

D. *Prensa Libre.* Completa las siguientes noticias internacionales del periódico guatemalteco *Prensa Libre* para saber lo que pasó.

- La presidenta chilena Michelle Bachelet **(1)** _____ (viajar) a la ciudad de Panajachel, en el departamento de Sololá, a 160 kilómetros al oeste de la capital guatemalteca. Desde allí **(2)** _____ (manejar) hasta el lago Atitlán. Allí **(3)** _____ (visitar) el famoso lago, y otros sitios turísticos de interés.

- Hace 30 años, un día como hoy, parte del nevado Huascarán se desprendió sobre la Laguna de Llanganuco y el aluvión (*flash flood*) sepultó la ciudad de Yungay y **(4)** _____ (arrasar) con sus setenta mil habitantes.

- Las relaciones entre Brasil y Guatemala **(5)** _____ (recibir) un importante impulso a partir de la visita al país del Señor Ministro de Estado.

- En Nueva York, más de 100 personas **(6)** _____ (esperar) durante varias horas la apertura del restaurante guatemalteco Camperitos.

PASO 2 En Guatemala leemos *Prensa Libre*

Practice of *Vocabulario*

Antes de completar estas actividades, revisa el Vocabulario del Capítulo 6, Paso 2, y visualiza su significado mientras repasas palabra por palabra. Para ayudarte con la pronunciación, escucha el Text Audio CD de ¡Dímelo tú!

E. Series. Selecciona la palabra de la siguiente lista que completa cada serie.

liga   escuela primaria   clasificados   libro   asesinar

1. partido, equipo, jugador, _____

2. cuento, novela, tesis, _____

3. sustraer, robar, disparar, _____

4. nacional, internacional, entretenimiento, _____

5. educación, universidad, clase, _____

F. Solo una. Selecciona la(s) palabra(s) que corresponde(n) a las siguientes definiciones.

1. La página de un periódico que contiene las noticias más impactantes, es la...

   a. contraportada.   b. primera plana.   c. revista.

2. La escuela adonde van los niños de 5 a 12 años es la...

   a. escuela primaria.   b. universidad.   c. escuela secundaria.

3. La sección de los periódicos que se dedica a los anuncios de cosas para vender y comprar es la sección...

   a. internacional.   b. primera plana.   c. de clasificados.

4. Un incidente con fuego puede provocar un...

   a. cuento.   b. inscrito.   c. incendio.

5. Un grupo de personas que administra un país y que, a veces, es elegido democráticamente, es el...

   a. gobierno.   b. maravilloso.   c. domicilio

Practice of *En preparación*, 6.2

Preterite of verbs with spelling changes

Describing in past time

G. ¡Robo! ¿Qué pasó anoche? Completa estas oraciones para contar lo que sucedió.

> MODELO   ayer / comenzar / la dieta perfecta
> **Ayer comencé la dieta perfecta.**

1. anoche (yo) / llegar tarde a casa

   _____

2. durante / noche mi hermano / oír / ruido

   _____

3. yo / sacar la linterna (*flashlight*)

   _____

4. (yo) comenzar / buscar la causa del ruido

   _____

5. mi hermano / empezar a marcar el 911

   _____

6. cuando yo / alcanzar a ver el jardín...

   _____

7. mi hermano / oír las noticias en la radio

   _____

PASO 3   Canal Tres presenta... *Los misterios de Tikal*

Practice of *Vocabulario*

Antes de completar estas actividades, revisa el Vocabulario del Capítulo 6, Paso 3, y visualiza su significado mientras repasas palabra por palabra. Para ayudarte con la pronunciación, escucha el Text Audio CD *de ¡Dímelo tú!*

H. Leyendo el periódico *Prensa Libre*. En cada grupo hay una palabra que probablemente no se encuentra (*can't be found*) en los artículos de periódico de las secciones indicadas. ¿Cuál es?

1. *Noticias policiales*

   disparar   piscina   víctima

2. *Publicidad*

anuncio   rebajas   asesinato

3. *Programación de televisión*

telenovela   hombre   programa

4. *Anuncios clasificados*

se vende   grosero   alquilar

I. Relaciones. Asocia los conceptos de la columna B con los de la columna A.

	A		B
_____	1. cárcel		a. asesinar
_____	2. juicio		b. camión
_____	3. decir		c. testigo
_____	4. mecánico		d. comisaría
_____	5. matar		e. declarar

Practice of *En preparación,* 6.3

Preterite of estar, decir, *and* hacer

Narrating about the past

J. Ya lo hicimos. Todo lo que quiere saber tu compañero(a) pasó ayer. Ahora, contesta sus preguntas.

> MODELO   ¿Cuándo dijeron eso tus padres?
> **Dijeron eso ayer.**

1. ¿Cuándo estuviste aquí la última vez?

_____

2. ¿Cuándo hicieron la tarea tú y Yolanda?

_____

3. ¿Cuándo hiciste las galletas *(cookies)*?

_____

4. ¿Cuándo dijo eso tu mamá?

_____

5. ¿Cuándo estuvieron tus padres aquí?

_____

K. Comida en el Parque Minerva. ¿Cómo pasó la tarde la familia Lomelí? Para saberlo, completa las siguientes oraciones.

> MODELO   mamá / estar muy contenta
> **Mamá estuvo muy contenta.**

1. Carlos / hacer los sándwiches

_____

2. Rafael y yo / estar en casa de tía Matilde

_____

3. (nosotros) / decir: «¿Quiere acompañarnos?»

_____

4. tía Matilde / decir que sí

_____

5. tía Matilde y yo / hacer un pastel muy especial

_____

6. el pastel / estar delicioso

_____

Practice of *En preparación, 6.4*

The pronoun se: Special use

Making announcements

L. Planes. Este restaurante guatemalteco necesita algunos cambios. Usando el pronombre **se,** describe lo que se necesita hacer para mejorar la situación.

> MODELO   El cocinero es malísimo. (contratar / bueno)
> **Se contrata cocinero bueno.**

1. Las mesas son muy viejas. (comprar / nuevas)

_____

2. Los meseros son antipáticos. (buscar / simpáticos)

_____

3. El administrador es perezoso. (buscar / trabajador)

_____

4. Las sillas son feas. (comprar / bonitas)

_____

5. El cajero *(cashier)* es deshonesto. (buscar / honesto)

_____

6. Los cocineros son malos. (necesitan / competentes)

_____

M. En la residencia. ¿Cómo es la vida en tu residencia? Indica si ocurre o no lo siguiente.

> MODELO   hacer mucho ruido
> **Se hace mucho ruido.** o
> **No se hace mucho ruido.**

1. escuchar música todo el día

_____

2. pedir la tarjeta de identidad al entrar

_____

3. organizar actividades y partidos

_____

4. permitir llevar comida a las habitaciones

_____

5. poder cocinar en las habitaciones

_____

6. dormir bien

_____

El rincón de los lectores

Antes de empezar, dime...

Antes de leer dinos lo que sabes acerca de la cultura maya seleccionando si la oración es cierta (**C**) o falsa (**F**). Después de leer indica cuál es la opinión del autor.

Tu opinión antes de leer			Ideas sobre la civilización maya	Ideas del autor	
C	F	1.	Los mayas, como las otras culturas precolombinas, nunca tuvieron una lengua escrita.	C	F
C	F	2.	No hay ninguna evidencia de que los mayas supieran (*knew*) conceptos matemáticos.	C	F
C	F	3.	El calendario de los mayas, como el de los aztecas, se basaba en 18 meses de 20 días.	C	F
C	F	4.	Es muy difícil estudiar la cultura y las tradiciones mayas porque lo único que nos queda son las ruinas de sus ciudades.	C	F
C	F	5.	Los descendientes de los mayas todavía viven en el sur de México.	C	F

Lectura

Los mayas y sus sistemas de comunicación

Los mayas tuvieron sus propios sistemas de comunicación tanto escritos como hablados. También tuvieron un complicado sistema de vida que vamos entendiendo más y más con la ayuda de los arqueólogos. Sabemos que su lengua hablada fue el quiché y también sabemos que desarrollaron el sistema de escritura más avanzado de la América precolombina. Este sistema jeroglífico consistía en aproximadamente ochocientos símbolos que representaban sílabas o, incluso, palabras. Con los jeroglíficos, usando los diferentes símbolos, se narraba generalmente la vida de los líderes: sus aventuras, guerras, ceremonias religiosas, etc. Los arqueólogos siguen encontrando jeroglíficos en las ruinas de las grandes ciudades mayas, ya sea en las pirámides u otros monumentos y edificios que construyeron.

Sabemos también que los mayas fueron grandes matemáticos y astrónomos. Ellos fueron los primeros en definir y usar el concepto del número cero. Con sus conocimientos de astronomía, ellos crearon su calendario religioso con 18 meses de 20 días cada uno, más 5 días religiosos al final de cada año.

Hoy en día, solamente hay que visitar el sur de México y gran parte de Centroamérica para ver que esta cultura todavía vive, ya sea en el vestir, el comer, la religión, la artesanía, la lengua, y en muchas de las costumbres y tradiciones de los indígenas mayas que allí viven.

Y ahora, dime...

Selecciona la frase que mejor completa cada oración.

1. El sistema jeroglífico de los mayas consistía en símbolos que representaban...

   a. las matemáticas y la astronomía.

   b. sílabas y palabras.

   c. las pirámidas y los monumentos.

2. Actualmente, se siguen descubriendo jeroglíficos mayas en...

   a. excavaciones por arqueólogos.

   b. libros mayas.

   c. el habla de sus descendientes.

3. En las matemáticas, los mayas conocieron el concepto de cero...

   a. antes que los europeos.

   b. después que los europeos.

   c. pero no supieron usarlo.

4. El calendario de los mayas se basaba en...

   a. el calendario gregoriano de Europa.

   b. el concepto del cero.

   c. los movimientos de las estrellas (stars).

5. Los mayas ocuparon Mesoamérica, o sea...

   a. todo México.

   b. México, Centroamérica y Sudamérica.

   c. el sur de México y gran parte de Centroamérica.

¡Escríbelo!

Antes de escribir

In *¡Dímelo tú!*, **Capítulo 6, ¡Escríbelo!** you learned that, when describing events, it is often best to organize them chronologically by describing what happened first, what followed next, what happened after that, and so forth.

Since in this activity you will be asked to describe what happened in the last episode you saw of your favorite soap opera, or any other television program you watch regularly, begin by listing, in the order they occurred, the various events that you will want to mention. Use the chronological list of events to write your first draft.

_____

_____

_____

_____

_____

Atajo Writing Assistant: You may now use the Atajo Writing Assistant to explore possible ways to describe an episode of a soap opera or a favorite television program, to check your grammar and spelling, to consult the dictionary, to conjugate verbs, and to receive suggestions for useful phrases. Search for the following vocabulary or topics.

Vocabulary: media: television and radio; emotions: positive; emotions: negative; leisure
Grammar: possessive adjective (various); verbs: preterite; verbs: use of **ocurrir**
Phrases: sequencing events; talking about films; talking about past events
Verb conjugator: estar (**pretérito**); ser (**pretérito**); ocurrir (**pretérito**); enamorar(se) (**pretérito**); discutir (**pretérito**)

_____

_____

_____

_____

_____

Ahora ¡a revisar! Based on what you learned in this chapter and from using the Atajo Writing Assistant, rework and make the necessary changes to your draft from the **Antes de escribir** section.

La versión final. Now create a title and prepare the final version of the chronological description of one episode (from your favorite soap opera or TV program).

Título:

_____

_____

_____

_____

_____

_____

_____

_____

_____

_____

_____

_____

_____

_____

_____

_____

_____

_____

Práctica de comprensión auditiva 🎧

PASO 1   ¡Por fin en Guatemala!

Listening comprehension practice of *Vocabulario*

A. Palabras. Escucha estas definiciones y selecciona la opción que mejor corresponda. Las definiciones se repetirán. [CD 4, track 22]

1. _____   a. equipo.   b. aeropuerto.   c. comedor.

2. _____   a. vuelos.   b. rutas.   c. volcanes.

3. _____   a. volcanes.   b. representantes.   c. terremotos.

4. _____   a. avión.   b. volcán.   c. lago.

B. Noticiero Capital. Escucha este noticiero de Radio Capital de la Ciudad de Guatemala. Luego indica si las oraciones que siguen son ciertas (**C**) o falsas (**F**). El noticiero se repetirá. [CD 4, track 23]

1.	C	F	Noticiero Capital es el último noticiero del día.
2.	C	F	El gobernador anunció que ya saben qué causó el accidente del vuelo 113 de Aerolíneas Maya.
3.	C	F	Anunció también que ya descubrieron la caja negra del vuelo 113 de Aerolíneas Maya.
4.	C	F	El equipo de Chichicastenango era *(was)* el favorito para ganar el campeonato de fútbol desde el principio.

Listening comprehension practice of *En preparación, 6.1*

Preterite of regular verbs

Providing and requesting information about past events

C. En el aeropuerto. Escucha el noticiero de la tarde La Grande, una emisora de Guatemala. Indica si las siguientes oraciones son ciertas (**C**) o falsas (**F**). Se repetirá. [CD 4, track 24]

1.	C	F	La radio informa desde el aeropuerto.
2.	C	F	La policía arrestó a dos ladrones.
3.	C	F	Los ladrones vendieron los diamantes a la policía.
4.	C	F	Una mujer perdió a su hijo en el aeropuerto.
5.	C	F	La policía encontró al niño en una tienda de animales.

D. El partido de fútbol. Alejandro no pudo ir a su partido de fútbol, por lo que tiene muchas preguntas para su amigo, Ángel, que sí pudo ir. Selecciona las respuestas de Ángel entre las siguientes opciones. Se repetirá. [CD 4, track 25]

1. _____
   a. Sí, pasó la tarde en el estadio.
   b. Sí, pasé la tarde en el estadio.
   c. Sí, pasaron la tarde en el estadio.

2. _____
   a. Carla no fue.
   b. Roberto y Francisco fueron con Carla.
   c. Fui con Roberto y Francisco.

3. _____
   a. Sí, en el último minuto marcamos un gol y vencimos uno a cero.
   b. Sí, en el último minuto marcaste un gol y venciste uno a cero.
   c. Sí, en el último minuto marcamos un gol y perdimos uno a cero.

4. _____
   a. Jugué muy bien, me parece.
   b. Jugó muy bien, me parece.
   c. Jugaron muy bien, me parece.

5. _____
   a. No, porque perdí el partido de la semana pasada.
   b. No, porque perdió el partido de la semana pasada.
   c. No, porque perdiste el partido de la semana pasada.

PASO 2 En Guatemala leemos *Prensa Libre*

Listening comprehension practice of *Vocabulario*

E. Palabras. Escucha las siguientes afirmaciones y selecciona las palabras que mejor completen su significado. Se repetirá. [CD 4, track 26]

1. _____
   a. deporte.
   b. coche.
   c. gobierno.

2. _____
   a. rebajas.
   b. revistas.
   c. noticias.

3. _____
   a. partido.
   b. negocio.
   c. petróleo.

4. _____
   a. partido.
   b. equipo.
   c. camión.

F. Noticiero. Escucha este noticiero especial sobre un robo que ocurrió en la calle Arbenz, en la Ciudad de Guatemala. Luego selecciona la frase que mejor complete cada oración. El noticiero se repetirá. [CD 4, track 27]

1. Ricardo Dorantes y Susana Besaflor trabajan para…

   a. Radio Quiché.
   b. la familia Tum.
   c. los bomberos.

2. El incendio ocurrió en…

    a. Antigua.
    b. la estación de Radio Quiché.
    c. la calle Arbenz.

3. La señora Tum sacó de la casa…

    a. todo su dinero.
    b. los gatos.
    c. los muebles.

4. Según Susana, lo importante que tienen los Tum es…

    a. la vida.
    b. nada.
    c. el testimonio.

Listening comprehension practice of *En preparación*, 6.2

Preterite of verbs with spelling changes

Describing in past time

G. El examen. Isabel le pregunta a Loli por su examen de historia. Completa las respuestas de Loli, usando el pretérito de los verbos que se indican entre paréntesis. Las preguntas se repetirán. [CD 4, track 28]

1. **(llegar)** Sí, _____ a las dos menos cuarto.

2. **(llegar)** No, _____ tarde como siempre.

3. **(comenzar)** _____ a las dos en punto.

4. **(comenzar)** Sí, _____ a escribir inmediatamente.

5. **(sacar)** Estoy segura de que _____ una «A».

H. Un domingo muy agradable. Completa la descripción de José, que nos cuenta el día tan bueno que pasó el domingo. Se repetirá. [CD 4, track 29]

Ayer fue domingo y pasé un día muy agradable. Primero, mi hermano y yo **(1)** _____ el periódico. Después yo salí y **(2)** _____ al tenis con mi novia Carmen Alicia. Carmen Alicia y yo decidimos ir a cenar. Yo volví a casa y **(3)** _____ a hacer la tarea. A las siete salí a buscar a Carmen Alicia. **(4)** _____ a su casa a las siete y media. Fuimos a cenar a un restaurante argentino excelente. Cuando **(5)** _____ pagar, Carmen Alicia insistió: «Esta vez invito yo».

PASO 3   Canal Tres presenta... *Los misterios de Tikal*

Listening comprehension practice of *Vocabulario*

I. Palabras. Escucha las siguientes afirmaciones y selecciona las palabras que mejor completan su significado. Se repetirá. [CD 4, track 30]

1. _____   a. equipo.   b. juicio.   c. abogado.

2. _____   a. parar.   b. perder.   c. escapar.

3. _____   a. alquilar.   b. descansar.   c. establecer.

4. _____   a. fiscal.   b. mecánico.   c. camarero.

J. Definiciones. Escucha estas definiciones y selecciona la opción que mejor corresponda. Las definiciones se repetirán. [CD 4, track 31]

1. _____   a. un testigo   b. un abogado   c. un fiscal

2. _____   a. una novela   b. una telenovela   c. una radio

3. _____   a. insultar   b. mandar   c. contradecir

4. _____   a. el fiscal   b. el testimonio   c. la víctima

Listening comprehension practice of *En preparación*, 6.3

Preterite of estar, decir, *and* hacer

Narrating about the past

K. ¿Quién fue? ¿Puedes identificar a esta persona? Escucha la siguiente descripción y selecciona el verbo **estar, decir** o **hacer,** dependiendo del verbo que se usa en la oración que escuchas. A continuación, escribe el nombre de la persona misteriosa. Las oraciones se repetirán. [CD 4, track 32]

1. estar   decir   hacer   _____

2. estar   decir   hacer   _____

3. estar   decir   hacer   _____

4. estar   decir   hacer   _____

5. estar   decir   hacer   _____

L. ¡Qué sorpresa! Mamá regresó a casa después de un día duro en el trabajo, y encuentra la casa en perfecto estado. Como quiere saber quién hizo todas las cosas, completa las respuestas de su hijo Pablo. Las preguntas se repetirán. [CD 4, track 33]

1. _____ papá y Betina.

2. Tú nos _____ el número, mamá.

3. La _____ mi hermana Margarita.

4. Lo _____ yo, mamá.

5. Sí, mamá. _____ muy ocupados en la casa todo el día.

Listening comprehension practice of *En preparación*, 6.4

The pronoun se: *Special use*

Making announcements

M. En la residencia. Catalina está hablando con unos estudiantes nuevos sobre su residencia. Selecciona la oración que resume lo que dice. Lo que dice Catalina se repetirá. [CD 4, track 34]

1. _____ a. Se vive bien en la residencia.   b. Se vive mal en la residencia.

2. _____ a. Se come bien en la residencia.   b. Se come mal en la residencia.

3. _____ a. Se prohíbe fumar en la residencia.   b. No se prohíbe fumar en la residencia.

4. _____ a. Se permite tomar bebidas   b. No se permite tomar bebidas
alcohólicas en la residencia.   alcohólicas en la residencia.

5. _____ a. Se puede estudiar porque   b. No se puede estudiar por el ruido.
no hay ruido.

N. Lo siento mucho. Manuel acaba de llegar a la ciudad *(is new in town)*. Hoy tiene que hacer muchas cosas, pero siempre entra en la tienda equivocada *(wrong store)*. Escucha sus preguntas y completa las respuestas de los dependientes usando el **se** impersonal. Las preguntas se repetirán. [CD 4, track 35]

MODELO   YOU HEAR: Necesito comprar una lámpara.
     YOU SEE AND WRITE: Lo siento, señor. Aquí **no se venden** lámparas.

1. Lo siento, señor. Aquí _____ habitaciones.

2. Lo siento, señor. Aquí _____ bicicletas.

3. Lo siento, señor. Aquí _____ camarero.

4. Lo siento, señor. Aquí _____ hamburguesas.

5. Lo siento, señor. Aquí _____ libros.

Pronunciación

Las letras *x, h, ch* [CD 4, track 36]

- Before a consonant, the letter **x** is pronounced like an *s*. Listen to the following words and repeat them after the speaker.

  explicar   extraño   expresar   extra   externo   texto   mixto   sexto

  In many proper names, the **x** is pronounced like the Spanish **j**. Listen to the following words and repeat them after the speaker.

  México   Texas   Xavier   Oaxaca

  In all other instances, the letter **x** is usually pronounced like the *ks* sound in the English word *exit*. Listen to the following words and repeat them after the speaker.

  examen   exagerar   exacto   sexo   oxígeno   existe   éxito   exótico

- The letter **h** has no sound in Spanish. It is never pronounced. Listen to the following words and repeat them after the speaker.

  hotel   hospital   ahí   ahora   hombre

- The letter **ch** is pronounced like the **ch** in the English word **church**. Listen to the following words and repeat them after the speaker.

  Chile   mucho   champú   muchacho   chocolate   rancho   chino   ancho

Acentuación [CD 4, track 37]

Words with a written accent keep it on the same vowel, regardless of how many syllables are added. For example:

fácil	fácilmente	difícil	difícilmente
rápido	rápidamente	último	últimamente

Práctica

Listen to the following words and write the accent on the appropriate vowel, according to the way they sound.

automaticamente   publicamente   **logicamente**   inutilmente

Dictado [CD 4, track 38]

Escucha las siguientes afirmaciones sobre Guatemala, y escribe lo que escuchas. El dictado se repetirá.

1. _____

_____

_____

2. _____

_____

_____

3. _____

_____

_____

CAPÍTULO 7 Enamorados de... ¡Colombia!

Práctica escrita

PASO 1 ¡Desde Bogotá con amor!

Practice of *Vocabulario*

Antes de completar estas actividades, revisa el Vocabulario del Capítulo 7, Paso 1, y visualiza su significado mientras repasas palabra por palabra. Para ayudarte con la pronunciación, escucha el Text Audio CD de ¡Dímelo tú!

A. Sinónimos. Busca en la columna B la palabra que mejor se relaciona con cada palabra de la columna A.

	A		B
_____	1. festival	a.	respetar
_____	2. adorar	b.	baile
_____	3. admirar	c.	cero
_____	4. nada	d.	trabajo
_____	5. obra	e.	amar

B. Diccionario. Aquí tienes cinco definiciones. Selecciona y escribe la palabra que completa cada definición.

juntos   cita   vela   cortés   puntual

1. Cuando sales con otra persona, tienes una _____.

2. Cuando llegas a la cita a tiempo, eres _____.

3. Una mujer amable y con buena educación es una mujer _____.

4. Cuando dos o más personas realizan una actividad al mismo tiempo, decimos que la

   hacen _____.

5. Cuando no tenemos electricidad, o durante una cena romántica, encendemos una

   _____.

Practice of *En preparación*, 7.1

Direct-object nouns and pronouns

Agreeing and disagreeing, accepting and refusing

C. Te gusta la ópera, ¿verdad? Acabas de conocer a una persona que es tan aficionada a la ópera como tú. Contesta sus preguntas siguiendo el modelo.

> MODELO   ¿Escuchas la ópera en la radio? (sábados por la mañana)
> **Sí, la escucho los sábados por la mañana.**

1. ¿Compras discos de ópera? (con frecuencia)

   _____

2. ¿Conoces la música de Victoria de los Ángeles? (muy bien)

   _____

3. ¿Lees la revista *Noticias de la ópera*? (todos los meses)

   _____

4. ¿Ves las óperas que ponen en la televisión? (siempre)

   _____

5. ¿Escuchas los discos de Plácido Domingo? (a veces)

   _____

6. ¿Me acompañas a la ópera este sábado por la noche? (con mucho gusto)

   _____

D. ¡Qué negativo! Vas a salir con una persona que es totalmente diferente a ti. Contéstale según el modelo, usando el pronombre de complemento directo.

> MODELO   Yo como frutas todos los días.
> Yo nunca **las** como.

1. Siempre leo el periódico por la mañana.

   Yo nunca _____.

2. Yo siempre miro programas educativos en la televisión.

   Yo nunca _____.

3. Mis padres me llaman por teléfono con frecuencia.

   Mis padres nunca _____.

4. Escucho siempre música clásica en la radio.

   Yo nunca _____.

5. Compro discos compactos con frecuencia.

   Yo nunca _____.

Practice of *En preparación*, 7.2

Irregular -go verbs

Telling what people do, say, or hear

E. ¡Qué bonita familia! Mientras estudias en Bogotá, vives con una familia colombiana. Ahora escribes en tu diario sobre tu familia colombiana. Completa el apunte *(entry)* de hoy llenando los espacios en blanco.

Querido Diario:

Estoy muy contento(a) con esta familia. Es muy simpática. Todos en la familia **(1)** _____ (hacer)

algo para ayudar en la casa. Los hermanitos **(2)** _____ (traer) las cosas a la mesa. Algunas veces

yo **(3)** _____ (poner) la mesa. El padre de mi amigo **(4)** _____ (decir) que en esta familia

siempre comen todos juntos. Durante la comida, todos hablan muy fuerte porque el abuelo no

(5) _____ (oír) muy bien. Yo les **(6)** _____ (decir) que si **(7)** _____ (venir) a visi-

tarme a los Estados Unidos, van a ver cosas muy diferentes.

F. Mi vida en Bogotá. David habla por teléfono con sus padres. Les describe su vida en Bogotá. ¿Qué les dice a sus padres?

> MODELO vivir con una familia muy simpática
> **Vivo con una familia muy simpática.**

1. hacer cosas interesantes

   _____

2. oír música colombiana todos los días

   _____

3. poner la televisión para escuchar las noticias de los EE.UU.

   _____

4. decir muchas cosas en español ahora

   _____

5. salir con los chicos de la familia

   _____

PASO 2 Decidimos salir a pasear por Cartagena

Practice of *Vocabulario*

Antes de completar estas actividades, revisa el Vocabulario del Capítulo 7, Paso 2, y visualiza su significado mientras repasas palabra por palabra. Para ayudarte con la pronunciación, escucha el Text Audio CD de ¡Dímelo tú!

G. Antónimos. Busca en la columna B la palabra con el significado opuesto de cada palabra de la columna A.

	A		B
_____	1. sí	a.	público
_____	2. excelente	b.	abusar
_____	3. despedir	c.	horrible
_____	4. ayudar	d.	en absoluto
_____	5. secreto	e.	contratar

H. Significa lo mismo. Indica qué palabra sustituye las palabras subrayadas (*underlined words*) sin cambiar el significado de la oración original.

1. No comprendo. ¿Puedes <u>hacer otra vez</u> la pregunta?

   a. repetir   b. disfrutar   c. revelar

2. Prefiero tomar <u>una gaseosa</u> de naranja.

   a. una cerveza   b. un refresco   c. un vino

3. Te digo algo <u>solo para ti</u>.

   a. secreto   b. mensaje   c. menú

4. Ella siempre viste <u>muy bien</u>.

   a. suficiente   b. regular   c. elegantemente

5. Si quieres, te puedo <u>servir</u> una copa de vino.

   a. poner   b. soportar   c. revelar

Practice of *En preparación*, 7.3
Present tense of e → i *stem-changing verbs*
Stating what people do

I. ¡Qué grandeza! Eduardo, un estudiante de la Universidad Piloto de Colombia, quiere impresionar a Neraidá, una amiga de Medellín. Llena los espacios en blanco para saber qué dice.

Yo vengo de una familia noble y yo siempre **(1)** _____ (seguir) sus tradiciones. Por ejemplo, si

yo **(2)** _____ (decir) que tengo sed, inmediatamente alguien me **(3)** _____ (servir) un re-

fresco. Mis hermanos y yo siempre **(4)** _____ (vestir) elegantemente para toda ocasión.

Mi padre **(5)** _____ (decir) que me va a comprar un Jaguar para mi cumpleaños. Yo nunca

(6) _____ (pedir) nada porque mi padre siempre me da todo lo que necesito y mucho más.

Mi vida es fabulosa.

J. ¡Somos diferentes! Federica, una joven de Medellín, sus padres y su novio hacen las cosas de manera diferente. Completa lo que dice Federica con la forma correcta del verbo que está a la izquierda.

1. **(servir)** Cuando tenemos una fiesta, yo _____ los refrescos, mi novio _____ la

   cerveza y mis padres _____ la comida.

2. **(pedir)** Durante la fiesta yo _____ música rock, mi novio _____ música romántica y

   mis padres _____ música tradicional.

3. **(decir)** Al despedirnos de los invitados yo siempre _____ «Hasta luego», mi

   novio _____ «Adiós» y mis padres _____ «Ha sido un placer».

PASO 3 Si no amas el arte colombiano, es porque no lo conoces

Practice of *Vocabulario*

Antes de completar estas actividades, revisa el Vocabulario del Capítulo 7, Paso 3, y visualiza su significado mientras repasas palabra por palabra. Para ayudarte con la pronunciación, escucha el Text Audio CD de ¡Dímelo tú!

K. Examen. Marca la palabra que no pertenece.

1. acrílico   oleo   seguro

2. decir   expresar   ignorar

3. saber   conocer   sorprender

4. playa   oro   plata

5. barroco   granito   contemporáneo

L. ¿Sinónimo o antónimo? Escoge *(Choose)* una **S** si las palabras son sinónimas, o una **A** si son antónimas.

1.	S A	amar / odiar
2.	S A	admirar / respetar
3.	S A	saber / conocer
4.	S A	ignorar / saber
5.	S A	admirar / detestar

Practice of *En preparación*, 7.4

Review of direct-object nouns and pronouns

Referring to people and things indirectly

M. ¿Qué opinas? Escoge el verbo que mejor describe lo que sientes.

> MODELO   tus profesores (admirar o odiar)
> **Los admiro. o Los odio.**

1. tu novio(a) (amar o respetar)

_____

2. tus exámenes de química (tolerar o detestar)

_____

3. tu mejor amigo(a) (admirar o tolerar)

_____

4. tus clases de español (adorar o odiar)

_____

5. la tarea para la clase de español (tolerar o odiar)

_____

N. ¿Me quiere o no me quiere? Lo siguiente es un cuestionario de una revista colombiana popular. Contesta las preguntas para saber si tu novio(a) te quiere.

1. ¿Te llama por teléfono con frecuencia?

   a. Sí, me llama con frecuencia.   b. No, no me llama con frecuencia.

2. Sus padres, ¿los conoces bien?

   a. Sí, los conozco bien.   b. No, no los conozco bien.

3. Tus ideales, ¿los comparte?

   a. Sí, los comparte.   b. No, no los comparte.

4. ¿Con qué frecuencia te invita a cenar o a ir al cine?

   a. Me invita muchas veces.   b. No me invita nunca.

5. ¿Respeta o ignora tus ideas y opiniones?

   a. Las respeta.   b. Las ignora.

Practice of *En preparación,* 7.5

The verbs saber *and* conocer

Stating what you know and who or what you are acquainted with

O. ¡Pero no la conozco! Un amigo quiere conocer a una joven colombiana de la clase de historia. Te pregunta mil cosas que tú no sabes. Contéstale negativamente, usando los verbos **saber** y **conocer**.

   MODELO ¿Quién es ella?
           No la conozco.

1. ¿Cómo se llama esa chica?

   _____

2. ¿Cuál es su número de teléfono?

   _____

3. ¿Cómo son sus padres?

   _____

4. ¿Cuál es su dirección?

   _____

5. ¿Quién es ese chico que está con ella ahora?

   _____

P. ¡A estudiar! Rita, una estudiante en la Universidad de Antioquia, le escribe a su amiga Diana. Completa esta carta, usando la forma apropiada de **saber** o **conocer** para ver lo que dice.

Antioquia, martes 12 de septiembre

Querida Diana:

¿Cómo estás? Yo ya estoy viviendo con una familia aquí en Antioquia. Las clases van a comenzar

muy pronto y yo (1) _____ que voy a tener que estudiar mucho. Todavía (Still) no

(2) _____ a nadie, pero mis padres (3) _____ a algunos de los profesores.

Esta universidad es su «alma mater». Ellos (4) _____ dónde están casi todos los

edificios y (5) _____ bastante bien el barrio universitario. Vienen a visitarme en

octubre, pero no (6) _____ todavía en qué fecha. ¿(7) _____ tú dónde

está la universidad? Espero tu visita pronto y, por favor, trae a tu nuevo novio, ¡Yo lo quiero

(8) _____ !

Un abrazo,

Rita

El rincón de los lectores

Antes de empezar, dime...

Antes de leer, indica cómo actuarías *(you would act)* en estas dos situaciones.

1. Visitas un sitio arqueológico de indígenas norteamericanos y encuentras un pedazo de cerámica antigua.

   a. Lo guardas para tu colección privada.

   b. Se lo entregas *(You give it)* a las autoridades.

   c. Lo ignoras y no lo tocas.

2. Visitas un sitio arqueológico en Colombia y encuentras un objeto precolombino de oro.

   a. Lo guardas para tu colección privada.

   b. Se lo entregas a las autoridades.

   c. Lo ignoras y no lo tocas.

Lectura

El Museo del Oro

En 1939, el Banco de la República en Bogotá fundó el Museo del Oro con un solo propósito: coleccionar y preservar las obras de oro prehispánicas. Esto porque mucha gente que tenía objetos de oro prehispánico no consideraba su valor arqueológico, solo el valor del oro. Muchas de estas personas hasta derretían el oro y lo formaban en barras para vender a los bancos. Ahora el Museo del Oro tiene una colección de aproximadamente 20.000 piezas y cada objeto de la colección sirve como ejemplo del avanzado nivel técnico y estético de los artistas indígenas en tiempos precolombinos.

En esos tiempos, la metalúrgica del oro se practicaba en toda la región que ahora es Colombia. La mayoría de los objetos de oro servían de adorno personal. Pero el oro también tenía un sentido religioso para los indígenas. Por ejemplo, el mito de El Dorado tiene su origen aquí, en un ritual religioso de los indígenas chibchas. El ritual consistía en cubrir *(cover)* a su jefe en polvo *(dust)* de oro para después lavarlo en un baño ceremonial en el lago Guatavita. Cuando los españoles llegaron a la región, este ritual ya no se practicaba. Pero sí existía el mito, y los españoles estaban empeñados en encontrar El Dorado.

Desafortunadamente, con el pasar de los años los españoles convirtieron en barras de oro la gran mayoría de los objetos de oro precolombinos que encontraron. Pero gracias a los esfuerzos del Museo del Oro, futuras generaciones siempre podrán ver el maravilloso arte metalúrgico del oro precolombino.

Y ahora, dime...

Escribe los datos más importantes en la historia del oro en Colombia.

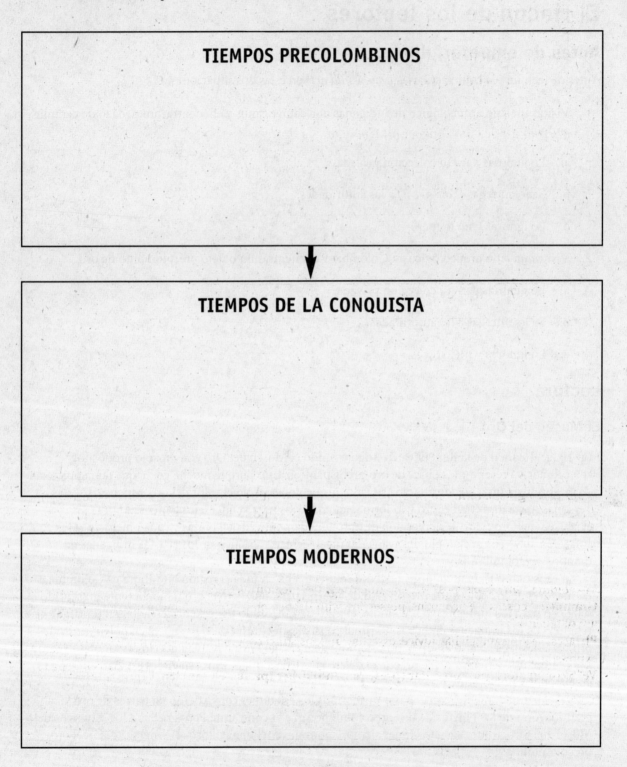

TIEMPOS PRECOLOMBINOS

TIEMPOS DE LA CONQUISTA

TIEMPOS MODERNOS

¡Escríbelo!

Antes de escribir

In *¡Dímelo tú!*, **Capítulo 7, ¡Escríbelo!** you learned that, when giving advice, it is often necessary to use structures that indicate what one should or should not do. In Spanish these structures are often formed by use of the affirmative or negative of certain verbs with the infinitive: **(no) necesitar + infinitivo, (no) deber + infinitivo, (no) tener que + infinitivo.**

Since in this activity you will be asked to give advice to a friend who is going out on a first date, you may want to begin by listing various things that you believe your friend needs to, should, or has to do or not do. Use the list of suggestions and advice to write a first draft of a letter to your friend.

_____

_____

_____

_____

_____

_____

_____

_____

_____

_____

Atajo Writing Assistant: You may now use the Atajo Writing Assistant to explore possible ways to make suggestions or give advice, to check your grammar and spelling, to consult the dictionary, to conjugate verbs, and to receive suggestions for useful phrases. Search for the following vocabulary or topics.

Vocabulary: emotions: positive; emotions: negative; personality; dreams and aspirations
Grammar: possessive pronouns; possession with **de**; personal pronoun: how to use **se**; verbs: use of **tener**
Phrases: asking and giving advice; asserting and insisting; congratulating; denying; encouraging; expressing a wish or desire
Verb conjugator: (no) necesitar (presente); (no) deber (presente); (no) tener (presente)

_____

_____

_____

_____

Ahora ¡a revisar! Based on what you learned in this chapter and from using the Atajo Writing Assistant, rework and make the necessary changes to your draft from the **Antes de escribir** section.

La versión final. Now prepare the final version of your letter. Use the appropiate expressions to make suggestions and advise your friend on what he (she) should do or not do when going on a first date. Begin by completing the salutation with your friend's name.

Querido(a) _____ :

_____

_____

_____

_____

_____

_____

_____

_____

_____

_____

_____

_____

_____

_____

_____

_____

Práctica de comprensión auditiva

PASO 1 ¡Desde Bogotá con amor!

Listening comprehension practice of *Vocabulario*

A. Palabras. Escucha las siguientes afirmaciones y selecciona las palabras que mejor completan su significado. Se repetirá. [CD 5, track 2]

1. _____   a. puntual.   b. bonita.   c. cortés.

2. _____   a. mentira.   b. vela.   c. obra.

3. _____   a. preciosa.   b. gorda.   c. puntual.

4. _____   a. bailes.   b. flores.   c. familiares.

B. ¿Quieres salir conmigo? Escucha la conversación por teléfono de Francisco y Carmen, y selecciona la respuesta correcta a las preguntas que siguen. Presta atención a la entonación de las preguntas y declaraciones. Se repetirá la conversación. [CD 5, track 3]

1. ¿Por qué llama Francisco a Carmen?

   a. Porque es el cumpleaños de Carmen.   c. Para invitarla a cenar.

   b. Para impresionarla.   d. Porque siempre la llama a esta hora.

2. ¿Adónde va a llevar Francisco a Carmen?

   a. A comprar flores para su cumpleaños.   c. A una fiesta a las siete.

   b. A comprar chocolates para su madre.   d. A comer.

3. ¿A qué hora salen Francisco y Carmen?

   a. Hoy a las siete.   c. El sábado a las siete.

   b. Mañana a las siete.   d. No van a salir.

4. ¿Qué pone Carmen al lado de la cama de su madre el día de su cumpleaños?

   a. Dinero.   c. Flores.

   b. Chocolates.   d. Boletos para el teatro.

5. ¿Qué le va a llevar Francisco a la madre de Carmen?

   a. Flores o chocolates.   c. Una invitación.

   b. La cena.   d. Nada.

Listening comprehension practice of *En preparación*, 7.1

Direct-object nouns and pronouns

Agreeing and disagreeing, accepting and refusing

C. Problemas sentimentales. José Antonio tiene problemas con su novia, María, y le pide consejos a su amigo colombiano Ricardo. Indica los consejos que le da Ricardo. Las preguntas se repetirán. [CD 5, track 4]

1. _____
   a. Claro, hombre. Tienes que llamarla.
   b. Claro, hombre. Tienes que llamarme.
   c. Claro, hombre. Tienes que llamarlo.
   d. Claro, hombre. Tienes que llamarlas.

2. _____
   a. Sí, hombre. Es necesario invitarlos.
   b. Sí, hombre. Es necesario invitarnos.
   c. Sí, hombre. Es necesario invitarla.
   d. Sí, hombre. Es necesario invitarlo.

3. _____
   a. La puedes comprar después de hablar con ella.
   b. Las puedes comprar después de hablar con ella.
   c. Lo puedes comprar después de hablar con ella.
   d. Los puedes comprar después de hablar con ella.

4. _____
   a. No, hombre. No es necesario invitarlos.
   b. No, hombre. No es necesario invitarnos.
   c. No, hombre. No es necesario invitarlas.
   d. No, hombre. No es necesario invitarla.

5. _____
   a. ¿Estás loco? Yo no voy a acompañarla.
   b. ¿Estás loco? Yo no voy a acompañarlas.
   c. ¿Estás loco? Yo no voy a acompañarlo.
   d. ¿Estás loco? Yo no voy a acompañarlos.

D. Es muy positivo. El nuevo compañero de cuarto de Enrique, Gabo, es colombiano y una persona muy agradable. Gabo está de acuerdo con todo lo que propone Enrique. Para saber lo que responde, completa las respuestas de Gabo a las preguntas que vas a escuchar, con los objetos de pronombre directo. Las preguntas se repetirán.[CD 5, track 5]

1. Sí, cómo no. ¿Por qué no _____ miramos?

2. Cómo no. Ahora _____ traigo.

3. Fabuloso. Si tú _____ preparas, yo me _____ comó.

4. Sí, _____ llevo con mucho gusto.

5. Claro. Te ayudo a buscar _____ .

Listening comprehension practice of *En preparación,* 7.2

Irregular -go verbs

Telling what people do, say, or hear

E. Flores. Carlos y Graciela tienen un jardín muy hermoso. Mientras escuchas a Graciela contar cómo cuidan sus flores, marca con un círculo el sujeto de cada uno de los verbos que escuchas. Se repetirá.[CD 5, track 6]

1. yo   ellas   él   nosotros

2. yo   ellas   él   nosotros

3. yo   ellas   él   nosotros

4. yo   ellas   él   nosotros

5. yo   ellas   él   nosotros

F. ¡Viene el novio! Paco, el novio de Isabel, viene para conocer a los padres de Isabel por primera vez. Escucha cómo Isabel describe su ajetreada *(frenzied)* preparación. En los siguientes espacios, escribe quién hace qué para preparar esta cena tan especial. La descripción se repetirá. [CD 5, track 7]

Paco   Mamá   Roberto   Papá   Isabel

1. _____ viene a la casa de Isabel a cenar. **2.** _____ pone la

mesa. **3.** _____ hace la comida. **4.** _____ compra vino.

5. _____ busca flores en el jardín. **6.** _____ trae flores.

PASO 2   Decidimos salir a pasear por Cartagena

Listening comprehension practice of *Vocabulario*

G. Palabras. Escucha las siguientes afirmaciones y selecciona las palabras que mejor completan su significado. Se repetirá. [CD 5, track 8]

1. _____   a. secreta.   b. vegetariana.   c. verdura.

2. _____   a. alquiler.   b. boleto.   c. reseña.

3. _____   a. la directora y el director.   b. la policía.   c. la reina y el rey.

4. _____   a. pescado.   b. dieta.   c. carne.

H. ¿Quieres salir? Hoy es sábado, y Eduardo, un estudiante de Colombia, está haciendo planes para salir con Victoria. Escucha su conversación, y luego indica si las oraciones que siguen son ciertas (**C**) o falsas (**F**). Se repetirá la conversación. [CD 5, track 9]

1.	C	F	Esta es la primera vez que Eduardo sale con Victoria.
2.	C	F	Eduardo y Victoria deciden ir a un partido de fútbol.
3.	C	F	Eduardo dice que va a pasar a buscar a Victoria a las siete.
4.	C	F	Eduardo y Victoria son novios.

Listening comprehension practice of *En preparación*, 7.3

Present tense of e → i stem-changing verbs

Stating what people do

I. ¡Celebración! Escucha esta descripción de cómo un grupo de estudiantes de la Universidad Nacional de Colombia decide celebrar una ocasión especial. Después, marca con un círculo la respuesta que mejor completa cada oración. La narración se repetirá. [CD 5, track 10]

1. El grupo quiere celebrar porque…

   a. hay un concierto.

   b. es el cumpleaños de una de las chicas.

   c. hay una discoteca nueva.

   d. no hay más clases.

2. Las chicas quieren ir a un concierto pero…

   a. no hay boletos.

   b. los boletos cuestan mucho.

   c. los chicos tienen boletos para un baile.

   d. no hay concierto esta noche.

3. Los chicos dicen que prefieren…

   a. ir a bailar.

   b. ir a comer.

   c. ir al concierto.

   d. Todas estas respuestas.

4. Todos van a un restaurante que sirve…

   a. comida mexicana.

   b. bebidas alcohólicas.

   c. comida italiana.

   d. hamburguesas.

J. A dieta. Escucha la conversación entre Lolita y Amalia sobre la dieta de Lolita y escribe las palabras que faltan. La conversación se repetirá. [CD 5, track 11]

AMALIA: ¿Cómo va tu dieta?

LOLITA: Te **(1)** _____ que es difícil, muy difícil.

            (2) _____ una dieta muy difícil.

AMALIA: ¿Qué comes? Me imagino que no comes postres.

LOLITA: No, no como postres. En casa me **(3)** _____ vegetales y fruta.

AMALIA: ¿Y si sales a comer?

LOLITA: En los restaurantes **(4)** _____ ensalada.

AMALIA: ¿Y no tienes hambre?

LOLITA: Sí, tengo hambre, **(5)** _____ .

AMALIA: ¿Estás más delgada?

LOLITA: Oh, sí.

AMALIA: A ver si me **(6)** _____ una copia de tu dieta. Yo también necesito bajar de peso *(lose weight)*.

PASO 3   Si no amas el arte colombiano, es porque no lo conoces

Listening comprehension practice of *Vocabulario*

K. Palabras. Escucha las siguientes afirmaciones y selecciona las palabras que mejor completan su significado. Se repetirá. [CD 5, track 12]

1. _____   a. amigo.   b. corazón.   c. enamorado.

2. _____   a. contigo?»   b. conmigo?»   c. consigo?»

3. _____   a. ocupada.   b. respetada.   c. enamorada.

4. _____   a. odiar.   b. resolverlo.   c. ignorar.

L. Radio Caracol. Escucha el programa de radio *Mensajes de Cupido,* y pon un círculo alrededor de la letra de la respuesta a las preguntas que siguen. Se repetirá el programa. [CD 5, track 13]

1. ¿Qué pide la señorita de la primera carta?

    a.   Quiere conocer a un hombre joven y guapo.

    b.   Quiere conocer a un hombre, y no le importa si es pobre.

    c.   Quiere encontrar un trabajo bueno.

    d.   Quiere encontrar un hombre que tenga un trabajo bueno.

2. ¿Quién escribe la primera carta?

    a.   Una señorita que se llama Alicia Campo.

    b.   Una señorita de Barranquilla.

    c.   Un señor que no es ni guapo ni joven.

    d.   El locutor no sabe de quién es.

3. ¿De quién es la segunda carta?

    a.   Es de una chica inteligente.

    b.   Es de un muchacho rubio, alto, de ojos azules.

    c.   Es de un muchacho guapo y trabajador.

    d.   No dice de quién es.

4. ¿Qué dice la gente de «Impaciente»?

    a.   Dice que es muy impaciente.

    b.   Dice que es guapo y que trabaja mucho.

    c.   Dice que necesita encontrar el gran amor de su vida.

    d.   Dice que es alto, rubio y que tiene los ojos azules.

Listening comprehension practice of *En preparación,* 7.4

Review of direct-object nouns and pronouns

Referring to people and things indirectly

M. Están equivocados. Los amigos de Lidia mantienen unas relaciones bastante agitadas *(tumultuous).* Escucha cómo Lidia cuenta cada caso e indica cuál de las siguientes afirmaciones resume cada situación. Se repetirá. [CD 5, track 14]

1. a. Marcela ama a Manolo.

   b. Manolo detesta a Marcela.

   c. Marcela odia a Manolo.

2. a. Susana admira a Eduardo.

   b. Eduardo detesta a Susana.

   c. Eduardo no respeta a Susana.

3. a. Javier no tiene interés en Lidia.

   b. Javier llama constantemente a Lidia.

   c. Javier está enamorado de Lidia.

4. a. Antonio odia a Dolores.

   b. Dolores ya no está enamorada de Antonio.

   c. Dolores y Antonio van a empezar a salir.

5. a. Catalina está enamorada de Armando.

   b. Para Catalina, Armando es un amigo y nada más.

   c. Catalina adora a Armando y él la adora también.

N. Amar es sufrir. La relación de Irene con su novio Hernán pasa por momentos difíciles, y este no parece comprender nada. Explícale cómo son las cosas, completando las siguientes oraciones con la forma correcta del pronombre de objeto directo. Se repetirá. [CD 5, track 15]

1. Francamente, Hernán, me parece que _____ llamas demasiado.

2. No, Hernán. Irene no _____ detesta.

3. Hernán, no _____ tienes que comprar flores y no tienes que llevarle _____

   a su casa.

4. No, Hernán. Me parece que Irene no _____ quiere oír. No está interesada.

5. Lo siento, Hernán, pero tengo la impresión de que Irene ya no _____ quiere. Tienes

   que olvidar _____ (forget her).

Listening comprehension practice of *En preparación*, 7.5

The verbs saber *and* conocer

Stating what you know and who or what you are acquainted with

O. ¡Qué tonto! El nuevo compañero de cuarto de Salvador no parece saber mucho. Mientras escuchas las preguntas de Salvador, completa las respuestas de su compañero usando la forma correcta de **saber** o **conocer.** Las preguntas se repetirán. [CD 5, track 16]

1. Lo siento, pero no lo _____ todavía.

2. No sé. No la _____ .

3. No _____ . No tengo la lista.

4. No la _____ .

5. No _____ . No recuerdo dónde es.

P. ¡Qué suerte! Regina le dice a su amiga Carmen que no comprende cómo las cosas siempre le van perfectamente a Adela. Completa las respuestas de Carmen usando la forma correcta de **saber** o **conocer.** Se repetirá. [CD 5, track 17]

1. Su padre _____ al rector de la universidad.

2. Es que Adela _____ hablar muy bien el francés.

3. Bueno, Adela _____ tocar el clarinete muy bien.

4. Hace mucho tiempo que él la _____ . Los dos son de Bogotá.

5. Porque ella _____ usar la computadora.

Pronunciación

Las letras *s, z, c, q* [CD 5, track 18]

- The letter **s** in Spanish is pronounced like the English *s* in *soft*. Listen to the following words and repeat them after the speaker.

  casa   mesa   presente   señor   seis   José   pasado   cansado

- In parts of Spain and all of Spanish America, the letter **z** is identical in pronunciation to the letter **s**. It is never voiced like the English *z*. Listen to the following words and repeat them after the speaker.

  mozo   zapato   raza   zona   azul   azafata   marzo   lazo

- When the letter **c** comes before the vowels **e** or **i**, it too is pronounced like the letter **s**. Listen to the following words and repeat them after the speaker.

  cinco   quince   nación   cine   veces   cerveza   doce   trece

- When the letter **c** appears before the vowels **a, o,** or **u,** it is pronounced similar to the English *c* in *cup*. Unlike the English *c*, the Spanish *c* is never followed by a puff of air. Listen to the following words and repeat them after the speaker.

  casa   como   cosa   cuando   cuarto   buscar   color   capítulo

- With a few exceptions, the letter **q** in Spanish only occurs before the vowels **ue** and **ui**. It is pronounced like the English *k*. The **u** is silent in these combinations. Listen to the following words and repeat them after the speaker.

  que   quiero   quince   queso   quemar   quizás   química   quedarse

Acentuación [CD 5, track 19]

When a strong vowel (**a, e, o**) is combined with a weak vowel (**i, u**), the stress goes on the strong vowel.

cuando   oigo   rey   pausa   cien

In writing, when the weak vowel receives the stress, it must receive a written accent.

día   oír   tío   ataúd

Práctica

Listen to the following words and write an accent when needed. Words will be repeated.

impresionar   puntual   familiares   guapo   vuelta

sabia   continua   sonreir   tia

Dictado [CD 5, track 20]

Escucha las siguientes afirmaciones sobre Colombia, y escribe lo que escuchas. El dictado se repetirá.

1. _____

_____

2. _____

_____

3. _____

_____

CAPÍTULO 8 Chile te lo da... ¡todo!

Práctica escrita 🖊

PASO 1   A disfrutar de las riquezas naturales

Practice of *Vocabulario*

Antes de completar estas actividades, revisa el Vocabulario del Capítulo 8, Paso 1, y visualiza su significado mientras repasas palabra por palabra. Para ayudarte con la pronunciación, escucha el Text Audio CD de ¡Dímelo tú!

A. Clasificación. Clasifica las palabras de la lista según las categorías sugeridas.

lechuga	vino blanco	plátano	pavo
pollo	carne de puerco	carne de puerco	manzana
langosta	vino tinto	cangrejo	zanahoria

fruta   **carne**   **marisco**

_____   _____   _____

_____   _____   _____

verdura   **ave**   **bebidas**

_____   _____   _____

_____   _____   _____

B. Asociaciones. ¿Cuál de las palabras no pertenece a la categoría?

1. Postres
   a. calamar   b. pastel   c. queque

2. Comidas
   a. estofado   b. huevos   c. mina

3. Mercado
   a. cerámica   b. verduras   c. lago

4. Sopas

    a. zanahoria   b. tomate   c. guante

5. Verduras

    a. rábano   b. lechuga   c. calamar

Practice of *En preparación*, 8.1

Indirect-object nouns and pronouns

Stating to whom and for whom people do things

C. En casa de la abuela. La familia Acuña está pasando el domingo en Viña del Mar, en casa de la abuela. ¿Qué dice la abuela que va a hacer para que todos estén contentos?

> MODELO   Tío Mario dice: «Tengo sed.» (traer / agua)
> **Ahora te traigo agua.**

1. Los niños dicen: «¡Tenemos hambre!». (servir / unos calamares)

   _____

2. María Elena dice: «Abuelo tiene sueño». (preparar / un café)

   _____

3. Paquita dice: «Quiero postre». (servir / un helado)

   _____

4. Miguel dice: «Tengo mucho calor. Quiero beber algo frío». (hacer / un té helado)

   _____

5. Mamá dice: «Los tíos no pueden comer carne». (preparar / pescado)

   _____

D. Regalos para los abuelos. La familia Acuña les trajo *(brought)* varios regalos a los abuelos. ¿Qué dice el señor Acuña que les regalaron a los abuelos?

> MODELO   mi hijo / comprar / un libro a los abuelos
> **Mi hijo les compró un libro a los abuelos.**

1. mis hijas / comprar / unos guantes a mi mamá

   _____

2. mi hijo / regalar / una botella de vino a mi papá

    _____

3. mi esposa / hacer / un pastel a los abuelos

    _____

4. yo / comprar / una cesta de fruta a mi papá

    _____

5. mi esposa y yo / regalar / un viaje a Puerto Montt a los dos

    _____

Practice of *En preparación, 8.2*

Review of gustar

Talking about likes and dislikes

E. ¿Qué te gusta? Mira el menú del restaurante Canto del Agua, en Santiago, y di qué te gusta y qué no te gusta.

> MODELO entremeses:
> (cóctel de camarones) **Sí, me gusta el cóctel de camarones.**
> **No, no me gusta el cóctel de camarones.**

CANTO DEL AGUA

Entremeses

Cóctel de camarones
Cóctel de mariscos
Surtido de quesos

Bebidas

Cerveza importada
Cerveza del país
Vino chileno blanco, tinto, rosado
Refrescos
té, café

Platos principales

Camarones al ajillo
Carne de res asada
Langosta
Bistec con papas asadas
Pollo frito

Postres

Pastel de chocolate
Fruta fresca
Flan
Helados

---

1. entremeses:

   (cóctel de mariscos) _____

   (surtido de quesos) _____

2. platos principales:

   (camarones al ajillo) _____

   (langosta) _____

3. bebidas:

   (vino blanco chileno) _____

   (cerveza importada) _____

4. postres:

   (fresas frescas) _____

   (cóctel de frutas frescas) _____

F. ¡Gustos y preferencias! ¿Qué dice Mario que les gusta a él y a su familia?

> MODELO   a mí / comida mexicana
> **A mí me gusta la comida mexicana.**

1. a mí / los mariscos

   _____

2. a mi mamá / la comida chilena

   _____

3. a mis hermanos / la sopa

   _____

4. a mi papá / (no) la langosta

   _____

5. a todos nosotros / los postres

   _____

PASO 2 ¿Qué se les ofrece... en Valparaíso?

Practice of *Vocabulario*

Antes de completar estas actividades, revisa el Vocabulario del Capítulo 8, Paso 2, y visualiza su significado mientras repasas palabra por palabra. Para ayudarte con la pronunciación, escucha el Text Audio CD de ¡Dímelo tú!

G. Condimentos, comidas y bebidas. ¿Qué palabras de la columna B asocias con las de la columna A?

	A		B
_____	1. tenedor	a.	pimienta
_____	2. camarones	b.	vino
_____	3. huevos	c.	revueltos
_____	4. botella	d.	cuchara
_____	5. sal	e.	al ajillo

H. Examen. Selecciona la palabra que no pertenece a cada serie.

1. copa	botella	cuchara
2. tenedor	copa	cuchillo
3. servilleta	frito	asado
4. a la parilla	revuelto	mozo
5. ensalada	corvina	pescado

Practice of *En preparación*, 8.3

Double object pronouns

Referring indirectly to people and things

I. Un mozo olvidadizo. ¿Qué dice el mozo del Canto del Agua, en Santiago, cuando los clientes se quejan *(complain)* porque necesitan algo?

> MODELO ¿Y las papas que pedí?
> Ahora **se las traigo.**

1. Mozo, no tenemos vasos.

   Ahora _____

2. ¿Y las cervezas que pedimos?

   Ahora _____

3. ¿Y el pollo para mi esposo?

   Ahora _____

4. Mozo, no hay servilletas en la mesa.

   Ahora _____

5. ¿Y mi merluza?

   Ahora _____

6. ¿Y nuestros refrescos?

   Ahora _____

J. ¡Qué servicio! Los mozos en el restaurante San Marcos en Viña del Mar son muy atentos. Siempre preguntan qué deben hacer. ¿Qué le contestan los clientes a este mozo?

> MODELO ¿Les traigo la ensalada ahora? (con la comida)
> **Nos la puede traer con la comida, por favor.** [o]
> **Puede traérnosla con la comida, por favor.**

1. ¿Les sirvo a ustedes el café ahora? (con el postre)

   _____

2. ¿Le puedo servir el postre ahora, señora? (en unos minutos)

   _____

3. ¿Les sirvo más café, señores? (más tarde)

_____

4. ¿Les traigo a ustedes el vino ahora? (con los entremeses)

_____

5. ¿Le traigo otra cerveza, señor? (con la comida)

_____

K. Calamares en marcha. La familia de Amanda está comiendo en Los Buenos Muchachos, un restaurante de Santiago. Ahora están pasándose el entremés de calamares fritos. ¿Quién se lo pasa a quién?

> **MODELO** Tomás / a Roberto
> **Tomás se lo pasa a Roberto.**

1. Roberto / a mí

_____

2. yo / a Susana

_____

3. Susana / a sus hermanos

_____

4. sus hermanos / a sus tíos

_____

5. sus tíos / a ti

_____

6. tú / a mí otra vez

_____

PASO 3   La Isla de Pascua... ¡fascinante!

Practice of *Vocabulario*

Antes de completar estas actividades, revisa el Vocabulario del Capítulo 8, Paso 3, y visualiza su significado mientras repasas palabra por palabra. Para ayudarte con la pronunciación, escucha el Text Audio CD de ¡Dímelo tú!

L. Crucigrama. Elige las palabras de este crucigrama, de acuerdo a la definición.

brazo	marinero	escoger
cálido	habitantes	fascinante
cintura	estrecho	cueca
clima	propina	asesinar
degustar		

Vertical

1. Baile típico de Chile.

2. Persona que trabaja en el mar.

3. Probar una comida.

Horizontal

4. Parte del cuerpo humano.

5. Seleccionar una cosa de acuerdo a unos criterios.

6. Un clima que no es ni frío ni muy caliente.

7. Cometer un crimen, matar una persona.

8. Dinero que damos a una persona por sus servicios.

Practice of *En preparación*, 8.4

Review of ser *and* estar

Describing, identifying, expressing origin, giving location, and indicating change

M. ¡Imposible! ¿Cómo reacciona el gerente del restaurante del Hotel Pérez Rosales, en Puerto Montt, cuando un cliente hace estos comentarios?

> MODELO ¿La sopa? ¿Fría?
> **No, la sopa no está fría.**
> ¿El pescado? ¿Fresco?
> **Sí, el pescado es fresco.**

1. ¿La comida? ¿Cara?

   No, _____.

2. ¿El café? ¿Frío?

   No, _____.

3. ¿Los clientes? ¿Furiosos?

   No, _____.

4. ¿El restaurante? ¿Muy lejos del centro?

   No, _____.

5. ¿Los camareros? ¿Antipáticos?

   No, _____.

N. ¿Sabías que… ? Tú y un amigo están cenando en un restaurante cuando te fijas en dos personas que están comiendo al otro lado de la sala. Tu amigo te dice quiénes son. Completa lo que él te dice con las formas apropiadas de **ser** o **estar.**

Esas dos personas en aquella mesa (1) _____ Daniel y Alicia. Ellos (2) _____ estudiantes

de medicina. Alicia (3) _____ su novia. Ella (4) _____ muy simpática y guapa. Él

(5) _____ trabajando en Berkeley ahora, muy lejos de aquí. Por eso, ella (6) _____

muy triste. Mira, ellos nos (7) _____ saludando.

Practice of *En preparación,* 8.5

The verb dar

Telling what people give

O. ¡Feliz cumpleaños! Feliz cumpleaños, Salvador. ¿Qué regalos te dan este año? ¿Qué regalos te dieron el año pasado?

Este año:

> MODELO   mi papá / unos discos compactos
> **Mi papá me da unos discos compactos.**

1. mi hermanito / un DVD

   _____

2. mis abuelos / una cena en mi restaurante favorito

   _____

3. mi mamá / una camisa

   _____

El año pasado:

> MODELO   mi papá / unos juegos de computadora
> **Mi papá me dio unos juegos de computadora.**

4. mi hermanito / un libro interesantísimo

   _____

5. mis abuelos / mi perfume favorito

   _____

6. yo / las gracias a todos

   _____

El rincón de los lectores

Antes de empezar, dime...

Lee la primera oración de cada párrafo de la siguiente selección. Luego, escribe el número del párrafo donde crees que se encuentra cada idea indicada. Después de leer el artículo completo, comprueba si acertaste (*check whether you guessed right*) o no.

Antes de leer	Idea principal	Después de leer
	1. los olores (*smells*)	
	2. el mercado antiguo	
	3. la organización del mercado	
	4. el mercado moderno	
	5. la relación entre comprador y vendedor	

Lectura

Los mercados

1 El mercado actual hispanoamericano es ahora, como antes, un mercado alegre y festivo, lleno de colores, olores, ruidos, voces y gritos. Sigue siendo un importante lugar de reunión social y conversación. Los grandes supermercados modernos no han podido sustituir estos mercados. Aunque antiguamente muchos de los mercados eran al aire libre, hoy muchos ocupan espacios en edificios grandes.

2 El regateo (*bargaining*) es característico dentro del mundo del mercado hispanoamericano. Es parte fundamental de la interacción entre los vendedores y los compradores. Aunque parece un simple juego, para la gente del lugar es una parte integral de su cultura. En el regateo los compradores tratan de reducir el precio del producto que desean comprar, mientras que los vendedores tratan de mantener el precio inicial o de rebajarlo lo menos posible. Generalmente los dos deciden en un precio que satisface al comprador y al vendedor.

3 Los mercados casi siempre son administrados por una organización municipal que controla los precios y la calidad de los productos. Los espacios están asignados según los diversos tipos de productos: verduras, frutas, carnes, pescados y mariscos, artesanía, etcétera. En los últimos años se ha introducido la sección de productos manufacturados de plástico, nilón, acrílico, etcétera. En casi todos los mercados hay también comedores populares. Allí se pueden comer, a costo muy bajo, los platos típicos de cada región.

4 Con tanta variedad de comidas, el aroma en el mercado es muy especial. El olor de las frutas y de los vegetales se mezcla con el olor a café y comida de los comedores. Todo esto hace del mercado hispanoamericano una verdadera fiesta para todos los sentidos.

Y ahora, dime...

Después de leer, selecciona la frase que completa mejor la oración.

1. Los mercados ahora son lugares de interés comercial y de...

    a. espacios cubiertos.

    b. costo muy alto.

    c. reunión social.

2. Los grandes supermercados modernos que ahora se pueden ver por toda Hispanoamérica...

    a. ocupan espacios al aire libre.

    b. tienen comedores populares.

    c. no sustituyen a los mercados populares.

3. El regateo...

    a. ocurre entre el comprador y el vendedor.

    b. es solo para los turistas.

    c. no se hace en los mercados.

4. En el regateo...

    a. el vendedor pide un precio más bajo.

    b. el comprador y el vendedor deciden en el precio final.

    c. el comprador trata de mantener el precio inicial.

5. Se puede comer platos típicos en...

    a. los comedores del mercado.

    b. la sección de carnes y pescados.

    c. los restaurantes cerca del mercado.

6. Se dice que el mercado hispanoamericano es una fiesta para los sentidos porque...

    a. se pueden comer a costo muy bajo.

    b. sigue siendo un lugar importante de reunión.

    c. hay muchos colores, olores, ruidos, voces y gritos.

¡Escríbelo!

Antes de escribir

In *¡Dímelo tú!,* **Capítulos 6** y **8, ¡Escríbelo!** you learned that, when describing events, it is often best to describe them chronologically.

Since in this activity you will be asked to narrate a visit to a supermarket in the United States, or a visit to an open-air market in Latin America, you may want to begin by creating a chronological list of the various things you do, and the order in which you do them when you visit a supermarket or an open-air market in this country. If you've visited an open-air market in another country, describe that event; if not, describe a visit to an open-air market in this country.

_____

_____

_____

_____

_____

_____

_____

_____

Atajo Writing Assistant: You may now use the Atajo Writing Assistant to explore possible ways to make chronological comparative descriptions, to check your grammar and spelling, to consult the dictionary, to conjugate verbs, and to receive suggestions for useful phrases. Search for the following vocabulary or topics.

Vocabulary: foods (various); means of transportation; plants: flowers
Grammar: comparisons (various); demonstrative (various); verbs: preterite; verbs: use of **gustar**
Phrases: asking the price; comparing and contrasting; describing places; expressing location
Verb conjugator: estar (pretérito); ser (pretérito); ver (pretérito); gustar (pretérito); comprar (pretérito); preguntar (pretérito)

_____

_____

_____

_____

Ahora ¡a revisar! Based on what you learned in this chapter and from using the Atajo Writing Assistant, rework and make the necessary changes to your draft from the **Antes de escribir** section.

La versión final. Now create a title and prepare the final version of your description: a visit to a supermarket or a visit to an open-air market. Make sure that you simplify your description by keeping the details of your visits in a chronological order.

Título:

_____

_____

_____

_____

_____

_____

_____

_____

_____

_____

_____

_____

_____

_____

_____

_____

_____

_____

_____

_____

Práctica de comprensión auditiva 🎧

PASO 1   A disfrutar de las riquezas naturales

Listening comprehension practice of *Vocabulario*

A. Palabras. Escucha estas definiciones y selecciona la opción que mejor corresponde. Las definiciones se repetirán. [CD 5, track 21]

1. _____ a. la sangría.   b. el vino tinto.   c. el pisco sour.

2. _____ a. sandía.   b. fresa.   c. salchicha.

3. _____ a. el salmón.   b. el calamar.   c. la langosta.

4. _____ a. el tomate.   b. la piña.   c. el durazno.

B. En el Canto del Agua. Los señores Ygualt y sus hijos Petra y Rafael están en el restaurante chileno Canto del Agua. Escucha su conversación con el camarero y luego indica la respuesta correcta a las preguntas que siguen. Para ayudarte a entender, presta atención *(pay attention)* al enlace *(linking)* de las palabras. La conversación se repetirá. [CD 5, track 22]

1. ¿Cuándo va a traerle el camarero el agua a la señora?

   a. Te lo va a traer enseguida.

   b. Me lo va a traer enseguida.

   c. Se la va a traer enseguida.

2. ¿Cómo le sirve la leche el camarero?

   a. Se la sirve fría.

   b. Se la sirve caliente.

   c. Nos la sirve caliente.

3. Cuando el niño pide una hamburguesa…

   a. el camarero me la trae.

   b. el camarero no se la trae.

   c. el camarero se la trae.

4. ¿En cuánto tiempo va a traerles el camarero la comida?

    a. Se la va a traer en 15 minutos.

    b. Me la va a traer en 15 minutos.

    c. Se la va a traer enseguida.

Listening comprehension practice of *En preparación*, 8.1

Indirect-object nouns and pronouns

Stating to whom and for whom people do things

C. ¿A quién? Marca con un círculo la frase que se corresponde con el pronombre objeto directo o indirecto de cada pregunta. Las preguntas se repetirán. [CD 5, track 23]

> MODELO   YOU HEAR: ¿Qué puedo servirles?
>   YOU CIRCLE: **a ustedes**

1. a mí	a ti	a usted	a nosotros	a ustedes
2. a mí	a ti	a usted	a nosotros	a ustedes
3. a mí	a ti	a usted	a nosotros	a ustedes
4. a mí	a ti	a usted	a nosotros	a ustedes
5. a mí	a ti	a usted	a nosotros	a ustedes

D. La Empanada Clásica. Paco and Flora están cenando en el restaurante La Empanada Clásica en Santiago. Paco tiene muchas preguntas. Completa las respuestas de Flora con el pronombre objeto directo o indirecto. [CD 5, track 24]

> MODELO   YOU HEAR: ¿Qué me recomiendas?
>   YOU WRITE: **Te** recomiendo el pescado.

1. Van a traer _____ el menú pronto.

2. Sí, _____ puedo pedir un vaso de agua.

3. _____ recomiendo un refresco o un vino blanco.

4. _____ van a servir la ensalada.

5. _____ paso la sal en un momentito.

Listening comprehension practice of *En preparación*, 8.2
Review of gustar

Talking about likes and dislikes

E. ¡Correcto! María quiere saber lo que pide la familia de Ernesto en el restaurante Casa de la Cena, en Santiago, y siempre tiene razón cuando pregunta. Completa las respuestas de Flora con el verbo **gustar.** [CD 5, track 25]

> MODELO   YOU HEAR: Tu primo va a pedir verduras, ¿verdad?
>   YOU WRITE: Correcto. **Le gustan** mucho.

1. Correcto. _____ mucho.

2. Correcto. _____ mucho.

3. Correcto. _____ mucho.

4. Correcto. _____ mucho.

5. Correcto. _____ mucho.

F. ¡No come carne! Elvira y Francisco están en Valparaíso cenando en el restaurate Anastasia. Por las respuestas de Elvira a las preguntas de Francisco sabemos que ella prefiere el marisco a la carne. Escucha las preguntas de Francisco y completa las respuestas de Elvira usando el verbo **gustar.** [CD 5, track 26]

> MODELO   YOU HEAR: ¿Te gusta el pollo?
>   YOU WRITE: No, **no me gusta.**

1. Sí, _____.

2. Sí, _____.

3. No, _____.

4. Sí, _____.

5. No, _____.

PASO 2 ¿Qué se les ofrece... en Valparaíso?

Listening comprehension practice of *Vocabulario*

G. Palabras. Escucha las siguientes afirmaciones y selecciona las palabras que mejor completan su significado. Se repetirá. [CD 5, track 27]

1. _____
   a. a la cazuela.
   b. revueltos.
   c. al ajillo.

2. _____
   a. la botella.
   b. la cuchara.
   c. el tenedor.

3. _____
   a. la cena.
   b. el desayuno.
   c. el entremés.

4. _____
   a. heladas.
   b. a la piña.
   c. fritas.

H. Otra vez en Canto del Agua. Los novios Aldo y Elena están cenando esta tarde en el restaurante Canto del Agua. Escucha su conversación con el mozo y luego indica si estas oraciones son ciertas (**C**) o falsas (**F**). Presta atención al enlace de palabras para ayudarte a entender mejor. La conversación se repetirá. [CD 5, track 28]

1.	C	F	Aldo quiere la sopa del día.
2.	C	F	Aldo también pide carne asada, papas y una ensalada.
3.	C	F	Elena le pide al mozo una ensalada y nada más.
4.	C	F	El mozo le sugiere un postre exquisito.
5.	C	F	También piden dos copas de vino chileno.

Listening comprehension practice of *En preparación*, 8.3

Double object pronouns

Referring indirectly to people and things

I. Demasiados invitados. La señora Galván está sirviendo a todos los invitados durante la fiesta de cumpleaños de su hija Asun. Indica a continuación lo que la señora Galván le dice a cada uno de los invitados. Se repetirá. [CD 5, track 29]

1. _____
   a. Te lo traigo enseguida.
   b. Me lo traes enseguida.
   c. Se la traigo enseguida.

2. _____
   a. Te lo paso. Aquí lo tienes.
   b. Nos la pasa. Aquí la tiene.
   c. Te la paso. Aquí la tienes.

3. _____
   a. Ahora me lo preparas.
   b. Ahora te lo preparo.
   c. Ahora te la preparamos.

4. _____   a. Sí, en la cocina.   b. Sí, en la cocina.   c. Sí, en la cocina.
              Te lo traigo.   Se los traigo.   Me los traen

5. _____   a. Nos lo sirven ahora.   b. Me lo sirven ahora.   c. Se lo sirvo ahora.

J ¿Quién compró estas cosas? Javier está enseñándole a María del Pilar los regalos que recibieron de sus parientes chilenos. Isabel quiere saber quién le dio los regalos que Javier menciona. Completa estas preguntas con los pronombres objeto directo e indirecto correspondientes. Se repetirá. [CD 5, track 30]

> MODELO   YOU HEAR: Mira el reloj tan lindo que tiene mi hermano Roberto.
> YOU WRITE: ¿Quién **se lo** regaló?

1. ¿Quién _____ regaló?

2. ¿Quién _____ regaló?

3. ¿Quién _____ regaló?

4. ¿Quién _____ regaló?

5. ¿Quién _____ regaló?

6. ¿Quién _____ regaló?

PASO 3   La Isla de Pascua... ¡fascinante!

Listening comprehension practice of *Vocabulario*

K. Palabras. Escucha las siguientes afirmaciones y selecciona las palabras que mejor completan su significado. Se repetirá. [CD 5, track 31]

1. _____   a. sostenible.   b. cosmopolita.   c. estrecho.

2. _____   a. bien.   b. pésima.   c. deliciosa.

3. _____   a. la cueca.   b. el pasodoble.   c. el tango.

4. _____   a. la sangría.   b. el pisco sour.   c. la propina.

L. ¡Delicioso! Los Ygualt están por terminar la cena. Escucha su conversación y luego indica si las oraciones que siguen son ciertas (**C**) o falsas (**F**). La conversación se repetirá. [CD 5, track 32]

1.	**C**	**F**	A Rafael le gustan las hamburguesas, pero prefiere el pavo.
2.	**C**	**F**	La niña cree que el pavo está para chuparse los dedos.
3.	**C**	**F**	El señor Ygualt cree que el pavo siempre es bueno en el Canto del Agua.
4.	**C**	**F**	Cuando el señor Ygualt pide la cuenta, el camarero les recomienda un postre.
5.	**C**	**F**	Los Ygualt están satisfechos, pero deciden pedir un postre.

Listening comprehension practice of *En preparación, 8.4*

Review of ser *and* estar

Describing, identifying, expressing origin, giving location, and indicating change

M. ¡Todo está mal! Un amigo te invita al restaurante que más le gusta en Viña del Mar, pero a ti no te gusta mucho la comida ni el servicio. Explícale a tu amigo qué es lo que no te gusta, completando las siguientes respuestas. [CD 5, track 33]

> MODELO   YOU HEAR: ¿Te gusta la sopa?
> YOU WRITE: No, porque **está** fría.

1. No, porque _____ antipático.

2. No, porque _____ muy pequeño.

3. No, porque _____ frío.

4. No, porque _____ muy cerca de la cocina.

5. No, porque _____ dulce (*sweet*).

6. No, porque no _____ limpios.

N. Un nuevo restaurante. Escucha la siguiente narración e indica si las afirmaciones son ciertas (**C**) o falsas (**F**). Se repetirá. [CD 5, track 34]

1.	**C**	**F**	Ellos están muy tristes hoy.
2.	**C**	**F**	Van a abrir un nuevo restaurante italiano.
3.	**C**	**F**	El restaurante va a estar listo a tiempo.
4.	**C**	**F**	Ellos están muy cansados.
5.	**C**	**F**	Mañana es un día muy especial.

Listening comprehension practice of *En preparación*, 8.5

The verb **dar**

Telling what people give

O. Regalos de Navidad. Raimundo está hablando de los regalos de Navidad con su hermano Alfredo. Completa las respuestas de Alfredo con la forma correcta del verbo **dar.** Las preguntas se repetirán. [CD 5, track 35]

1. Siempre le _____ flores.

2. Siempre les _____ boletos para un partido de fútbol.

3. No sé. Los abuelos siempre _____ dinero.

4. Siempre me _____ una corbata.

5. ¿Por qué no le _____ un libro?

P. El 26 de diciembre. El día después de Navidad Raimundo sigue hablando de los regalos con Alfredo. Completa las respuestas de Alfredo con la forma correcta del pronombre de objeto indirecto y el verbo **dar.** Las preguntas se repetirán. [CD 5, track 36]

1. _____ _____ una camisa.

2. _____ _____ una semana de vacaciones en Viña del Mar.

3. _____ _____ un juego para la computadora.

4. _____ _____ boletos para un concierto de Enrique Iglesias.

5. ¿No lo abriste? _____ _____ dos discos compactos.

Pronunciación

Las letras *m, n, ñ* [CD 5, track 37]

- The letters **m** and **n** are generally pronounced as in English. Repeat the following words after the speaker.

  mujer   nada   más   mes   nunca   nueve

- The exception to the preceding rule occurs when the letter **n** precedes the letters **b, v, p,** or **m.** In these cases, it is usually pronounced like the letter **m.** Repeat the following words after the speaker.

  invitación   con prisa   un baile   convenir

  con María   un vecino   convidar   un pueblo   un mapa

- The Spanish **ñ** is pronounced somewhat like the English *ni* in the word *reunion.* Repeat the following words and sentences after the speaker.

  otoño   compañero   señora   mañana   pañuelo   pequeño

  El dueño es pequeño.

  La niña va a la viña.

Dictado [CD 5, track 38]

Escucha las siguientes afirmaciones sobre Chile, y escribe lo que escuchas. El dictado se repetirá.

1. _____

   _____

2. _____

   _____

3. _____

   _____

CAPÍTULO **9** # ¡Qué buen día para... los hispanos en los Estados Unidos!

Práctica escrita ✐

PASO **1** ¡Hace frío por todo el suroeste de los EE.UU.!

Practice of *Vocabulario*

Antes de completar estas actividades, revisa el Vocabulario del Capítulo 9, Paso 1, y visualiza su significado mientras repasas palabra por palabra. Para ayudarte con la pronunciación, escucha el Text Audio CD de ¡Dímelo tú!

A. El tiempo. Indica cuál de las condiciones meteorológicas de la columna A asocias con cada una de las palabras de la columna B.

	A		B
_____	1. cielo	a.	grados
_____	2. lluvia	b.	nieve
_____	3. temperatura	c.	nube
_____	4. calor	d.	sol
_____	5. frío	e.	despejado

B. Pronóstico meteorológico. En cada grupo hay una palabra que no tiene nada que ver con el tiempo que hace y que probablemente no se usa en el pronóstico meteorológico. Indica en cada caso cuál es esa palabra.

1. hace frío	hace calor	está despejado	al aire libre
2. tiempo	temperatura	frío	chimenea
3. nevando	lloviendo	empapado	lloviznando
4. lluvia	Pascua Florida	neblina	tormenta
5. nublado	nevado	ficticio	despejado

Practice of *En preparación*, 9.1

Weather expressions

Talking about the weather

C. ¿Qué debemos llevar? Indica qué ropa es adecuada para estas condiciones. Escoge una prenda de vestir *(clothing item)* por situación.

1. El cielo está nublado y está lloviznando.

    a. impermeable   b. traje de baño   c. vestido

2. El cielo está despejado y hace un poco de calor.

    a. camisa   b. guantes   c. paraguas

3. Empezó a nevar hace tres horas y está nevando todavía.

    a. camisa   b. guantes   c. traje de baño

4. Hace mucho calor y estamos en la playa.

    a. botas   b. impermeable   c. traje de baño

5. Hace frío y estamos en la playa.

    a. camiseta   b. chamarra   c. traje de baño

D. ¡El clima! ¿Qué tiempo hace en varias ciudades de California?

MODELO ¿Qué tiempo hace en San Francisco?
No hace mucho frío y puede llover.

Ciudad	Temperatura máxima–mínima	Probabilidad de lluvia	Viento
Sacramento	75° – 50°	80%	10 mph
Tahoe	40° – 22°	10%	15 mph
Chico	67° – 45°	90%	12 mph
San Francisco	65° – 50°	80%	8 mph
Los Ángeles	85° – 60°	5%	35 mph
Yosémite	39° – 18°	100%	20 mph

1. ¿Qué tiempo hace en Yosémite por noche?

   a. Hace mucho frío y va a llover.

   b. Hace calor y va a llover.

   c. Hace frío pero no va a llover.

2. ¿Qué tiempo hace durante el día en Los Ángeles?

   a. Hace mucho frío y va a llover.

   b. Hace mucho calor y no va a llover.

   c. Hace frío pero no va a llover.

3. ¿Qué tiempo hace en Chico durante el día?

   a. No hace mucho frío y no va a llover.

   b. Hace mucho calor y va a llover.

   c. No hace mucho frío y va a llover.

4. ¿Qué tiempo hace en Sacramento por la la noche?

   a. No hace mucho frío y no va a llover.

   b. Hace calor y puede llover.

   c. No hace mucho frío y puede llover.

5. ¿Qué tiempo hace en Tahoe por la noche?

   a. No hace mucho frío y no va a llover.

   b. Hace calor y puede llover.

   c. Hace mucho frío y no va a llover.

Practice of *En preparación,* 9.2

Mucho *and* poco

Expressing indefinite quantity

E. ¿Cómo estás? Tus padres llaman para saber cómo estás. Contesta las preguntas con las distintas formas de **mucho** o **poco** para exagerar tu situación.

MODELO   ¿Tienes suficiente comida en tu apartamento? (poco)
No, tengo poca comida (en mi apartamento).

1. ¿Estudias? (mucho)

   Sí, _____.

2. ¿Tienes tareas difíciles? (mucho)

   Sí, _____.

3. ¿Tienes dinero? (mucho)

   No, _____.

4. ¿Duermes bastantes horas? (poco)

No, _____

5. ¿Hace frío? (mucho)

Sí, _____

F. ¡La primavera! Completa el siguiente párrafo con las distintas formas de **mucho** o **poco** para saber la opinión de este estudiante sobre la primavera.

Mi estación favorita es la primavera. Me gusta porque hay **(1)** _____ sol y hay **(2)** _____

flores de **(3)** _____ colores. Por la noche también es perfecto. Hace **(4)** _____ frío y se

puede caminar sin suéter y ver las estrellas *(stars)*. Hay personas que en realidad odian la primavera

porque hay **(5)** _____ polen en el aire. Lo único malo para mí es que cuando tenemos exámenes

hay **(6)** _____ tentación de salir al aire libre y no estudiar.

PASO **2** ¡Mi rutina en San Francisco, California!

Practice of *Vocabulario*

Antes de completar estas actividades, revisa el Vocabulario del Capítulo 9, Paso 2, y visualiza su significado mientras repasas palabra por palabra. Para ayudarte con la pronunciación, escucha el Text Audio CD de **¡Dímelo tú!**

G. Asociaciones. Indica cuál de las acciones se asocia con el objeto de la izquierda. Elige solo una.

1. silla:	divertirse	dormirse	sentarse	lavarse
2. chamarra:	peinarse	afeitarse	ducharse	ponerse
3. guantes:	quitarse	sentarse	acostarse	bañarse
4. pantalones:	dormirse	divertirse	vestirse	lavarse
5. medianoche:	cortarse	acostarse	llamarse	ponerse

H. Sinónimos. Busca en la columna B un sinónimo para cada una de las palabras de la columna A.

	A		B
_____	1. afeitarse	a.	salir de la cama
_____	2. vestirse	b.	bañarse
_____	3. ducharse	c.	ponerse la ropa

_____	4. peinarse	d.	poner el pelo en orden
_____	5. acostarse	e.	cortarse la barba
_____	6. levantarse	f.	irse a dormir

Practice of *En preparación*, 9.3

Reflexive verbs

Talking about what people do for themselves

I. ¡Otra universidad! Rosario se trasladó a otra universidad en el estado de Massachusetts. Llena los espacios en blanco para saber qué noticias le da a su amigo Adolfo sobre su nueva vida.

Querido Adolfo:

¿Cómo estás? Espero que bien. Para mí todo es diferente ahora. Mis nuevas compañeras de cuarto

(1) _____ (llamarse) Marta y Patricia. Son muy buenas personas y nosotras (2) _____

(divertirse) mucho todo el tiempo. Tengo una clase a las ocho de la mañana. Es increíble, ¿no? Ahora

tengo que (3) _____ (levantarse) muy temprano. Marta y Patricia tienen clases por la mañana

también y por eso ellas y yo no (4) _____ (acostarse) tarde. La ciudad es tranquila, pero tam-

bién tiene unas discotecas fabulosas. Algunas veces, los viernes, Marta y yo (5) _____ (ponerse)

la mejor ropa que tenemos y salimos a bailar. Como no tenemos que (6) _____ (despertarse)

temprano los sábados, (7) _____ (quedarse) en la discoteca hasta muy tarde. Yo (8) _____

(divertirse) muchísimo cuando salgo con Marta. ¿Qué hay de tu vida? ¿Cómo van tus estudios? ¿Eres

un estudiante serio ahora o todavía (9) _____ (dormirse) en las clases? Escríbeme pronto y

cuéntame lo que haces.

J. ¡Tanto ruido! Tú quieres dormir los sábados pero no puedes. ¿Qué cosas en la residencia no te dejan dormir?

> MODELO   Mercedes / levantarse / temprano
> **Mercedes se levanta temprano.**

1. Laura / cantar cuando / bañarse

_____

2. Alicia / ducharse / veinte minutos

_____

3. hay muchachos que / divertirse / el pasillo _(hall)_

_____

4. mis compañeras / vestirse / salir

_____

5. yo / despertarse / todo el ruido que hacen los otros estudiantes

_____

K. Un solo baño. José vive en un apartamento con tres compañeros y un solo baño. ¿Cómo se organizan los muchachos por la mañana?

> MODELO Eduardo / ducharse a las siete de la mañana
> **Eduardo se ducha a las siete de la mañana.**

1. yo / bañarse a las siete y veinte de la mañana

_____

2. Eduardo y Raúl / lavarse los dientes rápidamente

_____

3. Pepe / afeitarse en dos minutos

_____

4. yo / peinarse en medio minuto

_____

5. todos nosotros / vestirse rápidamente

_____

PASO 3 De visita en San Francisco, California

Practice of _Vocabulario_

Antes de completar estas actividades, revisa el Vocabulario del Capítulo 9, Paso 3, y visualiza su significado mientras repasas palabra por palabra. Para ayudarte con la pronunciación, escucha el Text Audio CD _de_ ¡Dímelo tú!

L. Asociaciones. ¿Qué palabras de la columna B asocias con las palabras de la columna A?

	A		B
_____	**1.** cuadra	a.	pan
_____	**2.** frutería	b.	calles
_____	**3.** doblar	c.	refresco
_____	**4.** soda	d.	girar
_____	**5.** panadería	e.	manzana

M. De compras en el centro. A continuación hay una lista de tiendas y oficinas. ¿A cuál de ellas vas por las cosas o servicios indicados?

> MODELO   el libro ¡Dímelo tú!
> **librería**

cervecería	carnicería	librería	pastelería
biblioteca	farmacia	papelería	zapatería

1. una torta de chocolate _____

2. un libro y un cuaderno _____

3. un bistec _____

4. aspirina _____

5. unas botas _____

Practice of *En preparación,* 9.4

Affirmative tú *commands*

Giving orders and directions

N. ¿Dónde está? Ester no sabe dónde está el laboratorio de lenguas y le pregunta a una bibliotecaria. Para saber lo que le contesta la bibliotecaria, completa este párrafo, usando los mandatos informales.

Es muy fácil. Estás aquí en la biblioteca. **(1)** _____ (salir) por esa puerta que dice «Humanidades»

y **(2)** _____ (seguir) derecho. Al final del pasillo *(hall)* **(3)** _____ (doblar) a la izquierda y

(4) _____ (caminar) todo derecho hasta el final. Allí está el ascensor *(elevator)*. (5) _____

(tomar) el ascensor y (6) _____ (subir) al cuarto piso. (7) _____ (mirar) a la derecha y vas

a ver un letrero grande que dice «Laboratorio de lenguas».

O. ¡A organizarse! Para Juan Antonio el primer semestre de la universidad es difícil. Su compañero de cuarto, Pablo, le da consejos para cambiar su situación. Escribe sus consejos.

> MODELO levantarse temprano
> **Levántate temprano.**

1. hacer la tarea todos los días

   _____

2. acostarse temprano

   _____

3. quedarse más tiempo en la biblioteca

   _____

4. poner atención durante las clases

   _____

5. salir y divertirse un poco todas las semanas

   _____

El rincón de los lectores

Antes de empezar, dime...

Antes de leer el artículo, contesta estas preguntas para ver cuánto ya sabes del tema.

1. ¿Cuántos estados de los Estados Unidos con nombres derivados del español puedes nombrar? ¿Cuántos ríos y montañas? ¿Cuántas ciudades? Nómbralos.

   _____

   _____

   _____

2. ¿Qué porcentaje de la población de los Estados Unidos representan los hispanos en la actualidad?

   a. 3%   b. 12%   c. 15%   d. 21%

3. ¿Cuántos estados puedes nombrar donde el voto hispano puede ser decisivo?

_____

_____

_____

4. ¿Cuántas películas con temas hispanos conoces? Nómbralas.

_____

_____

_____

Lectura

Los hispanos en los Estados Unidos

En todo el suroeste de los Estados Unidos se ve una profunda influencia hispánica. Esta es inmediatamente notable en los nombres de los estados, ciudades, ríos y montañas. Ocho estados llevan nombres españoles: Arizona, California, Colorado, Nevada, Nuevo México, Montana, Texas y la Florida. Este último recibió su nombre por el día de su descubrimiento: la Pascua Florida (*Easter*) de 1512. Unos ejemplos de ciudades con nombres en español son: Las Vegas (NV), Los Ángeles (CA), Amarillo (TX) y Santa Bárbara (CA). La Sierra Nevada (CA), las montañas Sangre de Cristo (NM), el río Grande (TX), el río Sacramento (CA) y el río Colorado (CO) son algunos ejemplos de montañas y ríos. Además, hay muchas palabras hispanas asociadas con la vida diaria en el oeste del país, como **rodeo, pinto, corral, arroyo, mesa** y **chile.** En la construcción de casas se usan palabras como **adobe** y **patio.** Todo esto nos hace recordar que antes de llegar los estadounidenses del este al suroeste del país, ya estaban allí los españoles y los mexicanos.

Hoy el español es la segunda lengua de los Estados Unidos y de acuerdo al censo de 2006, más de 44 millones de habitantes, es decir, el 15% de la población de los Estados Unidos, es de origen hispano. Del total de la población hispana, el 49% (21,5 millones) vive en California o Texas. Nuevo México es el estado con mayor número de hispanos, un 44,7% de la población. El condado de Los Ángeles, en California, es el que cuenta con el mayor número de hispanos, 4,7 millones, o el 47% de un condado con 10 millones de personas.

Los hispanos ya establecidos en el país son ahora una parte integral de la cultura estadounidense. Algunos de los hispanos más populares son: Andy García, Gloria Estefan, Jennifer López, Marc Anthony, Carmen Lomas Garza, Rosie Pérez, Rita Moreno, Jimmy Smits y Ricky Martin.

Políticamente, el voto hispano es decisivo en tres estados: Texas, California y la Florida; es importante también en Nuevo México, Nueva York, Illinois, Colorado y Arizona.

La influencia en el cine, el teatro, la música, el baile y el arte de los Estados Unidos no es una novedad. Desde Rita Hayworth (Margarita Carmen Cansino), nacida en Brooklyn de padre español y madre irlandesa-americana, hasta América Ferrera, hija de hondureños, una larga lista de actores, cantantes, modistas, periodistas, escritores, deportistas, científicos y políticos refleja que los hispanos son una fuerza potente y vital en la sociedad estadounidense.

Y ahora, dime...

¡Qué orgullo!   Los hispanos en los Estados Unidos tienen muchas razones de sentirse muy orgullosos *(feel very proud).* Si tú fueras *(were)* un(a) hispano(a) en los Estados Unidos, ¿de qué te sentirías orgulloso(a)? Escribe en este diagrama «mente abierta» todas las razones por las que tú te sentirías orgulloso(a) de ser hispano(a).

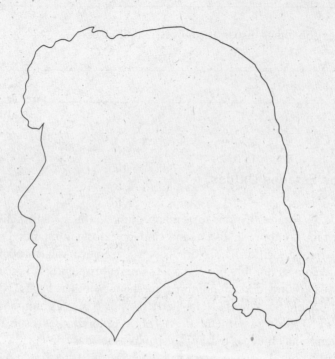

¡Escríbelo!

Antes de escribir

In *¡Dímelo tú!,* **Capítulo 9, ¡Escríbelo!** you learned that when writing a biography you may present the person's life chronologically or you may choose to simply highlight certain accomplishments of the person's lifetime.

Since in this activity you will be asked to write the biography of one of the Hispanics mentioned in the reading **Los hispanos en los Estados Unidos,** you may choose to begin by creating a list of all the facts you can gather about the person's life. You may need to do a little research in the library or on the Internet before you begin. Organize the information you gather chronologically and make sure the facts you gather answer as many of the key questions—who, what, when, where, how, and why—as possible about your topic. Use this list to write a first draft of a biography of that person's life. Be sure to decide, before you begin writing, whether you will present the person's life chronologically or whether you will simply highlight some of the person's accomplishments.

_____

_____

_____

_____

_____

_____

_____

_____

_____

_____

Atajo Writing Assistant: You may now use the Atajo Writing Assistant to explore possible ways to organize a biography, to check your grammar and spelling, to consult the dictionary, to conjugate verbs, and to receive suggestions for useful phrases. Search for the following vocabulary or topics.

Vocabulary: cultural periods & movements; nationality; professions
Grammar: verbs: present; verbs: preterite; verbs: use of **ser** & **estar**
Phrases: describing people; talking about past events
Verb conjugator: estar (presente/pretérito); ser (presente/pretérito); vivir (presente/pretérito); destacar (presente/pretérito)

_____

_____

_____

_____

_____

Ahora ¡a revisar! Based on what you learned in this chapter and from using the Atajo Writing Assistant, rework and make the necessary changes to your draft from the **Antes de escribir** section.

La versión final. Now create a title and prepare the final version of your biography of one of the Hispanics mentioned in the reading **Los hispanos en los Estados Unidos.**

Título:

_____

_____

_____

_____

_____

_____

_____

_____

_____

_____

_____

_____

_____

_____

_____

_____

_____

_____

_____

_____

_____

_____

Práctica de comprensión auditiva

PASO 1 ¡Hace frío por todo el suroeste de los Estados Unidos!

Listening comprehension practice of *Vocabulario*

A. Palabras. Escucha las siguientes afirmaciones y selecciona las palabras que mejor completan su significado. Se repetirá. [CD 6, track 2]

1. _____   a. frío.   b. despejado.   c. nublado.

2. _____   a. buen tiempo.   b. calentamiento global.   c. al aire libre.

3. _____   a. llovizna.   b. está nublado.   c. llueve.

4. _____   a. dramaturga.   b. metereóloga.   c. pronóstico.

B. ¡Qué buen pronóstico! Escucha el pronóstico del tiempo para el primero de noviembre en Boca Ratón, en el estado de la Florida. Luego pon un círculo alrededor de los elementos mencionados en el pronóstico para hoy y para el resto de la semana. El pronóstico se repetirá. [CD 6, track 3]

HOY	
nublado	no hay nubes
35 a 37° F	35 a 37° C
poco viento	mucho viento
posibilidad de lluvia	no va a llover

EL RESTO DE LA SEMANA	
nublado	no hay nubes
35 a 37° F	35 a 37° C
poco viento	mucho viento
posibilidad de lluvia	no va a llover

Listening comprehension practice of *En preparación*, 9.1

Weather expressions

Talking about the weather

C. El informe del tiempo. Mientras escuchas el pronóstico del tiempo, elige la oración que representa cómo será el tiempo en cada situación. El pronóstico se repetirá. [CD 6, track 4]

1. _____   a. Llueve.   b. Hace viento.   c. Hace calor.

2. _____   a. Está despejado.   b. Hay neblina.   c. Hace calor.

3. _____	a. Hace calor.	b. Va a llover.	c. Hace viento.
4. _____	a. Hace frío.	b. Hace calor.	c. Llueve.
5. _____	a. Hace mucho viento.	b. Está nevando.	c. Está despejado.

D. ¿Conoces tu país? Indica si las siguientes descripciones del clima en los Estados Unidos son ciertas (C) o falsas (F). Las descripciones se repetirán. [CD 6, track 5]

1. C   F
2. C   F
3. C   F
4. C   F
5. C   F

Listening comprehension practice of *En preparación*, 9.2

Mucho *and* poco

Expressing indefinite quantity

E. Consecuencias del clima. Escucha las siguientes descripciones y elige la frase que mejor se corresponde con lo que escuchaste. Las descripciones se repetirán. [CD 6, track 6]

1. a. mucha vegetación   b. poca vegetación
2. a. mucho viento   b. poco viento
3. a. mucho frío   b. poco frío
4. a. mucha lluvia   b. poca lluvia
5. a. mucha vegetación   b. poca vegetación

PASO 2   ¡Mi rutina en San Francisco, California!

Listening comprehension practice of *Vocabulario*

F. Palabras. Escucha las siguientes afirmaciones y selecciona las palabras que mejor completan su significado. Se repetirá. [CD 6, track 7]

1. _____	a. pescado.	b. pijama.	c. coche.
2. _____	a. sala.	b. panadería.	c. carnicería.
3. _____	a. el despertador.	b. la cama.	c. la alcoba.
4. _____	a. acostarse.	b. dormirse.	c. afeitarse.

Listening comprehension practice of *En preparación*, 9.3

Reflexive verbs

Talking about what people do for themselves

G. Desesperada. Radio Borinquen de Nueva York tiene un programa especial por la mañana para las amas de casa *(housewives)*. Las mujeres escriben cartas contando sus problemas y piden consejos a otras personas. Escucha esta carta y luego indica si **Desesperada (D)** o su **esposo (E)** hacen las siguientes actividades. El programa se repetirá. [CD 6, track 8]

_____	**1.** Se despierta primero.		_____	**6.** Lleva a los niños a la escuela.
_____	**2.** Se baña en cinco minutos.		_____	**7.** Compra la comida.
_____	**3.** Se viste rápidamente.		_____	**8.** Prepara la cena.
_____	**4.** Prepara el desayuno.		_____	**9.** Acuesta a los niños.
_____	**5.** Despierta a los niños.		_____	**10.** Limpia la casa.

H. Conversaciones en la universidad. Un grupo de amigos está charlando alrededor de la mesa mientras almuerzan. Indica la respuesta más apropiada a cada pregunta o comentario. Se repetirá. [CD 6, track 9]

1. _____
   a. Me acosté temprano.
   b. Me desperté tarde.
   c. Me senté a tu lado.

2. _____
   a. Sí, por eso me quité el suéter.
   b. Sí, voy a ponerme la chamarra.
   c. Sí. ¿Me puedes prestar tu traje de baño?

3. _____
   a. No me puedo quedar más. Tengo que ir a la biblioteca.
   b. Es que no tengo nada que hacer. Por eso me siento con ustedes.
   c. Hoy por la mañana me afeité rápidamente y me corté dos veces.

4. _____
   a. Te estás divirtiendo mucho, ¿verdad?
   b. Yo también tengo que levantarme temprano.
   c. Debes volver enseguida a tu habitación y acostarte.

5. _____
   a. Sí, me voy a sentar a ver televisión.

   b. Sí, me voy a poner una camiseta y un sombrero.

   c. Sí, me voy a vestir con traje y corbata.

PASO 3   De visita en San Francisco, California

Listening comprehension practice of *Vocabulario*

I. Palabras. Escucha las siguientes afirmaciones y selecciona las palabras que mejor completan su significado. Se repetirá. [CD 6, track 10]

1. _____   a. línea.   b. cuadra.   c. calle.

2. _____   a. una tortillería.   b. una frutería.   c. una panadería.

3. _____   a. cualquiera.   b. todos.   c. ninguno.

4. _____   a. el capitolio.   b. la parada de autobús.   c. la esquina.

J. ¿Cómo llego? Ángel le está diciendo a Mario cómo llegar de su casa al cine. Mientras escuchas, dibuja una línea *(draw a line)* en el mapa siguiente, indicando la ruta que Mario sigue. La conversación se repetirá. [CD 6, track 11]

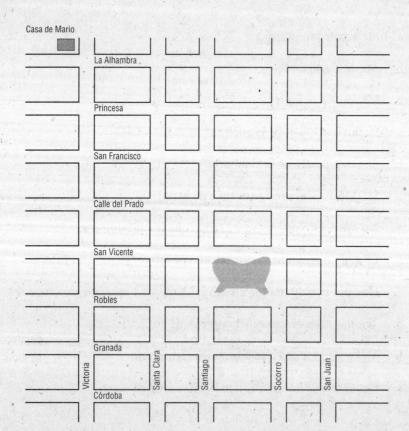

Listening comprehension practice of *En preparación*, 9.4

Affirmative tú *commands*

Giving orders and directions

K. Problemas y soluciones. Alberto tiene problemas preparándose para su examen de historia. Dale el consejo que necesita completando las siguientes oraciones con la forma apropiada de los **imperativos** en singular (**tú** *command*). Se repetirá. [CD 6, track 12]

1. _____ el capítulo tres, entonces.

2. _____ los ejercicios, entonces.

3. _____ bien en clase, entonces.

4. _____ bien la lección, entonces.

5. _____ a la biblioteca, entonces.

L. Del pensamiento al acto. La señora Lozada está buscando cosas que hacer en la casa. Escucha sus observaciones y completa las siguientes oraciones con la forma apropiada de los **imperativos** en singular. Se repetirá. [CD 6, track 13]

MODELO   YOU HEAR: Pronto van a llegar los invitados. Isabel debe poner la mesa.
YOU WRITE: Isabel, **pon** la mesa, por favor.

1. Juan Pedro, _____ tu cama, por favor.

2. María Cristina, _____ a la tienda por leche, por favor.

3. Luisito, _____, por favor.

4. Mi amor, _____ temprano, por favor.

5. Catalina, _____ enseguida. Ya van a llegar los invitados.

Pronunciación

Las letras *ll, y* [CD 6, track 14]

• The **ll** and **y** in Spanish are usually pronounced exactly the same. They are somewhat similar to the English *y* in the word *year*. Repeat the following words and sentences after the speaker.

llamo   millón   llegamos   pollo   playa   ayuda   mayonesa   ayer

Yo llevo la llave.

Si llueve, no vamos a la playa.

- When the letter **y** occurs by itself or at the end of a word, it is pronounced like the Spanish **i**. Repeat the following words and sentences after the speaker.

doy   hay   voy   rey   hoy y mañana

Hoy hay muy poca ayuda.

El yate del rey llega en mayo.

Acentuación [CD 6, track 15]

As you have learned working with *¡Dímelo tú!,* there are very clear rules that establish what words require a written accent. Apply what you have learned while listening to the following words and write an accent mark where needed. If there is no need for a written accent, then underline the syllable where the stress falls.

Practica

1. Panama
2. Montevideo
3. Alarcon
4. adios
5. ingles
6. Barbara
7. Haiti
8. inteligente
9. despues
10. Peru

Dictado [CD 6, track 16]

Escucha las siguientes afirmaciones sobre los hispanos en los Estados Unidos, y escribe lo que escuchas. El dictado se repetirá.

1. _____

_____

_____

2. _____

_____

3. _____

_____

_____

CAPÍTULO **10** **Nicaragua: tierra de lagos, volcanes, terremotos y poetas**

Práctica escrita ✍

PASO **1** ¡Viviendo seguros... en Nicaragua!

Practice of *Vocabulario*

Antes de completar estas actividades, revisa el Vocabulario del Capítulo 10, Paso 1, y visualiza su significado mientras repasas palabra por palabra. Para ayudarte con la pronunciación, escucha el Text Audio CD de **¡Dímelo tú!**

A. ¡Auxilio! Indica qué palabra de la columna B se relaciona con la de la columna A.

	A		B
_____	1. viento	a.	incendio
_____	2. corazón	b.	hemorragia
_____	3. fuego	c.	choque eléctrico
_____	4. herida	d.	huracán
_____	5. electricidad	e.	ataque cardíaco

B. Descripciones. Indica si los siguientes pares de palabras son sinónimos (**S**) o antónimos (**A**).

1.	S	A	aconsejar / sugerir
2.	S	A	respirar / ahogarse
3.	S	A	lento / rápido
4.	S	A	maremoto / tsunami
5.	S	A	peligro / seguridad

Practice of *En preparación*, 10.1

Present subjunctive: Theory and forms

Giving advice and making recommendations

C. Las esperanzas de unos padres nicaragüenses. Según Oreste, ¿qué esperan sus padres? Llena los espacios en blanco para saber cuáles son las esperanzas de estos padres nicaragüenses. ¿Son muy diferentes a las esperanzas de tus padres?

1. Mis padres prefieren que yo _____ (trabajar) para pagar parte de mis estudios.

2. Mi madre insiste en que yo _____ (regresar) a casa antes de las dos de la mañana.

3. Mi padre recomienda que yo no _____ (casarme) hasta terminar mis estudios.

4. Mis padres sugieren que yo _____ (estudiar) mucho.

5. Mi padre insiste en que yo _____ (graduarme) en cuatro años.

D. ¿Qué prefiere Oreste? ¿Qué dices cuando te preguntan qué quieres que tu familia haga?

> MODELO   ¿Mandarte dinero?
> Sugiero que mis padres **me manden dinero una vez al mes.**

1. ¿Visitarte?

   Yo prefiero que mis padres _____

2. ¿Llamarte por teléfono?

   Yo sugiero que mi madre _____

3. ¿Escribirte?

   Insisto en que mis hermanos _____

4. ¿Venir a visitarte?

   Quiero que mi madre _____

5. ¿Hacerte una comida especial?

   Sugiero que mis padres _____

Practice of *En preparación*, 10.2
Subjunctive with expressions of persuasion
Persuading

E. ¡Consejos! ¿Qué consejos le da Oreste a Ortelio, su hermano menor, ahora que está por empezar su primer año en la Universidad de Managua?

> MODELO   recomendar / tú dormir / más / cinco horas
> **Recomiendo que duermas más de cinco horas.**

1. recomendar / tú no beber / alcohol

   _____

2. insistir / tú no usar / drogas

   _____

3. sugerir / tú vivir / residencia / primer año

   _____

4. aconsejar / tú estudiar / cuatro horas diarias

   _____

5. recomendar / hablar / con los profesores en sus oficinas

   _____

F. Para adaptarse a la universidad. ¿Qué les dicen los estudiantes veteranos a los estudiantes de primer año en la Universidad de Managua?

> MODELO   Consejo: comer bien
> **Aconsejamos que (ustedes) coman bien.**

1. Recomendación: participar en todos los aspectos de la vida universitaria

   _____

2. Sugerencia: estudiar todos los días, no solo antes del examen

   _____

3. Consejo: no enamorarse el primer semestre

   _____

4. Recomendación: no mirar mucho la televisión

_____

5. Sugerencia: hacer ejercicio con regularidad

_____

G. Consejos generales. Decide si estos consejos son acertados para una persona de edad _(elderly)._
Marca **A (Acertado)** si el consejo es bueno o **NA (No acertado)** si el consejo es malo.

1.	A NA	Coma mucha carne roja.
2.	A NA	No fume ni beba alcohol.
3.	A NA	Tome leche y calcio.
4.	A NA	No use sal.
5.	A NA	Camine una o dos millas diarias.
6.	A NA	Coma tres o cuatro huevos al día.
7.	A NA	Vaya al médico por lo menos una vez al año.

PASO 2   Nos hablaron de...

Practice of _Vocabulario_

Antes de completar estas actividades, revisa el Vocabulario del Capítulo 10, Paso 2, y visualiza su significado mientras repasas palabra por palabra. Para ayudarte con la pronunciación, escucha el Text Audio CD de ¡Dímelo tú!

H. Palabras relacionadas. Selecciona la palabra que no pertenece en cada grupo.

1.	carro	coche	grave	grúa
2.	incidente	accidente	chocar	caminar
3.	peligro	sospechoso	culpa	llanta
4.	destinación	viajar	turismo	señal
5.	carro	coche	afueras	chofer

I. Antónimos o sinónimos. Indica si los siguientes pares de palabras son antónimos o sinónimos.

1.	S A	chochar / pegar
2.	S A	conducir / manejar
3.	S A	extraño / familiar
4.	S A	siempre / jamás
5.	S A	evitar / tratar de

Practice of *En preparación*, 10.3
Irregular verbs in the preterite
Describing what already occurred

J. El amigo herido. Clasifica por orden cronológico los hechos de este accidente en las calles de Managua.

_____ a. Lo fui a visitar a su casa.

_____ b. La semana pasada hubo un accidente en el centro de Managua. Chocaron dos carros.

_____ c. Quise visitarlo en el hospital.

_____ d. Supe que mi mejor amigo era uno de los heridos.

_____ e. El accidente no fue serio y mi amigo estuvo en su casa en dos días.

_____ f. Otros también vinieron a visitarlo a su casa y le trajeron flores.

K. ¿Qué pasó? ¿Cómo te contesta un amigo nicaragüense cuando le haces esta pregunta inocentemente? Para saberlo, completa este párrafo con verbos en el pretérito.

¡¿Qué pasó?! ¡¡Casi nada!! Javier, José y yo (1) _____ (decidir) ir a acampar por dos días.

Entonces el carro de Javier se descompuso (*broke down*), y nosotros no (2) _____ (poder)

llegar al campamento (*campground*). Vimos que el carro no tenía gasolina y (3) _____

(andar) cinco millas esa noche. Cuando llegamos, el dependiente nos (4) _____ (decir)

que no tenía más gasolina y nosotros (5) _____ (tener) que regresar al carro. Yo

(6) _____ (acostarme) en el carro y mis amigos (7) _____ (acostarse) a dormir

al aire libre. Pero lo mejor fue que un policía (8) _____ (venir) y nos arrestó y yo

(9) _____ (tener) que llamar a mi papá desde la estación de policía. ¡¡Casi nada!!

L. ¿Está bien? Tus padres quieren saber por qué regresaste a casa tan tarde anoche. ¿Qué les contestas?

1. ¿A qué hora llegaste a casa anoche? (venir a las 3:00 A.M.)

   _____

2. ¿Por qué tan tarde? (estar en una fiesta)

   _____

3. ¿Por qué no llamaste? (no poder)

_____

4. ¿Viniste en taxi? (no / un amigo / traerme)

_____

5. ¿Cómo entraste? (tener que entrar por la ventana)

_____

Practice of *En preparación, 10.4*

Negative and indefinite expressions

Denying information and referring to nonspecific people and things

M. ¡Mentira! Un policía llega a la escena de un accidente en la autopista. ¿Qué le dicen los choferes al policía? Reconstruye el diálogo.

	Chofer A		Chofer B
_____	**1.** Él me gritó algo desde su carro.	a.	¡Mentira! No había *(There was)* nadie más en mi carro.
_____	**2.** Estaba *(He was)* manejando con 15 personas en su carro.	b.	¡Está loco! Él fue la causa del accidente.
_____	**3.** Estaba escuchando música con el volumen muy alto.	c.	¡No tenía nada en las manos *(hands)*!
_____	**4.** Cambió de carril *(lane)* sin indicar y también me chocó.	d.	¡No le grité nada!
_____	**5.** Estaba comiendo algo.	e.	¡No es verdad! Ni me gusta la música.

N. ¡Salto mortal! Un atrevido *(daredevil)* nicaragüense acaba de completar un salto espectacular. ¿Cómo contesta las preguntas de los reporteros? Usa expresiones negativas en tus respuestas.

MODELO ¿Tiene usted miedo de algo?
No, no tengo miedo de nada.

1. ¿Alguien le enseñó a manejar?

_____

2. ¿Tuvo algún accidente alguna vez?

_____

3. ¿Lleva algún amuleto *(lucky charm)*?

_____

4. ¿La policía le dio una multa o una advertencia alguna vez?

_____

5. ¿Tiene miedo algunas veces?

_____

PASO 3   Nos hablaron de... ¡la poesía nicaragüense!

Practice of *Vocabulario*

Antes de completar estas actividades, revisa el Vocabulario del Capítulo 10, Paso 3, y visualiza su significado mientras repasas palabra por palabra. Para ayudarte con la pronunciación, escucha el Text Audio CD de ¡Dímelo tú!

O. ¡Qué cosas! Indica qué palabra de la columna B se relaciona con la de la columna A.

A	B
_____ **1.** enorme	a. reconocimiento
_____ **2.** respeto	b. pistola
_____ **3.** apenas	c. verso
_____ **4.** ladrón	d. casi
_____ **5.** estrofa	e. grande

P. Palabras relacionadas. Selecciona la palabra que no pertenece en cada grupo.

1. caballo	estatua	gato	perro
2. en lugar de	a continuación	sandinista	inmediatamente
3. élite	intelectual	mejor	herido
4. anochecer	noche	tarde	día
5. metáfora	poema	estrofa	miedo

Practice of *En preparación*, 10.5

Preterite of stem-changing -ir verbs

Talking about past events

Q. ¡El Grupo Teatral Cadejo! Cuéntale a tu compañero/compañera cómo fue la comedia musical nicaragüense que presentó el Grupo Teatral Cadejo anoche.

> MODELO público / divertirse / mucho
> **El público se divirtió mucho.**

1. policía / perseguir / ladrones / bicicleta

   _____

2. ladrones / vestirse / de Lex Luther y el Barón Rojo

   _____

3. actor / pedirle / ayuda al público

   _____

4. gente / reírse muchísimo con el espectáculo

   _____

5. actores y / público / divertirse toda / noche

   _____

R. ¡Gracias al perro guardián! Cuéntale a tu amigo/amiga lo que pasó en el programa de televisión nicaragüense que viste anoche.

1. Los guardias de un centro comercial _____ (dormirse).

2. De repente ellos _____ (oír) un ruido.

3. Un ladrón con una pistola les _____ (pedir) todo el dinero de la tienda.

4. Los guardias casi _____ (morirse) de miedo.

5. Afortunadamente, un perro guardián _____ (perseguir) y

   _____ (capturar) al ladrón.

6. Ese día el administrador del centro comercial _____ (despedir) a los dos guardias.

S. Un anuncio comercial. ¿Reconoces este anuncio comercial? Para saber cuál es, pon los verbos en el pretérito.

Roberto y Alejandra **(1)** _____ (ir) de vacaciones a El Salvador y Honduras, y después

(2) _____ (seguir) a Nicaragua. Un día en Managua, Roberto **(3)** _____

(sentir) que alguien le robaba la cartera. Los dos **(4)** _____ (ver) y **(5)** _____

(perseguir) al ladrón, pero con tanta gente **(6)** _____ (ser) imposible capturarlo. ¡Qué

problema! El ladrón **(7)** _____ (escaparse) con todo su dinero y todos sus cheques de viajero.

Afortunadamente, los problemas **(8)** _____ (resolverse) cuando ellos **(9)** _____

(llamar) a American Express. Enseguida recibieron su nueva tarjeta. ¡No salga de su casa sin ella!

El rincón de los lectores

Antes de empezar, dime...

Escribe en la segunda columna tus opiniones sobre las preguntas de la primera columna. Luego lee la lectura y escribe las opiniones de los autores.

	Lo que tú piensas	Lo que los autores piensan
1. ¿Cuáles son las mayores preocupaciones que los jóvenes tienen sobre el futuro?		
2. ¿Con qué palabras asociamos la violencia?		
3. ¿Cuál es la solución a la violencia en los EE.UU.? ¿En el mundo?		

Lectura

Erradicar la violencia

Según los resultados de muchas encuestas, muchos jóvenes responden que una de las grandes preocupaciones sobre su futuro es la violencia que abunda en todos los niveles de la sociedad.

Generalmente asociamos la palabra violencia con las guerras, la política o los intereses económicos pero sabemos que la violencia puede existir en actividades tan «aparentemente» sanas (healthy) como, por ejemplo, en los deportes. La violencia puede ocurrir tanto en los campos de batalla como en campos deportivos, en ciudades grandes como en áreas rurales, en escuelas secundarias e incluso en primarias.

Sabemos además que la violencia no se manifiesta solo físicamente sino también psicológicamente. Esto es muy difícil de resolver porque generalmente los efectos no se ven fácilmente. En cuanto a las edades, tampoco existen limitaciones, pues puede afectar tanto a los adultos como a los niños.

¿Hay una solución a la violencia? ¿Puede erradicarse? Esto debe ser una de las misiones «obligatorias» de cualquier gobierno, en cualquier lugar del mundo. Todo ser humano tiene derecho a una vida tranquila, sin tener que preocuparse por la violencia cada vez que sale a la calle o que asiste a una función pública.

Y ahora, dime...

Escribe ahora las opiniones de los autores en la tercera columna del ejercicio de **Antes de empezar, dime...** Luego, en el espacio a continuación, explica brevemente cómo se comparan tus opiniones con las de los autores.

_____

_____

_____

_____

_____

_____

_____

¡Escríbelo!

Antes de escribir

In *¡Dímelo tú!*, **Capítulo 10, ¡Escríbelo!** you learned that, to write a good composition, it is important to satisfy two conditions: 1) always use whatever sources are available to gather all necessary information about the topic, and 2) present that information in an organized manner making sure to answer key questions about the topic: who, what, when, where, how, and why.

Since in this activity you will be asked to describe a theft where you, or someone you know, were the victim, you may want to begin by creating a list of all the details you can recall about the incident. Verify that you have not left out any important information by making sure that you answered the key questions: who, what, when, where, how, and why. Then write a first draft of a detailed description of the theft. Be sure to provide all pertinent information and to present it in a clear, organized manner.

_____

_____

_____

_____

_____

_____

Atajo Writing Assistant: You may now use the Atajo Writing Assistant to explore possible ways to organize a compositon, to check your grammar and spelling, to consult the dictionary, to conjugate verbs, and to receive suggestions for useful phrases. Search for the following vocabulary or topics.

Vocabulary: emotions: negative; emotions: positive; family members; violence
Grammar: verbs: use of **tener;** verbs: preterite; relatives & antecedent; verbs: imperative, **tú** and **usted**
Phrases: talking about past events; apologizing; attracting attention; describing people
Verb conjugator: estar (pretérito); ser (pretérito); ver (pretérito); robar (pretérito); atacar (pretérito); denunciar (pretérito); dar (imperativo)

_____

_____

_____

_____

_____

Ahora ¡a revisar! Based on what you learned in this chapter and from using the Atajo Writing Assistant, rework and make the necessary changes to your draft from the **Antes de escribir** section.

La versión final. Now create a title and prepare the final version of your description of a theft you or someone you know experienced. Make sure you provided all pertinent information in an organized manner.

Título:

_____

_____

_____

_____

_____

_____

_____

_____

_____

_____

_____

_____

_____

_____

_____

_____

_____

_____

_____

Práctica de comprensión auditiva 🎧

PASO 1 ¡Viviendo seguros... en Nicaragua!

Listening comprehension practice of *Vocabulario*

A. Palabras. Escucha las siguientes afirmaciones y selecciona las palabras que mejor completan su significado. Se repetirá. [CD 6, track 17]

1. _____
   a. extintor.
   b. médico.
   c. bombero.

2. _____
   a. noventa.
   b. quinto.
   c. noveno.

3. _____
   a. huracanes.
   b. suelos.
   c. pasillos.

4. _____
   a. huracanes.
   b. terremotos.
   c. tornados.

B. Para la buena salud. Escucha estos anuncios en Radio Caracol. Luego indica si el consejo que da cada uno es bueno o malo para la salud. Los anuncios se repetirán. [CD 6, track 18]

1. bueno   malo
2. bueno   malo
3. bueno   malo
4. bueno   malo
5. bueno   malo

Listening comprehension practice of *En preparación*, 10.1

Present subjunctive: Theory and forms

Giving advice and making recommendations

C. ¡Cuídate! ¿Qué consejos les dan los padres a sus hijos cuando se van a la universidad? Escucha estos consejos de unos padres nicaragüenses y selecciona la respuesta que mejor completa estas oraciones. Se repetirá. [CD 6, track 19]

1. La mamá insiste en que su hijo...

   a. coma bien.
   b. duerma más.
   c. estudie más.

2. El padre aconseja que su hija…

   a. corra todos los días.
   b. estudie todos los días.
   c. escriba todos los días.

3. El padre prefiere que sus hijos…

   a. no beban muchas bebidas alcohólicas.
   b. beban bebidas alcohólicas con moderación.
   c. no beban bebidas alcohólicas.

4. La mamá quiere que su hija…

   a. les escriba.
   b. los llame por teléfono.
   c. los visite con frecuencia.

5. El padre le pide a su hija…

   a. que los visite con frecuencia.
   b. que los invite con frecuencia.
   c. que los llame con frecuencia.

D. Un entrenador muy exigente. Escucha y completa los consejos del entrenador *(coach)* de la Universidad de Managua a sus jugadores. Se repetirá. [CD 6, track 20]

Insisto en que ustedes **(1)** _____ un buen desayuno. Hay muchas posibilidades, pero, por

ejemplo, sugiero que **(2)** _____ huevos y salchicha. El jugador de fútbol tiene que estar en

forma. Por esa razón pasamos tanto tiempo ayer haciendo gimnasia y ejercicios aeróbicos. Quiero que

(3) _____ los nuevos ejercicios que les enseñé hoy.

También les aconsejo que **(4)** _____ a correr por la mañana, antes de desayunar. Y les repito algo

muy importante. Insisto en que no **(5)** _____ porque no hay nada más peligroso para la salud

de un atleta. Y no olviden que somos un equipo y que tenemos que aprender a jugar juntos. Por eso

insisto en que **(6)** _____ a las prácticas todos los días.

Listening comprehension practice of *En Preparación*, 10.2

Subjunctive with expressions of persuasion

Persuading

E. ¡Anímate! Tu amigo nicaragüense está teniendo dificultades este semestre y te pide consejos. Indica lo que le sugieres en cada caso. Se repetirá. [CD 6, track 21]

1. Es una buena idea. Recomiendo que…

   a. ayudes a un tutor.
   b. estudies con un tutor.
   c. estudiemos con un tutor.

2. La solución es fácil. Recomiendo que…

   a. no estudies en la biblioteca.   b. estudies en la biblioteca.   c. estudies en tu cuarto.

3. Eso no está bien. Aconsejo que…

   a. coman tres buenas comidas diarias.   b. coma tres buenas comidas diarias.   c. comas tres buenas comidas diarias.

4. Escúchame. Insisto en que…

   a. vayas a la fiesta conmigo.   b. lleves tus libros a las fiestas.   c. vengas a estudiar a mi cuarto.

5. Recomiendo que…

   a. hables con tus profesores.   b. hable con tus profesores.   c. hablen con tus profesores.

F. ¡Sí, doctora! Serafina Sánchez, una estudiante de la Universidad de Managua, se queja de que no tiene energía y ha engordado *(has gained weight)*. Escucha los consejos de su médico y elige la frase que mejor resume lo que la doctora le dice que haga. Se repetirá. [CD 6, track 22]

1. La doctora le recomienda a Serafina que…

   a. no fume más de una cajetilla de cigarrillos al día.   b. fume más de una cajetilla de cigarrillos al día.   c. no fume.

2. La doctora insiste en que Serafina…

   a. no beba alcohol.   b. beba solo cerveza.   c. no coma tantas calorías.

3. La doctora sugiere que Serafina…

   a. coma una pizza al mes, nada más.   b. no coma postres.   c. siga una dieta sana.

4. La doctora le aconseja a Serafina que…

   a. no haga tantos ejercicios.   b. vea más televisión.   c. haga ejercicio.

5. La doctora recomienda que Serafina…

   a. deje de comer carne de res.   b. coma varios bistecs todos los días.   c. no coma tanto pescado.

PASO 2 ¡Qué hermosa la vida... en Solentiname!

Listening comprehension practice of *Vocabulario*

G. Palabras. Escucha las siguientes afirmaciones y selecciona las palabras que mejor completan su significado. Se repetirá. [CD 6, track 23]

1. _____
   a. las llaves de paso.
   b. la destinación.
   c. el aceite.

2. _____
   a. la biblioteca.
   b. la secretaria.
   c. la policía.

3. _____
   a. emergencia.
   b. culpa.
   c. atención.

4. _____
   a. tenemos la oportunidad.
   b. prestamos atención.
   c. tenemos suerte.

H. Más palabras. Escucha las siguientes afirmaciones y selecciona las palabras que mejor completan su significado. Se repetirá. [CD 6, track 24]

1. _____
   a. miedo.
   b. sospechoso.
   c. bombero.

2. _____
   a. asesino.
   b. chofer.
   c. carro

3. _____
   a. trata de viajar.
   b. está segura.
   c. tiene la culpa.

4. _____
   a. llegar a tiempo.
   b. tener suerte.
   c. tener la culpa.

Listening comprehension practice of *En preparación, 10.3*

Irregular verbs in the preterite

Describing what already occurred

I. ¡Una mala aventura! Óscar está contando a sus amigos lo que le pasó ayer cuando invitó a sus amigos a un paseo en su nuevo carro. Completa su historia con la forma correcta del pretérito de los verbos que escuchas. Se repetirá. [CD 6, track 25]

Mis amigos y yo (1) _____ en mi carro el domingo por la tarde. Desafortunadamente, yo no

(2) _____ suficiente gasolina en el carro. Cuando llegamos al lago, el carro no (3) _____

seguir. Mi amigo Jorge (4) _____ cinco kilómetros para comprar gasolina. Él (5) _____

tres litros de gasolina. Por suerte, nosotros (6) _____ salir de allí antes del anochecer *(it got dark)*.

J. ¡Fue terrible! Ayer Consuelo fue testigo de un accidente automovilístico. Escucha la historia que ella cuenta e indica si las oraciones son ciertas (**C**) o falsas (**F**). Se repetirá. [CD 6, track 26]

1.	C	F	El esposo de Consuelo fue víctima de un accidente en la carretera.
2.	C	F	En el accidente chocaron cuatro carros.
3.	C	F	Tuvieron que llamar a varias ambulancias porque hubo heridos.
4.	C	F	Consuelo les hizo muchas preguntas a los bomberos.
5.	C	F	Consuelo dice que hay que manejar cuidadosamente para evitar accidentes.

Listening comprehension practice of *En preparación,* 10.4

Negative and indefinite expressions

Denying information and referring to nonspecific people and things

K. Somos unos angelitos. Antes de permitirte organizar una fiesta, el dueño de tu apartamento *(landlord)* te hace algunas preguntas. Escúchalas y completa las respuestas con la expresión negativa apropiada. Se repetirá. [CD 6, track 27]

> MODELO YOU HEAR: ¿Siempre dan fiestas los fines de semana?
> YOU WRITE: **Nunca** damos fiestas los fines de semana.

1. _____ hacemos mucho ruido en las fiestas.

2. _____ bebe mucho.

3. _____ de nuestros amigos es violento.

4. No, señor. No rompimos _____.

5. No, _____ usa drogas.

L. Preparaciones para la fiesta. Ricardo se ofrece para ayudarle a Susana a organizar su fiesta, pero Susana, al escucharlo, se da cuenta *(realizes)* de que Ricardo no tiene mucha experiencia organizando fiestas. Completa las preguntas de Susana a las respuestas de Ricardo usando expresiones indefinidas. Se repetirá. [CD 6, track 28]

> MODELO YOU HEAR: No, no compré nada para comer.
> YOU WRITE: ¿Compraste **algo** para comer?

1. ¿Organizaste una fiesta _____?

2. ¿ _____ te puede ayudar?

3. ¿Conoces a _____ músico?

4. ¿Tienes _____ aperitivo?

5. ¿Tienes _____ refrescos también?

PASO 3 Nos hablaron de... ¡la poesía nicaragüense!

Listening comprehension practice of *Vocabulario*

M. Palabras. Escucha las siguientes afirmaciones y selecciona las palabras que mejor completan su significado. Se repetirá. [CD 6, track 29]

1. _____ a. ritmo.   b. objeto.   c. alguno.

2. _____ a. una autoridad.   b. una intelectual.   c. un caballero.

3. _____ a. primitivista.   b. estatuas.   c. puntos.

4. _____ a. metáfora.   b. estrofa.   c. primitivista.

N. ¡Otro delito! Los señores Maldonado son víctimas de un robo. Ahora están en la estación de policía contando lo que ocurrió. Escucha su conversación con un policía. Luego indica si las oraciones que siguen son ciertas (C) o falsas (F). La conversación se repetirá. [CD 6, track 30]

1.	C	F	Los señores Maldonado estaban en su carro cuando ocurrió el robo.
2.	C	F	El ladrón les dijo: «O su dinero o la vida».
3.	C	F	El señor Maldonado perdió casi $300 y todas sus tarjetas de crédito.
4.	C	F	El ladrón se despidió cortésmente de sus víctimas.
5.	C	F	Los señores Maldonado le dijeron al policía que el ladrón era muy alto y que tenía ojos negros.

Listening comprehension practice of *En preparación*, 10.5

Preterite of stem-changing -ir verbs

Talking about past events

O. ¡Ladrón! Anoche intentaron robar en la residencia estudiantil. Escucha cómo Marisol describe lo que pasó, e indica si las siguientes afirmaciones son ciertas (C) o falsas (F). Se repetirá. [CD 6, track 31]

1.	C	F	Hubo una fiesta en la habitación de Marisol anoche.
2.	C	F	Marisol se acostó a la una de la mañana.
3.	C	F	Ella vive sola en la residencia.
4.	C	F	Cuando oyó al ladrón Marisol se levantó rápidamente.
5.	C	F	El ladrón se escapó con su libro de español.

P. Robin Hood. Tú y tu hermano de 12 años están viendo la película *Robin Hood* en la televisión, y tu hermano te hace preguntas constantemente. Escucha las preguntas seguidas por una pista *(cue)* en infinitivo, y completa las respuestas a sus preguntas con la forma correcta del pretérito del verbo que escuchas. Las preguntas se repetirán. [CD 6, track 32]

1. El bandido _____.

2. Lo _____ en el palacio.

3. Lo _____ los malos.

4. Todos _____ del rey *(king)*.

5. Robin Hood _____ de religioso.

Q. Programa de televisión. Daniela está contándole a su amiga Elena el episodio de la serie de televisión que vio anoche. Escucha lo que cuenta que pasó e indica qué miembro de la pareja *(couple)* hizo cada una de las siguientes cosas. Se repetirá. [CD 6, track 33]

	el esposo	la esposa
1. Mintió.	☐	☐
2. Trajo flores.	☐	☐
3. Se fue a tomar una cerveza.	☐	☐
4. Salió con otra persona.	☐	☐
5. Llamó a la oficina.	☐	☐
6. Prefirió no seguir preguntando.	☐	☐

Pronunciación [CD 6, track 34]

Spanish vowels are divided into two groups: strong and weak. To pronounce Spanish correctly, you need to understand their differences and how they affect pronunciation.

The vowels **a, e,** and **o** are "strong" vowels, and **i** and **u** are "weak." When two vowels fall together, the following rules affect syllable division and accentuation.

1. A weak + strong combination makes one syllable (dipthtong) with the stress falling on the strong vowel.

   cuida   fierro   guapa

2. A weak + weak combination makes a syllable (dipthtong) with the stress falling on the second vowel.

   fueron   intuir   ruido

3. A strong + strong combination causes syllable division and must be pronounced as two syllables.

   toreo   bromea   canjea

4. Some weak + strong or weak + weak combinations must be broken in order to pronounce two syllables. In that case, an accent mark is in order.

   día   comía   Raúl

   Listen to the words in column A and select their respective number of syllables in column B.

	A		B
_____	1. pelea	a.	1 sílaba
_____	2. bueno	b.	2 sílabas
_____	3. buenaventura	c.	3 sílabas
_____	4. coágulo	d.	4 sílabas
_____	5. Dios	e.	5 sílabas

Acentuación [CD 6, track 35]

English words adopted by the Spanish language are modified with a written accent when Spanish accentuation rules apply.

modem   módem

leader   líder

football   fútbol

Listen to the following borrowed words, and write an accent mark when necessary. If you write an accent mark, indicate which of the accentuation rules that follow applies.

1. *shampoo*   champu

   a. Stress on the last syllable, and the word ends with a vowel, **n** or **s**.

   b. Stress on the next-to-the-last syllable, and the word does not end with a vowel, **n** or **s**.

   c. Stress on the second-before-the-last syllable.

2. *baseball*   beisbol

   a. Stress on the last syllable, and the word ends with a vowel, **n** or **s**.

   b. Stress on the next-to-the-last syllable, and the word does not end with a vowel, **n** or **s**.

   c. Stress on the second-before-the-last syllable.

3. *to click*   cliquear

   a. Stress on the last syllable, and the word ends with a vowel, **n** or **s**.

   b. Stress on the next-to-the-last syllable, and the word does not end with a vowel, **n** or **s**.

   c. Stress on the second-before-the-last syllable.

4. *penalty*   penalti

   a. Stress on the last syllable, and the word ends with a vowel, **n** or **s**.

   b. Stress on the next-to-the-last syllable, and the word does not end with a vowel, **n** or **s**.

   c. Stress on the second-before-the-last syllable.

5. *home run*   jonron

   a. Stress on the last syllable, and the word ends with a vowel, **n** or **s**.

   b. Stress on the next-to-the-last syllable, and the word does not end with a vowel, **n** or **s**.

   c. Stress on the second-before-the-last syllable.

Dictado [CD 6, track 36]

Escucha las siguientes afirmaciones sobre la erradicación de la violencia en la sociedad, y escribe lo que escuchas. El dictado se repetirá.

1. _____

   _____

2. _____

   _____

3. _____

   _____

CAPÍTULO **11** **Costa Rica... naturalmente mágica**

Práctica escrita ✐

PASO **1** **La vida era hermosa**

Practice of *Vocabulario*

Antes de completar estas actividades, revisa el Vocabulario del Capítulo 11, Paso 1, y visualiza su significado mientras repasas palabra por palabra. Para ayudarte con la pronunciación, escucha el Text Audio CD *de* ¡Dímelo tú!

A. Acciones. Escribe la letra de las acciones de la columna B al lado de su complemento más lógico de la columna A. Usa cada acción una sola vez.

	A		B
_____	1. una película	a.	sufrir
_____	2. tortugas	b.	llover
_____	3. bosque lluvioso	c.	jugar
_____	4. estrés	d.	filmar
_____	5. cancha	e.	desovar

B. La palabra intrusa. En cada una de estas categorías hay una palabra que no pertenece. ¿Cuál es?

1. **ecología:**	ecoturismo	especie	medio ambiente	ginecología
2. **diversión:**	cancha	videojuego	ejército	trompeta
3. **niñez:**	universidad	infancia	escolar	primaria
4. **protesta:**	discriminación	tamaño	contra	invadir
5. **acciones:**	desovar	filmar	dirigir	escolar

Practice of *En preparación*, 11.1

Imperfect of regular verbs

Talking about past events

C. ¡Ah, niñez encantadora! Describe tu niñez.

> MODELO   dormir con un osito de peluche
> **Dormía con un osito de peluche.** [O]
> **No dormía con un osito de peluche.**

1. visitar a mis abuelos

   _____

2. odiar la sopa

   _____

3. jugar con pistolas/muñecas

   _____

4. tener un amigo invisible

   _____

5. gustarme la escuela

   _____

D. ¡Qué vida! Llena los espacios en blanco para saber cómo pasaba el verano esta chica costarricense.

Cuando era pequeña, ¡los veranos eran fantásticos! Recuerdo que yo no **(1)** _____ (tener)

muchas responsabilidades. Mis hermanos y yo **(2)** _____ (levantarse) tarde y

(3) _____ (desayunar) con pan y café. Mi hermana y yo **(4)** _____ (salir) a la

calle y **(5)** _____ (jugar) con otros niños. A mi mamá no le **(6)** _____

(gustar) mucho eso. Al mediodía, todos nosotros **(7)** _____ (almorzar) en casa. Yo gene-

ralmente **(8)** _____ (comer) mucho y **(9)** _____ (tener) que dormir la siesta.

Mis hermanos mayores **(10)** _____ (trabajar) por la tarde en la tienda de mi papá y por

la noche todos nosotros **(11)** _____ (reunirse) para comer y hablar hasta muy tarde.

¡Qué vida!

Practice of *En preparación,* 11.2

Uses of the imperfect

Talking about what we used to do

E. ¡Cuarto grado! Compara lo que haces ahora con lo que hacías cuando estabas en el cuarto grado.

> MODELO   Ahora asisto a la universidad. (escuela primaria)
> **Antes asistía a la escuela primaria.**

1. Ahora bebo vino o agua mineral. (refrescos)

_____

2. Ahora quiero un coche nuevo. (bicicleta nueva)

_____

3. Ahora vivo con mis amigos en un apartamento. (padres/casa)

_____

4. Ahora obtener buenas notas. (malas notas)

_____

5. Ahora miro las noticias. (programas infantiles)

_____

F. El invierno. Completa el siguiente párrafo que narra cómo Octavio pasaba el invierno de niño.

El invierno siempre fue mi estación favorita. Mis padres nos **(1)** _____ (llevar) a las

montañas a jugar en la nieve. Recuerdo que yo **(2)** _____ (sentirse) muy contento y

(3) _____ (jugar) constantemente. Cuando nosotros **(4)** _____ (llegar) a las

montañas, lo primero que **(5)** _____ (hacer) era un hombre de nieve. Luego yo

(6) _____ (subir) a una colina *(hill)* y **(7)** _____ (bajar) a gran velocidad en

un trineo *(sled).* Toda mi familia **(8)** _____ (divertirse) mucho. Al final del día yo

(9) _____ (estar) muy cansado, pero también muy feliz.

Practice of *En preparación,* 11.3

Imperfect of ser, ir, *and* ver

Describing how you used to be, where you used to go, what you used to see

G. ¡No eras así! La señora Ayala está hablando con su hijo Rodolfo. ¿Cómo le responde ella cuando él describe los cambios en su vida?

> MODELO   RODOLFO: Ahora estudio todas las noches. (solo unos minutos)
>   MADRE: **De niño estudiabas solo unos minutos.**

1. RODOLFO: Ahora leo *La Nación* todos los días. (libros de aventuras)

     MADRE: _____

2. RODOLFO: Voy muy poco al cine. (todas las semanas)

     MADRE: _____

3. RODOLFO: Soy muy estudioso. (un poco perezoso)

     MADRE: _____

4. RODOLFO: Hago deportes todos los fines de semana. (todos los días)

     MADRE: _____

5. RODOLFO: No veo mucha televisión. (todas las noches)

     MADRE: _____

H. ¡Marcianos! Llena los espacios en blanco para ver qué recuerda Alfonso de cuando era pequeño en Costa Rica.

Cuando **(1)** _____ (ser) pequeño yo **(2)** _____ (querer) vivir en San José. Yo

(3) _____ (ir) al cine y **(4)** _____ (ver) películas de ciencia ficción. Los seres

humanos siempre **(5)** _____ (ser) los buenos. Mis amigos y yo **(6)** _____ (ir)

al parque a jugar a capturar a los marcianos. En nuestros juegos, los seres humanos siempre

(7) _____ (vencer). ¡Nosotros **(8)** _____ (ser) tan inocentes!

PASO 2 Cuando era niño era muy feliz en... ¡Costa Rica!

Practice of *Vocabulario*

Antes de completar estas actividades, revisa el Vocabulario del Capítulo 11, Paso 2, y visualiza su significado mientras repasas palabra por palabra. Para ayudarte con la pronunciación, escucha el Text Audio CD *de ¡Dímelo tú!*

I. Asociaciones. Escribe al lado de las palabras de la columna A la letra de las palabras de la columna B que más se asocian con ellas por el significado.

A	B
_____ 1. sirena	a. gran cantidad
_____ 2. paraguas	b. animal
_____ 3. aullar	c. emergencia
_____ 4. pincharse	d. volcán
_____ 5. a cántaros	e. protección de lluvias
_____ 6. selva	f. bosque
_____ 7. erupción	g. llanta

J. Explicaciones. Selecciona la mejor explicación a cada una de estas situaciones.

1. Estábamos hablando por teléfono pero perdimos la comunicación.

   a. La línea se pinchó. b. Nos desconectaron.

2. Me dio una multa porque iba demasiado rápido.

   a. Respetaba el límite de velocidad. b. Iba con exceso de velocidad.

3. El jefe de Roberto lo tiene siempre bajo mucha presión.

   a. Por eso está tan tranquilo. b. El pobre sufre de estrés.

4. El doctor le ha dicho a Pedro que tiene que dejar de preocuparse.

   a. Tiene que tranquilizarse. b. Debe reventarse.

5. La tienda de Elena no necesita ayuda exterior.

   a. Es sostenible. b. Necesita útiles de limpieza.

Practice of *En preparación*, 11.4

Preterite and imperfect: Completed and continuous actions

Describing completed actions and actions in progress in the past

K. ¡Cuentos de hadas! ¿Recuerdas los cuentos de tu infancia? ¿Qué pasó en la vida de los siguientes personajes?

1. La Bella Durmiente _____ (dormir) profundamente cuando el Príncipe Azul

   _____ (despertarla) con un beso.

2. Mientras la Cenicienta _____ (bailar) con el Príncipe, ellos _____ (estar)

   felices. Pero de repente _____ (sonar) las doce y mientras ella _____

   (escaparse), _____ (perder) uno de sus zapatos de cristal.

3. La Caperucita Roja _____ (ir) a la casa de su abuela cuando _____ (ver)

   al Lobo. Él _____ (preguntarle) dónde _____ (vivir) su abuela.

4. El Lobo _____ (tratar) de destruir la casa de los Tres Cerditos pero no pudo porque

   _____ (estar) hecha de ladrillos *(bricks)*.

5. Blanca Nieves siempre _____ (cantar) mientras _____ (limpiar) la casa.

L. Mi abuela. Completa el siguiente párrafo para ver qué recuerdos tiene esta señora costarricense de su abuela.

Anoche mientras yo (1) _____ (estudiar), mi abuela me (2) _____ (llamar)

por teléfono. (3) _____ (Ser) las once. Nosotras (4) _____ (hablar) de mi

niñez. De repente yo (5) _____ (recordar) muchas cosas de mi niñez. Por ejemplo, mi

abuela me (6) _____ (permitir) mirar la televisión hasta tarde en la noche. Cuando

(7) _____ (hacer) mucho calor, ella (8) _____ (preparar) limonada y yo la

(9) _____ (vender) enfrente de la casa. Recuerdo que cuando yo (10) _____

(tener) diez años le (11) _____ (regalar) una foto mía. Ella inmediatamente

(12) _____ (poner) la foto sobre el piano donde todavía la tiene.

Practice of *En preparación*, 11.5
Preterite and imperfect: Beginning/end and habitual/customary actions
Describing the beginning or end of actions and habitual past actions

M. ¡Feliz cumpleaños, Cristóbal! Completa este párrafo para ver por qué el noveno cumpleaños de Cristóbal, un niño costarricense, fue muy especial.

Cuando yo **(1)** _____ (ser) niño, siempre **(2)** _____ (celebrar) mi cumpleaños de

la misma manera. Mis padres **(3)** _____ (invitar) a mis amigos y ellos me **(4)** _____

(traer) regalos. Ellos y yo **(5)** _____ (jugar) en mi casa y **(6)** _____ (comer) juntos.

Pero una semana antes de cumplir yo nueve años, mis padres me **(7)** _____ (decir) que mi

fiesta **(8)** _____ (ir) a ser diferente. Mis padres **(9)** _____ (invitar) a mis amigos a

quedarse en mi casa a dormir, y todos nosotros **(10)** _____ (salir) a comer a un restaurante.

¡Yo **(11)** _____ (estar) tan contento! Esa noche mis amigos y yo **(12)** _____

(dormir) muy poco, pero **(13)** _____ (divertirse) mucho. Mamá nos **(14)** _____

(servir) el desayuno a las nueve de la mañana. **(15)** _____ (Ser) una fiesta muy especial.

N. Cambios. Completa este párrafo para ver cómo cambiaron los medios de comunicación en Costa Rica durante la vida de Cristina Rodríguez. ¿Es muy diferente de cómo cambiaron los medios de comunicación en los Estados Unidos?

¡La vida está llena de cambios! Cuando yo **(1)** _____ (ser) pequeña, **(2)** _____ (tener) que

aprender a hablar. Luego, cuando **(3)** _____ (ir) a la escuela primaria, me **(4)** _____

(enseñar/ellos) a escribir. Después, en la escuela secundaria, **(5)** _____ (aprender) a escribir

a máquina. Mis padres y mis maestros **(6)** _____ (decir) que **(7)** _____ (ser) más rápido y

más claro que escribir a mano. Recientemente, cuando yo **(8)** _____ (llegar) a la universidad,

(9) _____ (ver) que **(10)** _____ (ser) muy importante aprender a usar la computadora.

¡Qué difícil y complicado **(11)** _____ (parecer) cuando yo **(12)** _____ (estar)

aprendiendo a usarla! Ahora es muy fácil, pero la vida sigue cambiando y pronto voy a tener que

aprender a usar...

PASO 3 No lo he hecho... pero dónde mejor que en Costa Rica

Practice of *Vocabulario*

Antes de completar estas actividades, revisa el Vocabulario del Capítulo 11, Paso 3, y visualiza su significado mientras repasas palabra por palabra. Para ayudarte con la pronunciación, escucha el Text Audio CD de ¡Dímelo tú!

O. ¡Caramba! Completa las siguientes oraciones usando palabras de la lista.

zoológico   hacer la cama   maratón   postal   gratis

1. Me enviaron un libro pero no tengo que pagarlo. Es _____.

2. Yanira visitó Costa Rica y me envió una _____.

3. Juan es un tipo perezoso. Detesta sobre todo _____.

4. Sara es una gran atleta. Este año quiere correr el _____.

5. Me gusta visitar el _____ con mis amigos.

P. Palabras en familia. ¿Cuál de las palabras de la columna A relacionas con las de la columna B?

	A		B
_____	1. canoa	a.	árboles
_____	2. astronauta	b.	bajar
_____	3. postal	c.	montaña
_____	4. cima	d.	carta
_____	5. descenso	e.	transbordador
_____	6. plantar	f.	kayak

Practice of *En preparación, 11.6*

Present perfect

Talking about what people have or haven't done

Q. ¿Preparativos? Ricardo se está preparando para ir a Costa Rica, pero todavía necesita hacer muchas cosas. ¿Qué le contesta a su mamá cuando ella le hace estas preguntas?

> MODELO   ¿Cuándo conseguiste tu pasaporte?
> **Todavía no lo he conseguido.**

1. ¿Cuándo fuiste al consulado de Costa Rica?

_____

2. ¿Cuándo te tomaron una foto para el pasaporte?

_____

3. ¿Cuándo pagaste las tasas?

_____

4. ¿Cuándo compraste los boletos?

_____

5. ¿Cuándo reservaste un cuarto en un hotel?

_____

R. Costa Rica. ¿Cuánto sabes de Costa Rica? Completa las siguientes oraciones con el presente perfecto de los verbos indicados y aprenderás aún más sobre esta pequeña nación.

1. Costa Rica está situada en Centroamérica y _____ (ser) internacionalmente reconocida como un laboratorio viviente.

2. Los visitantes _____ (reconocer) constantemente su exótica belleza y la gran riqueza de su fauna y flora.

3. Los biólogos _____ (encontrar) más de mil variedades de orquídeas en las selvas de Costa Rica.

4. Los biólogos también _____ (decir) que en Costa Rica se encuentra el cinco por ciento de todos los animales y plantas del mundo.

5. El excelente clima de Costa Rica también _____ (afectar) favorablemente la longevidad de los costarricenses.

El rincón de los lectores

Antes de empezar, dime...

Antes de leer el artículo, contesta estas preguntas para ver cuánto ya sabes del tema.

1. ¿Por qué crees que los primeros exploradores le dieron el nombre de «Costa Rica» a ese país centroamericano?

_____

2. ¿Cuánto oro crees que los exploradores españoles encontraron en Costa Rica?

_____

3. ¿Cuál es el producto principal de Costa Rica: las flores, el café, los bananos (como los llaman los costarricenses) o el té?

_____

Lectura

El verdadero oro de Costa Rica

Cuando Cristóbal Colón descubrió Costa Rica en 1502, encontró muy pocos indígenas, solo unos treinta mil divididos en tres grupos: los güetares, los chorotegas y los borucas. Se cree que Colón nombró el sitio «Costa Rica» debido a la gran cantidad de objetos de oro que mostraban estos indígenas. Pero en realidad, la tierra de la región tenía pocas riquezas, ya que parecía no ser muy fértil. Algunos expertos dicen que tanto la falta de tierra fértil, como la de habitantes en la región, se debía a alguna erupción volcánica que tal vez había dejado enterradas bajo la lava las tierras fértiles del país.

El resultado fue que al encontrar tan pocos indígenas en la región y al darse cuenta que el oro que le dio su nombre a la región no era de allí sino que había sido traído de otras partes, la mayoría de los españoles decidieron abandonar la región y buscar su suerte en otras partes. Los colonizadores que se quedaron fueron los que reconocieron la riqueza de la tierra y estaban dispuestos a trabajarla ellos mismos, ya que los pocos indígenas que había fueron reclutados para trabajar en las minas de Perú y en otros sitios.

Viéndose obligados a trabajar la tierra ellos mismos causó que, desde tiempos coloniales, se estableciera cierta igualdad social y económica. Actualmente los costarricenses señalan con orgullo ese origen democrático y consideran que es por eso, en gran parte, que el país sigue teniendo una tradición democrática.

Fue en el período colonial que empezó a cultivarse el café, producto que pronto llegó a ser el verdadero oro de Costa Rica. Solo once años después de declarar su independencia de España, Costa Rica empezó a exportar café a Chile, y ya para 1845, lo estaba exportando a Europa. En 1875, el café representó el 95% de las exportaciones de Costa Rica.

Actualmente el orgullo de los costarricenses con respecto al café del país es tal, que con frecuencia se les oye decir que hasta el mismo Juan Valdez, de fama en los avisos comerciales para el café colombiano en la televisión de los Estados Unidos, no bebe café colombiano sino café costarricense.

Y ahora, dime...

1. Usa este diagrama Venn para comparar a los españoles que se quedaron a colonizar Costa Rica con los que colonizaron otros países como México y Perú.

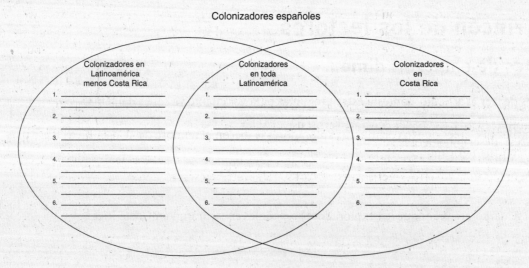

2. ¿Por qué dicen los costarricenses que Juan Valdez bebe café costarricense?

¡Escríbelo!

Antes de escribir

In *¡Dímelo tú!*, **Capítulo 11, ¡Escríbelo!** you learned that in journalistic writing, it is very important to include all the facts. In particular, it is important to always keep in mind the seven specific questions all good journalists try to address: what, when, where, how, who, and how long ago were the final results.

Since in this activity you will be asked to interview a classmate and write a brief article about how your classmate ended up at your university, you may want to begin by asking your classmate the seven questions any good journalist would ask. Then write a first draft of a journalistic article to be published in a special series your campus newspaper is featuring: **Los estudiantes de tu universidad.** Try to address the seven questions all good journalists keep in mind.

_____

_____

_____

_____

_____

_____

_____

_____

Atajo Writing Assistant: You may now use the Atajo Writing Assistant to explore possible ways to write a good journalistic article, to check your grammar and spelling, to consult the dictionary, to conjugate verbs, and to receive suggestions for useful phrases. Search for the following vocabulary or topics.

Vocabulary: family members; people; personality; professions; upbringing
Grammar: verbs: use of **ser** & **estar**; verbs: use of **soler**; verbs: use of **llegar a ser, hacerse**
Phrases: describing people
Verb conjugator: estar (presente, pretérito, imperfecto); ser (presente, pretérito, imperfecto); vivir (presente, pretérito, imperfecto); gustar (presente, pretérito, imperfecto)

_____

_____

_____

_____

Ahora ¡a revisar! Based on what you learned in this chapter and from using the Atajo Writing Assistant, rework and make the necessary changes to your draft from the **Antes de escribir** section.

La versión final. Now create a title and prepare the final version of your article about your classmate. Make sure you provided all pertinent information in an organized manner.

Título:

_____

_____

_____

_____

_____

_____

_____

_____

_____

_____

_____

_____

_____

Práctica de comprensión auditiva 🎧

PASO 1 La vida era hermosa

Listening comprehension practice of *Vocabulario*

A. Palabras. Escucha las siguientes afirmaciones y selecciona las palabras que mejor completan su significado. Se repetirá. [CD 7, track 2]

1. _____ a. ginecología. b. quehaceres. c. cirugía.

2. _____ a. medio ambiente. b. ejército. c. cancha.

3. _____ a. la infancia. b. la discriminación racial. c. la educación primaria.

4. _____ a. el pájaro. b. la tortuga. c. el mono.

B. Ah, los niños. Mercedes le cuenta a su padre lo que ocurrió entre ella y su hermanito Ricardo. Escucha su conversación y luego indica si las oraciones que siguen son ciertas (**C**) o falsas (**F**). La conversación se repetirá. [CD 7, track 3]

1.	C	F	El problema era que Ricardo le pegó a Mercedes.
2.	C	F	Mercedes y Marcela estaban en la iglesia cuando llegó Ricardo.
3.	C	F	Ricardo traía una pistola de agua.
4.	C	F	Le pegó hasta que llegó la madre de los chicos.
5.	C	F	El padre insiste en que Ricardo le pida perdón a su hermana.

Listening comprehension practice of *En preparación*, 11.1

Imperfect of regular verbs

Talking about past events

C. Nostalgia de la niñez. Francisco Blanco es un abogado de San José que trabaja demasiado. Ahora piensa en los días maravillosos de su infancia. Escucha lo que cuenta, y conecta a cada persona con lo que hacía en su infancia. La narración se repetirá. [CD 7, track 4]

_____ 1. Su hermano mayor…

_____ 2. Los clientes de su padre…

_____ 3. Su mamá…

_____ 4. Sus tíos…

_____ 5. Francisco y sus amigos…

_____ 6. El padre de Francisco…

a. invitaban a toda la familia a su casa a pasar el domingo.

b. llevaba a Francisco a la playa.

c. tenía una tienda de ropa.

d. jugaban al béisbol en el parque.

e. lo saludaban cuando estaba en la tienda.

f. hacía ensaladas maravillosas con los vegetales de su jardín.

D. ¡Cómo cambiamos con los años! Escucha a Lidia Carrasco hablar de cómo su familia ha cambiado con el tiempo y, de acuerdo con lo que oyes, escribe el presente o el imperfecto del verbo en cada oración. Se repetirá. [CD 7, track 5]

1. La familia de Lidia _____ en la ciudad.

2. Su padre _____ en un banco.

3. Su madre _____ mucho que hacer en casa con los cinco hijos.

4. La abuela de Lidia ya no _____ de dependienta.

5. Lidia _____ ser profesora de química.

Listening comprehension practice of *En preparación*, 11.2

Uses of the imperfect

Talking about what we used to do

E. La escuela primaria. Mientras limpiaba su sótano *(basement)*, María Luisa encontró una composición que había escrito de niña. Escucha mientras la lee, y resume lo que dice completando las siguientes oraciones con el imperfecto de los verbos que usa en su composición. Se repetirá. [CD 7, track 6]

1. Los amigos de María Luisa la _____ Mari.

2. María Luisa _____ a su mamá todos los días.

3. María Luisa siempre _____ que hacer la tarea antes de mirar la televisión.

4. Los fines de semana María Luisa _____ a jugar con su amiga Pepita.

5. Cuando María Luisa escribió esta composición, su hermano menor _____ cuatro años.

6. Su hermano era tan malo que a veces María Luisa _____ más a su perrito que a su hermano.

F. ¡Hogar, dulce hogar! La vida a veces se complica. Escucha a Enrique mientras se queja *(complains)* de todas las cosas que tiene que hacer ahora. Para saber quién las hacía antes, completa las siguientes oraciones con el imperfecto de los verbos que escuchas. Se repetirá. [CD 7, track 7]

1. Antes la _____ mi mamá.

2. Antes las _____ mi mamá.

3. Cuando vivía en casa, la _____ mis padres.

4. Cuando vivía en casa, _____ mi papá.

5. Antes, todos nosotros _____ la casa.

Listening comprehension practice of *En preparación,* 11.3

Imperfect of ser, ir, *and* ver

Describing how you used to be, where you used to go, what you used to see

G. Nos interesa el béisbol tanto como antes. La familia de Paula fue siempre muy aficionada al béisbol. Completa las siguientes oraciones con el imperfecto de los verbos que escuchas para ver que algunas cosas no cambian. Se repetirá. [CD 7, track 8]

> MODELO YOU HEAR: El béisbol es muy especial para nosotros.
> YOU WRITE: También cuando yo era niña, el béisbol **era** muy especial para nosotros.

1. También cuando yo era niña, _____ a un partido de béisbol todos los fines de semana.

2. También cuando yo era niña, mis hermanos y yo _____ muy aficionados al deporte.

3. También cuando yo era niña, los Yanquis _____ nuestro equipo favorito.

4. También cuando yo era niña, siempre _____ a los Yanquis cuando jugaban en nuestra ciudad.

5. También cuando yo era niña, nuestros padres _____ con nosotros.

H. Trabajo social. Tú y otro(a) trabajador(a) social *(social worker)* están estrevistando a un niño que tiene problemas en la escuela. Tu colega te dice lo que tienes que preguntar. Cambia las afirmaciones de tu compañero(a) a preguntas, como en el modelo, usando el imperfecto de los verbos. Se repetirá. [CD 7, track 9]

> MODELO YOU HEAR: Es necesario saber si este chico era muy rebelde.
> YOU WRITE: **¿Eras** muy rebelde?

1. ¿_____ a todas tus clases?

2. ¿_____ mucho la tele?

3. ¿En qué materias _____ bueno?

4. ¿_____ a casa después del colegio?

5. ¿_____ a tus amigos todos los días?

PASO 2 Cuando era niño era muy feliz en... ¡Costa Rica!

Listening comprehension practice of *Vocabulario*

I. Palabras. Escucha las siguientes afirmaciones y selecciona las palabras que mejor completan su significado. Se repetirá. [CD 7, track 10]

1. _____ a. se pincha.   b. entra en erupción.   c. desconecta.

2. _____ a. pasado mañana.   b. anteayer.   c. anoche.

3. _____ a. el teatro.   b. el sonido.   c. la pantalla.

4. _____ a. provechoso.   b. sostenible.   c. unido.

J. Y más excusas… Abelardo está hablando de la tarea con su profesor. Escucha su conversación y luego marca la letra de la frase que mejor completa cada oración. La conversación se repetirá. [CD 7, track 11]

1. Abelardo no terminó la tarea para la clase de informática porque…

   a. no había electricidad.

   b. su computadora estaba enchufada.

   c. el autobús que va al centro de informática nunca llegó.

   d. Todas estas respuestas.

2. En casa de Abelardo no tuvieron electricidad por…

   a. un día.

   b. una noche.

   c. veinte minutos.

   d. Ninguna de estas respuestas.

3. Abelardo no fue al centro de informática de la universidad porque…

   a. el centro estaba cerrado.

   b. el carro no funcionó.

   c. perdió el autobús.

   d. Todas estas respuestas.

4. El profesor insistió en que Abelardo…

   a. no tenía la culpa porque su computadora no funcionó.

   b. debía hacer la tarea para el día siguiente.

   c. no debe esperar hasta el último momento par hacer la tarea.

   d. Ninguna de estas respuestas.

5. El profesor…

   a. perdonó a Abelardo.

   b. no aceptó la excusa de Abelardo.

   c. decidió darle un examen a Abelardo.

   d. decidió que Abelardo no tenía la culpa.

Listening comprehension practice of *En preparación*, 11.4

Preterite and imperfect: Completed and continuous actions

Describing completed actions and actions in progress in the past

K. Explicaciones. Pedro tiene excusas para todo lo que no hace. Escucha las preguntas de su padre, y completa las respuestas de Pedro usando el pretérito o el imperfecto del verbo que se da como pista *(cue)*. Se repetirá. [CD 7, track 12]

    MODELO   YOU HEAR: ¿Por qué no compraste sellos? (tener)

                 YOU WRITE: No **tenía** dinero.

1. Porque _____ de ver una película.

2. Porque _____ demasiado calor.

3. Porque _____.

4. No, porque _____ el número.

5. Porque _____ demasiado tarde.

L. ¿Por qué no viniste? María está tratando de excusarse por faltar a la fiesta anoche. Completa su explicación. Se repetirá. [CD 7, track 13]

Yo (1) _____ a salir cuando me llamó una amiga por teléfono. Ella me dijo que (2) _____

ayuda urgentemente. Estaba sola y se sentía muy enferma. (3) _____ en seguida a su casa.

Cuando la vi le dije que a mí me parecía que (4) _____ ir al hospital. La llevé al hospital en mi

coche y (5) _____ con ella toda la noche. No regresé a casa hasta esta mañana. (6) _____

tanto sueño que me acosté enseguida y dormí unas tres horas.

Listening comprehension practice of *En preparación*, 11.5

Preterite and imperfect: Beginning/end and habitual/customary actions
Describing the beginning or end of actions and habitual past actions

M. ¡Maldita computadora! Escucha mientras tu amigo te dice qué ocurrió anoche mientras escribía su trabajo final *(term paper)* en su computadora. Marca con un círculo (**C**) si la acción ya se terminó *(a completed action)* o (**P**) si estaba pasando *(in progress)*. Se repetirá. [CD 7, track 14]

1.	C	P	trabajar en la computadora
2.	C	P	sonar el teléfono
3.	C	P	contestarlo
4.	C	P	nadie decir nada
5.	C	P	regresar a la computadora
6.	C	P	haber un corte de electricidad
7.	C	P	tratar de recuperar el trabajo
8.	C	P	no haber nada en la memoria

N. Alejandro el mecánico. Escucha a Alejandro mientras habla de cómo se hizo mecánico, y completa su historia. Se repetirá. [CD 7, track 15]

De niño, siempre (1) _____ con coches de juguete. Cuando me ofrecían regalos, nunca

(2) _____ un animal de peluche. Me interesaban solamente los coches y otras máquinas.

A los dieciséis años me compraron mi primer coche y me (3) _____ más estudiar el motor

que manejar. Pasaba mucho tiempo en el garaje arreglando los coches de mis amigos.

Fui a la universidad, donde (4) _____ derecho y me hice abogado. Conseguí un empleo

muy bueno y ganaba mucho dinero, pero siempre pensaba en la felicidad que sentía cuando

(5) _____ motores. Un día, decidí cambiar de vida. Les dije en la oficina que me

(6) _____. Con el dinero que tenía en el banco (7) _____ un taller. Ahora me

dedico a los coches como mecánico profesional. Tengo las manos sucias, pero el corazón contento.

PASO 3 No lo he hecho... pero dónde mejor que en Costa Rica

Listening comprehension practice of *Vocabulario*

O. Palabras. Escucha las siguientes afirmaciones y selecciona las palabras que mejor completan su significado. Se repetirá. [CD 7, track 16]

1. _____   a. hago la ruta.   b. es inolvidable.   c. no me atrevo.

2. _____   a. experto.   b. bilingüe.   c. aburrida.

3. _____   a. el maratón.   b. el campo de golf.   c. el descenso.

4. _____   a. postales.   b. canoas.   c. cheques.

Listening comprehension practice of *En preparación*, 11.6

Present perfect

Talking about what people have or haven't done

P. Unas vacaciones en Costa Rica. Tomás y Fabiola Salas están de vacaciones en Costa Rica. Regresan a los Estados Unidos en dos días y están hablando de todo lo que han hecho y lo que les falta por hacer. Escucha su conversación y luego indica cuál de las posibilidades que aparecen a continuación contesta mejor las preguntas. La conversación se repetirá. [CD 7, track 17]

1. ¿Cuánto tiempo han estado Tomás y Fabiola en Costa Rica?

   a. Cinco días.

   b. Un poco más de una semana.

   c. Casi una semana.

2. ¿Cuándo van a regresar a los Estados Unidos?

   a. El viernes.

   b. El miércoles.

   c. En una semana.

3. ¿Adónde van a hacer una excursión mañana?

   a. Al Teatro Nacional.

   b. Al Museo de Oro.

   c. Al volcán Poas.

4. ¿A quién no le ha escrito Tomás?

   a. A la madre de Fabiola.

   b. A su madre.

   c. A unos amigos.

5. ¿A quién no le ha comprado un regalo Fabiola?

   a. A su madre.

   b. A la madre de Tomás.

   c. A Jaime y a Josefina.

Q. ¡Qué vacaciones! La señora Alvarado está muy nerviosa porque tienen que volar hoy a Costa Rica y nadie está listo. Escucha sus quejas y completa este resumen de sus historias usando el presente perfecto de los verbos que menciona. Se repetirá. [CD 7, track 18]

1. hacer / comprar   Jorge no _____ la maleta.

2. cerrar / arreglar   El padre no _____ la ventana.

3. encontrar / comprar   La hija no _____ un traje de baño.

4. sacar / poner   La madre no _____ dinero del banco.

5. traer / llevar   Nadie _____ el perro a la casa de los abuelos.

R. Una vida nueva. Tus amigos ya han comenzado a poner en práctica los consejos para una vida más sana. Completa las siguientes oraciones con el presente perfecto de los verbos para saber cómo han cambiado. Se repetirá. [CD 7, track 19]

> MODELO   YOU HEAR: Todos debemos comenzar una nueva vida.
>   YOU WRITE: Ya **hemos comenzado** una nueva vida.

1. Ya _____ de fumar.

2. Ya _____ a dieta.

3. Ya _____ una bicicleta.

4. Ya _____ a comer bien.

5. Ya _____ miembros de un gimnasio.

Pronunciación [CD 7, track 20]

As you learned in *¡Dímelo tú!*, **Capítulo 7,** in parts of Spain and all of Spanish America, the letter **z** is identical in pronunciation to the sibilant **s.**

You probably know by now also that the letter **z** and the letter **c** followed by **i** or **e** are voiced in some areas of Spain as the English *th* (as in *thorough* or *thick*).

This use of the **z** as *th* is known as a lisp. There is a legend that says that this lisp was adopted by Spaniards to imitate their "lispy" king. As with all legends, this is a poetic way to explain the logical evolution of the Spanish language.

Note that the use of **z** as *th* is not a lisp. A lisp is a mispronunciation of the sibilant **s** sound, and this sibilant **s** is perfectly pronounced in those areas of Spain where the **z** is pronounced *th.*

Listen to the following words, and indicate whether the speaker is voicing **z** and **c** as *th* (**th**) or as **s** (*s*).

1. th s   2. th s   3. th s

Acentuación [CD 7, track 21]

Remember that an accent mark can become grammatical, meaning that it may not be necessary for pronunciation purposes, but it helps us distinguish two similar words.

el *(the)*	él *(he, him)*
mi *(my)*	mí *(I)*
tu *(your)*	tú *(you)*
si *(if)*	sí *(yes)*
se *(impersonal/reflexive)*	sé *(I know)*

Remember also that the accent is used with interrogative and exclamative words.

¿Cuándo…?   *When…?*   ¿Cómo…?   *How…?*   ¡Qué…!   *What a…!*

Listen to the following sentences and write the required accent marks.

1. Estoy en mi casa solo, y no se que hacer.

2. Y tu, ¿tienes dinero para mi?

3. El saber es una cosa importante, si. Pero, ¿que me dices del aprender?

Dictado [CD 7, track 22]

Escucha las siguientes afirmaciones sobre Costa Rica y su tradición democrática, y escribe lo que escuchas. El dictado se repetirá.

1. _____

_____

2. _____

_____

3. _____

_____

CAPÍTULO **12 Por los caminos del Inca... en Perú**

Práctica escrita

PASO 1   ¡Mañana empezaremos el camino del Inca!

Practice of *Vocabulario*

Antes de completar estas actividades, revisa el Vocabulario del Capítulo 12, Paso 1, y visualiza su significado mientras repasas palabra por palabra. Para ayudarte con la pronunciación, escucha el Text Audio CD de ¡Dímelo tú!

A. Asociaciones. Escribe la letra de la palabra de la columna B al lado de la palabra de la columna A con la cual se asocia.

	A		B
_____	1. otra vez	a.	vivienda
_____	2. cámara	b.	plantar
_____	3. antiguo	c.	viejo
_____	4. cultivar	d.	video
_____	5. palacio	e.	repetir

B. No pega. ¿Cuál de estas palabras no pertenece a cada grupo?

1. casa	palacio	vivienda	espectáculo
2. lindo	bonito	soroche	guapo
3. bienes	propiedad	dueño	próximo
4. teatro	espectáculo	peligro	película
5. arriba	región	ciudad	país

Practice of *En preparación,* 12.1

Future tense of regular verbs

Talking about the future

C. ¿Qué vas a hacer? Dinos qué harás después de graduarte.

1. ¿Tomarán tú y tus amigos unas vacaciones para celebrar?

   _____

2. ¿Empezarás a trabajar enseguida después de la graduación?

   _____

3. ¿Vivirás con tus padres por un tiempo?

   _____

4. ¿Te ayudarán tus padres económicamente si no encuentras trabajo?

   _____

5. ¿Asistirás a clases para graduados después de trabajar un tiempo?

   _____

D. ¡Sueños! Elena está en su clase de economía soñando con sus próximas vacaciones. Según Elena, ¿qué es lo que hará?

Cuando terminen las clases, (1) _____ (yo / ir) a Machu Picchu en tren con

mi amiga Lola. En el tren, (2) _____ (yo / conocer) a muchas personas

interesantes. Los camareros (3) _____ (traerme) la comida a mi cabina y

(4) _____ (sentirme) como una reina. En Machu Picchu Lola y yo

(5) _____ (caminar) mucho y (6) _____ (sacar) muchas

fotos. Después, Lola (7) _____ (comprar) algunos regalos y yo

(8) _____ (conversar) con los guías guapos. ¡(9) _____

(Divertirnos) muchísimo!

Practice of *En preparación,* 12.2
Future tense of verbs with irregular stems
Talking about the future

E. ¡¿Cuarenta años?! ¿Cómo es tu vida ahora y cómo será cuando tengas 40 años? Sigue el modelo.

> MODELO   Ahora **tengo** que estudiar. (trabajar)
> A los 40 años **tendré que trabajar.**

1. Ahora **quiero** bailar toda la noche. (descansar)

   A los 40 años _____.

2. Ahora **salgo** con mis amigos. (esposo/esposa)

   A los 40 años _____.

3. Ahora **puedo** comprar sándwiches. (langosta)

   A los 40 años _____.

4. Ahora mis posesiones **valen** poco. (mucho más)

   A los 40 años _____.

5. Ahora no **hago** mi cama. (tampoco)

   A los 40 años _____.

F. ¿Qué pasará? ¿Qué hará esta estudiánte si gana mucho dinero en la lotería? Llena los espacios con la forma apropiada de los verbos en el futuro.

¡Si me gano la lotería no **(1)** _____ (saber) qué hacer! Mmmm,

(2) _____ (poner) algún dinero en el banco. **(3)** _____

(Decirles) adiós a todos en la clase de español y **(4)** _____ (irme) a México

para aprender español. Mis padres **(5)** _____ (poder) viajar por todo el mundo

porque yo **(6)** _____ (darles) $50.000. Mi hermano **(7)** _____

(querer) también parte del dinero, pero no **(8)** _____ (haber) problema: ¡yo

(9) _____ (ser) rica!

PASO 2 Imagínate... un Perú todavía mejor!

Practice of *Vocabulario*

Antes de completar estas actividades, revisa el Vocabulario del Capítulo 12, Paso 2, y visualiza su signifi-
cado mientras repasas palabra por palabra. Para ayudarte con la pronunciación, escucha el Text Audio
CD *de* **¡Dímelo tú!**

G. Sinónimos o antónimos. Indica si estos pares de palabras son sinónimos o antónimos.

S A   1. útil / necesario

S A   2. bienes / propiedad

S A   3. sin duda / en absoluto

S A   4. externo / interno

S A   5. mitad / entero

H. Cosas y personas. ¿Qué palabras de la columna A identificas con las definiciones de la columna B?

Columna A	Columna B
_____ 1. siglo	a. Emplear dinero en una operación para obtener beneficios.
_____ 2. invertir	
_____ 3. préstamo	b. Persona que tiene iniciativa para iniciar negocios y aventuras financieras.
_____ 4. emprendedora	c. Disfrutar.
_____ 5. gozar	d. Dinero u objeto que se presta con condiciones, normalmente a cambio de dinero.
	e. Cien años.

I. Asociaciones. Indica la palabra de la columna B que se asocia con la de la columna A.

A	B
_____ 1. hospedar	a. terminar
_____ 2. agencia	b. interés
_____ 3. fomentar	c. grupo
_____ 4. especie	d. viaje
_____ 5. préstamo	e. casa

Practice of *En preparación,* 12.3

Conditional of regular and irregular verbs

Stating what you would do

J. ¡Último día! Si hoy fuera *(were)* el último día en la universidad, ¿qué pasaría?

1. yo / estar contentísimo(a)

_____

2. padres / hacer / fiesta grande

_____

3. abuelos / regalarme / algo especial

_____

4. yo / buscar trabajo

_____

5. tener / empezar a pagar / préstamos

_____

K. ¡Responsabilidades! ¿Cómo dividirían tú y una amiga las responsabilidades al prepararse para hacer un viaje de tres semanas a Perú? Explica quién se ocuparía de ellas.

> MODELO   ¿Tu amiga? planear los detalles del viaje
> **Mi amiga planearía los detalles del viaje.**

1. ¿Tu amiga? comprar los billetes

_____

2. ¿Ustedes dos? empacar las maletas

_____

3. ¿Tú? reservar un carro

_____

4. ¿Tu amiga? <u>hacer</u> las reservaciones del hotel

_____

5. ¿Ustedes dos? <u>hacer</u> las compras para el viaje

_____

L. ¡Mi mundo ideal! ¿Cómo sería el mundo ideal de este joven peruano?

Para mi mundo ideal, yo **(1)** _____ (cambiar) muchas cosas. Los países

(2) _____ (estar) obligados a dar el 10% de su Producto Nacional Bruto para ayudar a

los países más pobres. En mi mundo no **(3)** _____ (haber) armas nucleares y los

gobiernos **(4)** _____ (invertir) mucho dinero en investigación para encontrar una

vacuna para el SIDA y una cura para el cáncer. En mi mundo nadie **(5)** _____ (estar)

sin casa, no **(6)** _____ (haber) guerra y todos **(7)** _____ (respetar) el

valor de la vida humana. ¡Qué bello **(8)** _____ (ser) mi mundo!

PASO 3   ¡No te diviertas demasiado... en Cuzco!

Practice of _Vocabulario_

Antes de completar estas actividades, revisa el Vocabulario del Capítulo 12, Paso 3, y visualiza su signifi-
cado mientras repasas palabra por palabra. Para ayudarte con la pronunciación, escucha el Text Audio
CD _de_ ¡Dímelo tú!

M. Asociaciones. Escribe la letra de la palabra de la columna B al lado de la palabra o expresión de
la columna A con la que se asocia.

	A		B
_____	**1.** canotaje	a.	montaña
_____	**2.** repelente	b.	beneficioso
_____	**3.** solsticio	c.	aduana
_____	**4.** productivo	d.	paseo
_____	**5.** frontera	e.	verano
_____	**6.** excursión	f.	mosquito
_____	**7.** cordillera	g.	canoa

N. Crucigrama. Usa las indicaciones a continuación para completar este crucigrama.

Horizontal

1. día de trabajo
5. hombre
6. _____ dental
7. *past participle of* **ser**
10. lo contrario de **encuentra**
11. verano: anteojos de _____
13. ¡Yo no voy! ¡_____ tú!
14. preposición
15. algo que se da para un cumpleaños

Vertical

2. no acordarse
3. quedarse en un hotel
4. documento de nacionalidad
8. se usa para limpiarse los dientes
9. de donde viene alguien
11. cien años
12. cartera
13. edad avanzada

Practice of *En preparación*, 12.4

Tú commands: A second look

Requesting, advising, and giving orders to people

O. ¡Cuidado con los osos! Sonia Sánchez y su familia van de vacaciones a Alaska. ¿Qué les dice sobre los osos *(bears)* su amiga Juanita, que visitó Alaska el año pasado?

> MODELO   Si ves un oso, no debes correr.
> **Si ves un oso, no corras.**

1. Si un oso se acerca, no debes darle comida.

   _____

2. Si el oso está cerca del carro, no debes salir.

   _____

3. Si ves algunos ositos, no debes jugar con ellos.

   _____

4. Si el oso te persigue *(chases you)*, no debes trepar *(climb)* un árbol.

   _____

5. Si el oso está cerca de ti, no debes fingir que estás muerta.

   _____

P. ¡Más consejos! ¿Qué otros consejos le da Juanita?

> MODELO   Es mejor no beber el agua del río.
> **No bebas el agua del río.**

1. Es importante no dejar comida en la tienda de campaña *(tent)*.

   _____

2. Es preferible no hacer ruido por la noche.

   _____

3. Es fundamental apagar el fuego completamente antes de dormirse.

   _____

4. Es esencial limpiar el campamento al irse.

   _____

5. Es peligroso caminar sola por la noche.

_____

6. Es obligatorio tener un mapa de la región.

_____

El rincón de los lectores

Antes de empezar, dime...

Antes de leer, dinos lo que sabes sobre Lima, la capital de Perú. Indica si estás de **acuerdo (A)** o en **desacuerdo (D)** con estos comentarios sobre Lima. Luego lee la lectura y decide si tenías razón o no.

1.	A	D	Para muchos turistas, Lima solo es la puerta a Cuzco, Machu Picchu y otros sitios incaicos.
2.	A	D	Lima es una ciudad incaica típica. Tiene muy poca influencia española.
3.	A	D	En las tiendas de Lima es posible encontrar artesanía de todo el país.
4.	A	D	Debido al turismo, de noche todos los bares y clubes nocturnos en Lima tocan música disco.
5.	A	D	Lima se llama la Ciudad de los Reyes *(kings)* porque allí vivieron todos los reyes del imperio inca.

Lectura

Lima: la Ciudad de los Reyes

Para muchos turistas que visitan Lima, esta es una ciudad para descansar de un largo viaje y prepararse para ir a otro lugar interesante. Pero en vez de prepararnos para viajar inmediatamente a Cuzco y Machu Picchu, o a los secretos del Amazonas, debemos pensar en las maravillas que ofrece una ciudad como Lima.

Lima, la capital de Perú, es única en Hispanoamérica. En esta hermosa ciudad se encuentra una combinación del mundo típico de los Andes con la fuerte tradición de un pasado español y la exquisita experiencia de una ciudad moderna y espectacular. Una visita a Perú tiene que empezar en Lima, la puerta del país.

En la mayoría de las tiendas de Lima se encuentran los retablos *(carved altarpieces)* de la región de Ayacucho, la cerámica de la selva del Amazonas y las máscaras de diablos *(devils' masks)* de la zona del lago Titicaca.

En la vida nocturna de Lima siempre se escuchan en algún lugar los sonidos de la música andina de Huancayo o Cajamarca, y la marinera del norte de Trujillo. Y Lima, más que otras ciudades de Hispanoamérica, guarda en sus hermosos museos recuerdos de la cultura inca.

Lima fue llamada originalmente la «Ciudad de los Reyes», porque fue fundada en la fiesta religiosa de los tres Reyes Magos o Epifanía. En un tiempo fue llamada también la «Ciudad de los Jardines» porque estaba rodeada de un ambiente pastoril de huertos *(orchards)* y campos verdes.

Y ahora, dime...

1. Compara la Lima moderna con la Lima antigua. Indica las características de cada una.

<table>
<tr><td>LA LIMA MODERNA</td><td>LA LIMA ANTIGUA</td></tr>
<tr><td>1. _____</td><td>1. _____</td></tr>
<tr><td>2. _____</td><td>2. _____</td></tr>
<tr><td>3. _____</td><td>3. _____</td></tr>
<tr><td>4. _____</td><td>4. _____</td></tr>
<tr><td>5. _____</td><td>5. _____</td></tr>
<tr><td>6. _____</td><td>6. _____</td></tr>
</table>

2. Explica los dos nombres de Lima: «Ciudad de los Reyes» y «Ciudad de los Jardines».

_____

¡Escríbelo!

Antes de escribir

In *¡Dímelo tú!,* Capítulo 12, ¡Escríbelo! you learned that, when writing, it is extremely important to keep in mind the point of view being developed because different points of view will result in very different interpretations of the same incident.

Since in this activity you will be asked to describe a recent trip you took with your family from three points of view—yours, that of your parents, and that of your youngest or oldest sibling, you may want to begin by creating three lists: one with your views on the trip, one with your parents' views, and one with your sibling's views. Keep in mind how reactions and interpretations of parents differ from those of older children and of younger children. Then write a first draft of a family trip from the three points of view: yours, your parents', and your older or younger sibling's. If you do not have an older or younger sibling, make one up. Be sure to allow for differing reactions and interpretations due to age differences when presenting each point of view.

_____

_____

_____

_____

_____

_____

_____

_____

Atajo Writing Assistant: You may now use the Atajo Writing Assistant to explore various points of view, to check your grammar and spelling, to consult the dictionary, to conjugate verbs, and to receive suggestions for useful phrases. Search for the following vocabulary or topics.

Vocabulary: family members; directions & distance; emotions: negative; emotions: positive; means of transportantion; personality; traveling

Grammar: verbs: use of **tener;** verbs: imperative (various); verbs: reflexive; verbs: progressive tenses

Phrases: describing places; describing people; denying; describing the past; disapproving; encouraging; expressing conditions, reassuring

Verb conjugator: estar (presente, pretérito, imperfecto, imperativo); ser (presente, pretérito, imperfecto, imperativo); ir (presente, pretérito, imperfecto, imperativo); gustar (presente, pretérito, imperfecto, imperativo), decir (presente, pretérito, imperfecto, imperativo)

_____

_____

_____

_____

_____

Ahora ¡a revisar! Based on what you learned in this chapter and from using the Atajo Writing Assistant, rework and make the necessary changes to your draft from the **Antes de escribir** section.

La versión final. Now create a title and prepare the final version of your description of the family trip from three points of view. Make sure you have allowed for differing reactions and interpretations due to age differences.

Título:

_____

_____

_____

_____

_____

_____

_____

_____

_____

_____

_____

_____

_____

Práctica de comprensión auditiva 🎧

PASO 1 ¡Mañana empezaremos el camino del Inca!

Listening comprehension practice of *Vocabulario*

A. Palabras. Escucha las siguientes afirmaciones y selecciona las palabras que mejor completan su significado. Se repetirá. [CD 7, track 23]

1. _____
   a. un palacio.
   b. la capital.
   c. un monumento.

2. _____
   a. próximo.
   b. antiguo.
   c. dueño.

3. _____
   a. cultivar.
   b. reservar.
   c. quejarse.

4. _____
   a. fortaleza.
   b. precolombino.
   c. tierra.

B. Planes para una fiesta. Teresa está organizando una fiesta y se lo comenta a su amiga Corazón. Escucha la conversación que tiene lugar y responde a las siguientes preguntas. Se repetirá. [CD 7, track 24]

1. ¿Qué tipo de fiesta quiere hacer Teresa?

   _____

2. ¿Para quién quiere hacer la fiesta?

   _____

3. ¿De qué va a estar cansado el padre de Teresa?

   _____

4. ¿Qué va a pedir Corazón?

   _____

5. ¿Qué va a hacer Corazón?

   _____

Listening comprehension practice of *En preparación*, 12.1

Future tense of regular verbs
Talking about the future

C. ¡Fama y dinero! Completa el siguiente párrafo, según lo que escuchas, para conocer los planes de Martín Vega. Se repetirá. [CD 7, track 25]

Yo (1) _____ en junio de la universidad. (2) _____ el verano en Europa, y después empezaré mis estudios en la facultad de derecho. En enero mi novia y yo nos

(3) _____. Viviremos en un apartamento. Después de terminar nuestros estudios de

derecho, los dos seremos abogados. Ella (4) _____ para una empresa privada y yo, para

el gobierno. Compartiremos todas las responsabilidades. Reuniremos un poco de dinero y nos

(5) _____ una casa bonita. Nuestros padres nos (6) _____ con

frecuencia. Creo que nuestra vida será muy agradable.

D. Planes. Escucha a Carlos mientras habla de lo que quiere hacer en el futuro. Selecciona la letra de la oración que describe lo que hará. Se repetirá. [CD 7, track 26]

1. _____
   a. Volverán de los Estados Unidos.
   b. Conocerán a unos centroamericanos.
   c. Viajarán por los Estados Unidos.

2. _____
   a. Estudiará derecho.
   b. Consultará con un ingeniero.
   c. Dejará su práctica legal.

3. _____
   a. Buscará su propio apartamento.
   b. Mis padres vivirán con él en mi casa.
   c. Seguirá viviendo con sus padres.

4. _____
   a. Les prestará dinero a sus padres.
   b. Pedirá un préstamo en el banco.
   c. Pagará los estudios sin problema.

5. _____
   a. Carlos ayudará a sus padres.
   b. Los padres de Carlos no lo ayudarán.
   c. Los padres de Carlos le darán dinero.

Listening comprehension practice of *En preparación,* 12.2

Future tense of verbs with irregular stems

Talking about the future

E. Tranquilízate. Hay algunas cosas que preocupan a tu amiga Mari Carmen. Escucha lo que dice, y luego asegúrale que va a estar bien. Escribe tus respuestas con el futuro de los verbos. Se repetirá. [CD 7, track 27]

> MODELO   YOU HEAR: ¿Por qué no me llama Alicia?
> YOU WRITE: No te preocupes. Pronto **te llamará.**

1. No te preocupes. Pronto _____.

2. No te preocupes. Pronto _____.

3. No te preocupes. Pronto _____.

4. No te preocupes. Pronto _____.

5. No te preocupes. Pronto _____.

F. La cena del año. Los Figueroa tienen invitados para cenar, pero todo parece estar yendo mal. Escucha los problemas de la señora Figueroa y las pistas que los acompañan, y completa estas oraciones con el futuro de los verbos que te dan como pista. Se repetirá. [CD 7, track 28]

1. No sabe si _____ para preparar la comida.

2. No sabe si Juan Pedro _____ la sala.

3. No sabe si los Michelena _____ o no.

4. No sabe cuándo Ana María _____

5. No sabe quién _____ a comprar flores.

PASO 2   ¡Imagínate... un Perú todavía mejor!

Listening comprehension practice of *Vocabulario*

G. Palabras. Escucha las siguientes afirmaciones y selecciona las palabras que mejor completan su significado. Se repetirá. [CD 7, track 29]

1. _____ a. el desarrollo. b. el medio ambiente. c. la salud.

2. _____ a. mortalidad. b. sostenibilidad. c. salud.

3. _____ a. el desarrollo humano. b. el SIDA. c. la salud materna.

4. _____ a. la alianza mundial. b. el interés. c. la igualdad y la pobreza.

H. ¡Quejas! Apolonia y Angelita, dos viudas *(widows)* peruanas, están de paseo y se encuentran en la Plaza de Armas en Lima. Escucha su conversación. Luego contesta las preguntas a continuación. La conversación se repetirá. [CD 7, track 30]

1. Angelita tiene…
   a. setenta años.
   b. diecisiete años.
   c. sesenta años.

2. Angelita siente…
   a. no poder visitar Sipán.
   b. no estar en una clase de yoga.
   c. muchos dolores.

3. Angelita recibió…
   a. una carta de la hija de Apolonia.
   b. una postal de su hijo.
   c. dinero de la hija de Apolonia.

4. Angelita y Apolonia…
   a. serán parientes.
   b. serán andinistas.
   c. serán optimistas.

Listening comprehension practice of *En preparación,* 12.3
Conditional of regular and irregular verbs
Stating what you would do

I. ¡Lotería! Unos estudiantes están hablando sobre lo que harían si les tocara el gordo de la lotería *(if they won the lottery)*. Completa estas oraciones para saber lo que harían con el dinero. [CD 7, track 31]

1. Yo me _____ unas vacaciones fabulosas de un mes. _____ un viaje alrededor del mundo.

2. Yo no _____. _____ todo el dinero en una cuenta de ahorros.

3. Yo _____ de estudiar inmediatamente. Probablemente no _____ tampoco.

4. Yo _____ todo el dinero. Con suerte, _____ millonario en unos cuantos años.

5. Yo _____ el dinero con mis familiares. De esa manera, nadie en la familia _____ que trabajar.

6. Yo _____ un contrato para trabajar en una película. Y si no me lo quisieran dar, ¡_____ la empresa!

J. Conversando a la hora del almuerzo. Unos empleados están almorzando juntos. Escucha su conversación y conecta las frases de la columna B con las personas de la columna A para saber lo que harían si fueran elegidos presidentes de Perú. Se repetirá. [CD 7, track 32]

	A		B
_____	**1.** Ana María...	a.	desarrollaría los recursos naturales.
_____	**2.** Alfredo...	b.	eliminaría la pobreza.
_____	**3.** Isabel...	c.	pediría dinero a los Estados Unidos.
_____	**4.** Carlos...	d.	invertiría todos los ahorros.
_____	**5.** Susana...	e.	crearía mucho empleo.

PASO 3   ¡No te diviertas demasiado... en Cuzco!

Listening comprehension practice of *Vocabulario*

K. Palabras. Escucha las siguientes afirmaciones y selecciona las palabras que mejor completan su significado. Se repetirá. [CD 7, track 33]

1. _____	a.	solsticio.	b.	capital.	c.	repelente.
2. _____	a.	la aduana.	b.	la casa.	c.	la alcoba.
3. _____	a.	respetuosa.	b.	sólida.	c.	moneda.
4. _____	a.	inicio.	b.	sólsticio.	c.	ceviche.

L. Unas vacaciones «fenomenales». Alberto y Lola siguen hablando de las vacaciones de las muchachas. Escucha su conversación y luego indica cuál de las posibilidades que aparecen a continuación contesta mejor las preguntas. La conversación se repetirá. [CD 7, track 34]

1. ¿Adónde invita Alberto a Lola?

   a. A estudiar en la biblioteca.

   b. A un café.

   c. A comer.

2. Según Lola, ¿qué debe hacer ella?

   a. Estudiar.

   b. Ir a clase.

   c. Las respuestas **a** y **b** son correctas.

3. ¿Qué ha decidido Lola no hacer nunca más?

   a. Viajar a Perú.

   b. Visitar Arequipa.

   c. Viajar con Chela.

4. ¿Qué hizo Chela para molestar a Lola durante sus vacaciones?

   a. Repitió «fenomenal» demasiado.

   b. Habló constantemente.

   c. Las respuestas **a** y **b** son correctas.

5. ¿Qué sospechaba Alberto?

   a. Que el viaje de las chicas fue fenomenal.

   b. Que el viaje de las chicas no fue tan bueno como decían.

   c. Que Lola y Chela están organizando otro viaje.

Listening comprehension practice of *En preparación*, 12.4

Tú commands: A second look

Requesting, advising, and giving orders to people

M. ¿Podrías decirme...? Un amigo quiere verte en la Iglesia de San Antón. Dibuja una línea en este mapa siguiendo sus instrucciones. Se repetirá. [CD 7, track 35]

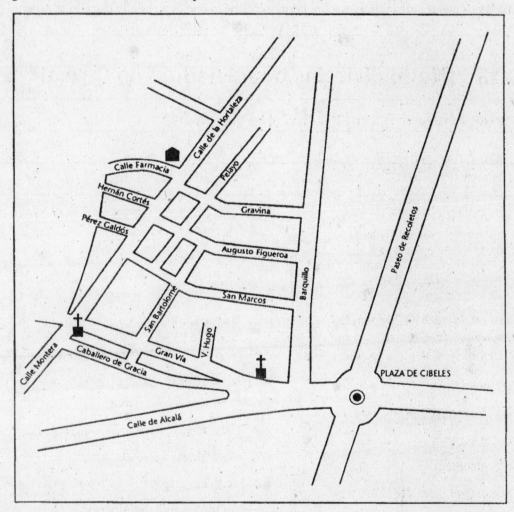

N. Empacando. Antes de salir de vacaciones, Lupita llama a su marido Pedro y le pide que termine de empacar *(packing)*. Desgraciadamente, ahora tiene una mala recepción en su teléfono. Escucha las órdenes que Lupita le da a su marido y marca la opción correcta que escuchas después de cada interrupción. Se repetirá. [CD 7, track 36]

Vocabulario útil

bolso *purse, pocketbook*	gafas de sol *sunglasses*
máquina de afeitar *electric shaver*	cepillo de dientes *toothbrush*
jabón *soap*	pasaporte *passport*
champú *shampoo*	maleta *suitcase*
pasta dental *toothpaste*	

1. _____ a. Busca la libreta roja. b. Busca la maleta roja.

2. _____ a. Saca mi cepillo de dientes. b. No hables con mis parientes.

3. _____ a. Baja mi bolso. b. Pon mis gafas de sol al lado de mi bolso.

4. _____ a. No olvides mi pasaporte. b. Sal con el reporte.

Dictado [CD 7, track 37]

Escucha las siguientes afirmaciones sobre Perú, y escribe lo que escuchas. El dictado se repetirá.

1. _____

_____

2. _____

_____

3. _____

_____

CAPÍTULO **13** Y el techo del mundo... ¡Bolivia!

Práctica escrita ✐

PASO **1** ¡Te recomiendo que visites Bolivia!

Practice of *Vocabulario*

Antes de completar estas actividades, revisa el Vocabulario del Capítulo 13, Paso 1, y visualiza su significado mientras repasas palabra por palabra. Para ayudarte con la pronunciación, escucha el Text Audio CD de ¡Dímelo tú!

A. ¿Cómo están? Indica cuál de las posibilidades completa las oraciones lógicamente.

1. Felipe y Carlos quieren bajar de peso. Están _____.

   a. comiendo menos   b. guardando

2. Teresa está enferma. Su médico le recetó _____.

   a. santuario.   b. pastillas.

3. El transbordador espacial irá a _____.

   a. la luna   b. la orilla

4. Pedro y Laura trabajan muy duro para alcanzar sus _____.

   a. límites   b. sueños

5. Paula es una persona sentimental. Siempre _____.

   a. permanece lejos   b. guarda las cartas

B. Asociaciones. Indica cuál de las palabras de la columna A asocias con cada una de las palabras de la columna B.

	A		B
_____	1. llanta	a.	sol
_____	2. embarcación	b.	quedarse
_____	3. luna	c.	navegable
_____	4. arruinado	d.	repuesto
_____	5. perdurar	e.	destruido

Practice of *En preparación*, 13.1

13.1 Present subjunctive: Review of theory and forms

Persuading

C. La ilusión del viaje. Narciso y Amaya están preparando un viaje a Bolivia. ¿Qué les recomienda su amigo David?

1. Les recomiendo que _____ (tener) cuidado con el soroche.

2. Los invito a que _____ (visitar) La Paz.

3. Les sugiero que _____ (tomar) té de coca para evitar el soroche.

4. Les recomiendo que _____ (subir) hasta el lago Titicaca.

5. Les recomiendo que _____ (ir) a Tiwanaku.

D. ¿Qué prefiere Amaya? ¿Qué dice Amaya cuando le preguntan qué quiere que sus amigos y su familia hagan para ayudarlos a organizar el viaje?

> MODELO   ¿Darte dinero?
> **Sugiero que mis amigos me den dinero.**

1. ¿Visitarte en Bolivia?

   Prefiero que mis amigos _____.

2. ¿Llamarte por teléfono?

   Sugiero que nuestro amigo David _____.

3. ¿Escribirte?

   Insisto en que mis hermanos _____.

4. ¿Comprarte ropa?

Quiero que mi madre _____.

5. ¿Hacerte una comida de despedida?

Sugiero que tú _____.

PASO 2   A tonificar el cuerpo... en Cochabamba

Practice of *Vocabulario*

Antes de completar estas actividades, revisa el Vocabulario del Capítulo 13, Paso 2, y visualiza su significado mientras repasas palabra por palabra. Para ayudarte con la pronunciación, escucha el Text Audio CD de ¡Dímelo tú!

E. El cuerpo humano. Selecciona la parte del cuerpo humano que usamos para realizar cada una de estas acciones.

1. Para comer usamos...

   a.   la boca y las manos.   b.   el cabello.

2. Para saltar usamos...

   a.   los ojos.   b.   las piernas y los brazos.

3. Para respirar usamos...

   a.   los pulmones.   b.   el oído.

4. Para pensar usamos...

   a.   la mano.   b.   la cabeza.

5. Para nadar usamos...

   a.   los brazos y las piernas.   b.   la cabeza.

6. Para mirar usamos...

   a.   la rodilla.   b.   los ojos.

7. Para oír usamos...

   a.   los oídos.   b.   las manos.

8. Para tocar usamos...

   a.   las manos.   b.   el corazón.

F. Un cuerpo escondido. Busca en este rompecabezas dieciocho palabras en español que se refieren a las partes del cuerpo. Las hay horizontales, verticales y diagonales.

```
D  J  B  M  H  S  R  G  O  I  D  O
I  D  A  T  O  I  C  E  R  U  Q  I
E  Q  D  P  M  Q  C  Z  I  H  F  X
N  R  T  O  B  I  L  L  O  S  E  I
T  K  F  B  R  T  G  S  P  E  Q  P
E  H  L  S  O  K  B  R  A  Z  O  E
H  A  D  C  A  J  R  Y  B  W  A  C
K  D  J  P  N  C  U  E  R  P  O  H
Y  Z  B  O  C  A  F  Y  O  Z  M  O
L  C  X  G  D  B  X  Q  D  P  M  W
W  E  G  B  L  E  O  P  I  E  L  T
O  N  A  R  I  Z  B  V  L  K  V  O
V  L  L  O  G  A  F  K  L  I  E  Y
J  C  D  M  U  N  M  O  A  J  N  Q
R  E  U  A  P  E  P  V  H  O  J  O
D  I  P  E  L  O  H  I  I  Z  W  N
G  F  I  M  R  T  X  L  E  U  T  R
P  H  W  N  V  A  P  K  G  R  X  F
J  B  O  C  S  S  I  D  Y  O  N  U
M  A  N  O  Z  N  E  V  T  J  M  A
```

Practice of *En preparación*, 13.2

Usted *and* ustedes *commands*

Telling people what to do or not to do

G. ¡El Club Caribe! Completa las oraciones para ver qué dice el anuncio que escuchó Ortelio en la radio.

> MODELO   hacer / ejercicio / nuestro Club Caribe
> **Hagan ejercicio en nuestro Club Caribe.**

1. cambiar / su imagen / nuestro club

   _____

2. bailar / ritmo / música

   _____

3. nadar / nuestra piscina olímpica

   _____

4. venir / a consultar / nuestros especialistas

   _____

5. llamarnos / ahora mismo

   _____

H. ¡Qué coincidencia! Cuando termina el anuncio del Club Caribe, Ortelio recibe una llamada del Club Caribe. ¿Qué le dicen?

> MODELO   Puede comprar nuestro especial del mes esta noche.
> **Compre nuestro especial del mes esta noche.**

1. Puede aprender a bailar con nosotros.

   _____

2. Puede hacer ejercicios aeróbicos con nosotros todos los días.

   _____

3. Puede venir una, dos, tres veces a la semana o más, si quiere.

   _____

4. Puede consultar con nuestros especialistas.

_____

5. Puede usar nuestro *jacuzzi*.

_____

I. Un nuevo socio. Ortelio decide hacerse socio del Club Caribe. ¿Qué le responde el presidente del club a las preguntas que le hace?

> MODELO ¿Debo traer una botella de agua? (sí)
> **Sí, traiga una botella de agua.**

1. ¿Debo completar este formulario? (sí)

_____

2. ¿Qué ropa debo llevar? (cómoda)

_____

3. ¿Debo pesarme cada vez? (no)

_____

4. ¿Debo ponerme a dieta? (no)

_____

5. ¿Cuándo debo volver? (en dos días)

_____

Practice of *En preparación*, 13.3

Present subjunctive of irregular verbs and **ojalá**

Expressing hope

J. ¡Ojalá! ¿Qué preocupaciones tiene Ortelio sobre los **exámenes finales** al completar su primer semestre en la Universidad de La Paz?

1. Ojalá que yo _____ (saber) todo el material para el examen final.

2. Ojalá que este año los exámenes finales no _____ (ser) difíciles.

3. Ojalá que _____ (haber) exámenes de práctica en la biblioteca.

4. Ojalá que los profesores me _____ (dar) una A en todas las clases.

5. Ojalá que mi familia _____ (ir) a Francia para que yo pueda usar el francés que aprendí.

K. ¿Qué prefieres? Estas compañeras de apartamento en Sucre tienen un cuarto desocupado y hablan de buscar una nueva compañera. ¿Qué tipo de persona prefieren?

   MODELO   ¿Lisa?   Ella **prefiere** que **sea** (ser) una persona organizada.

1. ¿Yo?

   Yo _____ que _____ (saber) algo de química.

2. ¿Susana y Julia?

   Ellas _____ que _____ (estar) en algunas clases con nosotras.

3. ¿Mis amigos?

   Ellos _____ que _____ (ir) a fiestas con nosotros.

4. ¿Todas nosotras?

   Nosotras _____ que _____ (haber) una semana de prueba.

5. ¿Yo?

   Yo _____ que nos _____ (dar) dinero para pagar la cuenta del teléfono.

PASO 3   Me alegro de que disfruten de... ¡Bolivia!

Practice of *Vocabulario*

Antes de completar estas actividades, revisa el Vocabulario del Capítulo 13, Paso 3, y visualiza su significado mientras repasas palabra por palabra. Para ayudarte con la pronunciación, escucha el Text Audio CD *de* ¡Dímelo tú!

L. Palabras. ¿Qué palabras de la columna A relacionas con las de la columna B?

A	B
_____ 1. cáncer	a. sal
_____ 2. respirar	b. rojo
_____ 3. majestuoso	c. pulmones
_____ 4. salar	d. fábrica
_____ 5. industria	e. enfermedad
_____ 6. colorado	f. hermoso
_____ 7. urgente	g. rápido

M. Molidos. Marcelo e Isabel acaban de empezar su sesión de aeróbicos, pero Marcelo ya está cansado. Completa el siguiente diálogo con estas palabras para saber qué dicen.

perderme   es cierto   me alegro   ataque al corazón   pesado   muerto   tomar un descanso

ISABEL: Veo que estás molido, amigo. Temo que tengas un (1) _____ .

MARCELO: _____ (2) que estoy molido. Pero estoy bien.

ISABEL: (3) _____ . No quiero (4) _____ la clase de
                  spinning más tarde.

MARCELO: Oye, vamos a (5) _____ porque de verdad que estoy rendido.

Practice of *En preparación*, 13.4

Subjunctive with expressions of emotion

Expressing emotion

N. ¡Ciclismo! ¿Qué le dice Guillermo a su amigo el ciclista boliviano?

1. Me sorprende que _____ (querer) dejar tus estudios para dedicarte al
   ejercicio y a entrenarte.

2. Temo que ese deporte _____ (ser) peligroso en las montañas.

3. Me impresiona que tú _____ (tener) tanta disciplina para estar en forma.

4. ¡Me sorprende que _____ (conocer) a los famosos ciclistas Lance
   Armstrong y Miguel Induráin!

5. Espero que algún día _____ (poder) competir en el Tour de Francia.

O. ¿Fútbol? ¿Qué piensa la mamá de Samuel cuando se entera *(finds out)* de que a su hijo lo
aceptaron en el equipo de fútbol de Cochabamba?

¡No sé qué pensar! Estoy contenta de que ellos (1) _____ (haber) seleccionado a mi hijo

para el equipo de fútbol de Cochabamba y me alegra que él (2) _____ (dedicarse) a un

deporte, pero me preocupa que él (3) _____ (decidir) pasar demasiado tiempo entrenán-

dose. Temo que él (4) _____ (pasar) más tiempo en el estadio que en la biblioteca. Pero

deseo que su equipo (5) _____ (ganar) el campeonato. Ojalá que yo (6) _____

(poder) asistir a todos los partidos.

Practice of *En preparación*, 13.5
Subjunctive with impersonal expressions
Expressing opinions

P. ¡Las Olimpiadas! ¿Cuál es la opinión de tu amiga boliviana sobre lo siguiente? Usa las expresiones indicadas, con el subjuntivo o el indicativo, según sea necesario.

> MODELO   Todos los jugadores usan drogas.
> Es imposible que **todos los jugadores usen drogas.**

1. Algunos jugadores usan drogas.

   Es triste que _____.

2. Los atletas de Bolivia son superiores a todos los otros equipos.

   No es verdad que _____.

3. Hay peligro de terrorismo en los Juegos Olímpicos.

   Es verdad que _____.

4. Algunos jugadores reciben toda la atención.

   Es ridículo que _____.

5. El fútbol americano es uno de los deportes más populares.

   Es posible que _____.

Q. ¡Deportes y estudios! ¿Qué opinan los estudiantes sobre los siguientes puntos controversiales?

> MODELO   Se necesita una C o más para jugar en los equipos de la universidad.
> Es bueno **que los estudiantes necesiten una C o más para jugar en los equipos de la universidad.**

1. Este requisito (*requirement*) es discriminatorio.

   Es improbable _____.

2. Nuestra universidad gasta mucho en deportes.

   Es importante _____.

3. Todos los estudiantes de las residencias deben participar en algún equipo deportivo.

   Es ridículo _____.

4. Los deportes competitivos son una parte importante de una educación universitaria.

   Es cierto _____

5. La universidad debe pagarles a sus atletas.

   Es justo _____

El rincón de los lectores

Antes de empezar, dime...

Ejercicios aeróbicos. Contesta estas preguntas para ver cuánto sabes de los ejercicios aeróbicos.

1. ¿Es necesario usar equipo especial para hacer ejercicios aeróbicos?

   _____

2. ¿Qué equipo puede usarse para hacer ejercicios aeróbicos?

   _____

3. ¿Qué precauciones deben tomarse para no lastimarse al hacer ejercicios aeróbicos?

   _____

Lectura

Buenas ideas para variar tu entrenamiento

Los avances de la ciencia moderna han favorecido la creación de novedosos equipos para ayudarnos a desarrollar resistencia cardiovascular y muscular, a la vez que obtenemos tonicidad y flexibilidad. A continuación presentamos varias de las innovaciones que se han desarrollado para optimizar la rutina de ejercicio diario.

1. **Banco o «bench step»:** Es un banco o banqueta ajustable a diversas alturas cuyo uso principal es subir y bajar el escalón utilizando pasos de baile, giros y brincos.

2. **Banda elástica:** Comercialmente conocida como «Dynaband», esta innovadora técnica consiste en bandas elásticas de diversas longitudes, que proveen distintos niveles de resistencia cuando uno trata de estirarlas.

3. **«Hula-hoop» aeróbico:** Nos presenta el antiguo concepto del «hula-hoop»; pesa menos de una libra y añade resistencia a la sesión habitual de ejercicios.

4. **Equipo para ejercitarse en el agua:** Con el advenimiento de los acuaeróbicos, se ha creado «Hydro Fit», un equipo especial que incluye guantes y aditamentos para los tobillos y las piernas, cuyo propósito es aumentar la resistencia natural del agua.

5. **Pesas:** Aunque son conocidas por todos, no nos deja de asombrar su versatilidad y ha sido recién al final de la década de los 80 que se han comenzado a usar pesas especiales para las clases de aeróbicos.

6. **Pelotas:** Las pelotas pesadas o «medicinales» se han utilizado en el campo del acondiciona-miento físico por muchos años. Pero no ha sido hasta los últimos dos años que su utilización dentro de una clase de ejercicios ha permitido variedad y diversión a los que las utilizan.

7. **Tríalos:** Las competencias que incluyen natación, correr y correr en bicicleta han llegado a las clases de ejercicios en los gimnasios. Con el uso de bicicletas y remadoras electrónicas y esta-cionarias se han incorporado los tres conceptos básicos del tríalo en un salón de ejercicios.

Precaución

Antes de utilizar cualquier equipo innovador tome las siguientes precauciones:

- Haga ejercicios de calentamiento antes de comenzar con la sesión de aeróbicos.
- Utilice ropa y zapatos deportivos apropiados para la actividad.
- Ejercítese con moderación, progresando gradualmente.
- Seleccione instructores con la certificación apropiada.
- Siempre obtenga suficiente descanso finalizada la sesión de ejercicios para, de esta forma, restaurar el cuerpo.

La técnica del ejercicio a realizarse es importante. La calidad y la versatilidad de los mismos nos permite ampliar nuestra visión del ejercicio de una manera segura y efectiva. Si tiene la oportunidad de utilizarlos, anímese, no lo deje para más tarde.

por María I. Ojeda, M.S. *Buena Salud*
Volumen V. No. 9

Y ahora, dime...

1. En tu propias palabras, describe los siete equipos novedosos mencionados en esta lectura.

   a. banco: _____

   b. banda elástica: _____

   c. «hula-hoop» aeróbico: _____

   d. equipo para ejercitarse en el agua: _____

   e. pesas: _____

   f. pelotas: _____

   g. tríalos: _____

2. En tu opinión, ¿son válidas todas las precauciones mencionadas en la lectura? ¿Qué precauciones tomas tú cuando haces ejercicios aeróbicos o de otro tipo?

   _____

   _____

¡Escríbelo!

Antes de escribir

In *¡Dímelo tú!*, **Capítulo 13, ¡Escríbelo!** you learned that when writing to persuade it is important to present both sides of the argument before indicating your own point of view.

Since in this activity you will be asked to write a letter to a high school friend describing the pros and cons of going to college before persuading your friend to attend or not attend next semester, you may want to start by preparing two lists, one with the pros and one with the cons. Then write a first draft of a letter to a high school friend persuading him or her to attend or not attend your school next semester. Be sure to include the pros and cons before presenting your own point of view.

_____

_____

_____

_____

_____

_____

_____

Atajo Writing Assistant: You may now use the Atajo Writing Assistant to explore how to write articles of persuasion, to check your grammar and spelling, to consult the dictionary, to conjugate verbs, and to receive suggestions for useful phrases. Search for the following vocabulary or topics.

Vocabulary: school: studies; school: university; trades
Grammar: verbs: subjunctive (various); verbs: imperative (various)
Phrases: asking & giving advice; comparing & contrasting; encouraging; expressing a wish or desire; expressing an opinion; expressing intention; persuading; reassuring
Verb conjugator: aconsejar (presente); opinar (presente); pensar (presente); tener (subjuntivo, imperativo); aspirar (subjuntivo, imperativo); triunfar (subjuntivo, imperativo); estudiar (subjuntivo, imperativo)

_____

_____

_____

_____

Ahora ¡a revisar! Based on what you learned in this chapter and from using the Atajo Writing Assistant, rework and make the necessary changes to your draft from the **Antes de escribir** section.

La versión final. Now create a title and prepare the final version of your letter of persuasion. Make sure you have included both the pros and the cons before presenting your own point of view.

Título:

_____
_____
_____
_____
_____
_____
_____
_____
_____
_____
_____
_____
_____
_____

Práctica de comprensión auditiva

PASO 1   ¡Te recomiendo que visites Bolivia!

Listening comprehension practice of *Vocabulario*

A. Palabras. Escucha las siguientes afirmaciones y selecciona las palabras que mejor completan su significado. Se repetirá. [CD 8, track 2]

1. _____
   a. sus cinturones de seguridad.
   b. su maestría.
   c. sus amigos y familiares.

2. _____
   a. el esclavo.
   b. la envidia.
   c. la espalda.

3. _____
   a. los límites de velocidad.
   b. la orilla del río.
   c. el garaje.

4. _____
   a. una embarcación.
   b. el choque cultural.
   c. llanta de repuesto.

B. Para la buena salud. Escucha estos consejos a los estudiantes de Radio Revolución. Luego indica si el consejo que da cada uno es apropiado o negativo para ser buen estudiante. Los anuncios se repetirán. [CD 8, track 3]

1. apropiado   negativo   4. apropiado   negativo

2. apropiado   negativo   5. apropiado   negativo

3. apropiado   negativo

Listening comprehension practice of *En preparación*, 13.1

13.1 Present subjunctive: Review of theory and forms

Persuading

C. ¡Cuídate! ¿Qué consejos les dan los padres a sus hijos cuando se van a la universidad? Escucha estos consejos de unos padres bolivianos y selecciona la respuesta que mejor completa estas oraciones. Se repetirá. [CD 8, track 4]

1. La mamá aconseja que su hijo...

   a. coma menos.   b. duerma más.   c. coma más.

2. El padre pide que su hija...

   a. corra todos los días.   b. estudie todos los días.   c. escriba todos los días.

3. El padre quiere que sus hijos...

   a. no beban muchas bebidas alcohólicas.

   b. beban bebidas alcohólicas con moderación.

   c. no beban bebidas alcohólicas.

4. La mamá quiere que su hija...

   a. les escriba.

   b. los llame por teléfono.

   c. los visite con frecuencia.

5. El padre le pide a su hija que...

   a. controle su economía.

   b. gaste el dinero de su tarjeta de crédito.

   c. no gaste nada.

D. Un entrenador muy exigente. Escucha y completa los consejos del entrenador *(coach)* de la Universidad de Cochabamba a su jugador estrella. Se repetirá. [CD 8, track 5]

Insisto en que tú **(1)** _____ tu tiempo para acostumbrarte a este nuevo equipo.

Sugiero también que **(2)** _____ un buen equipo con todos tus compañeros y que no

(3) _____ que estás solo en el campo. Quiero que todos **(4)** _____ como

una familia.

   También te aconsejo que **(5)** _____ poco con los periodistas, porque malinterpretan las

cosas. Insisto en que cualquier problema que **(6)** _____ lo hables directamente conmigo.

PASO 2   A tonificar el cuerpo... en Cochabamba

Listening comprehension practice of *Vocabulario*

E. Palabras. Escucha las siguientes afirmaciones y selecciona las palabras que mejor completan su significado. Se repetirá. [CD 8, track 6]

1. _____   a. cáncer.   b. grave.   c. muerto.

2. _____   a. ¡Ahí!   b. hay.   c. ¡Ay!

3. _____   a. oído.   b. garganta.   c. rodilla.

4. _____   a. espalda.   b. oído.   c. mano.

Listening comprehension practice of *En preparación*, 13.2

Usted *and* ustedes *commands*

Telling people what to do or not to do

F. ¡Vamos, arriba! Para mantenerse en forma, Serafina está mirando el programa de aeróbicos que más le gusta de televisión Telemetro. Escucha un fragmento del programa y marca con un círculo las instrucciones (*commands*) que se dan. Se repetirá. [CD 8, track 7]

1. a. Corran rápido por el gimnasio.   b. Corran rápido en su lugar.

2. a. Estiren el cuerpo.   b. Estiren las piernas.

3. a. Levanten las rodillas.   b. Levanten las manos.

4. a. Doblen dos veces la cintura.   b. Doblen diez veces la cintura.

5. a. Tómense el pulso.   b. Tómense la temperatura.

G. Teleadicto. Completa los consejos de un perezoso para obtener el mismo estado de forma que él tiene. Se repetirá. [CD 8, track 8]

A mí me parece que la vida ideal es la vida sin esfuerzo. Escúcheme bien y voy a decirle cómo

relajarse totalmente. Primero, (1) _____ una cerveza bien fría. No se preocupe en

buscar un vaso —es mejor beber de la botella. (2) _____ la tele y siéntese cómodamente

en el sofá. Para cambiar de un canal a otro, (3) _____ solamente el control remoto.

Si empieza a tener hambre, levántese y (4) _____ al refrigerador. Si usted es un buen

teleadicto, el refrigerador estará lleno de helado. (5) _____ un plato de helado y mire

un partido de fútbol en la tele. Verá que el espectador se cansa menos que el jugador. Después,

(6) _____ una siesta. Creo que le hará mucho bien.

H. Dar su sangre. Un estudiante de la Universidad de La Paz va a donar sangre (*to give blood*) por primera vez. Escucha las instrucciones de la enfermera y escríbelas a tu modo (*rephrase them*) usando los imperativos formales. Se repetirá. [CD 8, track 9]

> **MODELO**   YOU HEAR: Usted tiene que completar este formulario.
>   YOU WRITE: **Complete** este formulario.

1. _____ en la sala de espera.

2. _____ y _____ la mano al dar la sangre.

3. _____ la cabeza entre las piernas.

4. _____ 15 minutos.

5. _____ jugo de fruta antes de salir.

Listening comprehension practice of *En preparación*, 13.3
Present subjunctive of irregular verbs and ojalá
Expressing hope

I. Deseándole suerte. Teresa y Ramón son estudiantes de la Universidad de Cochabamba, y están hablando de José, un chico que quiere salir con Daniela. Mientras Teresa menciona los problemas, Ramón expresa la esperanza de que todo acabará bien. Completa estas oraciones. Se repetirá.
[CD 8, track 10]

1. Ojalá que Simón lo _____.

2. Ojalá que Daniela _____ bien.

3. Ojalá que _____ una buena película.

4. Ojalá que Daniela no _____ a San Francisco.

5. Ojalá que _____ salir juntos.

J. Preocupado por su salud. Un amigo boliviano se preocupa de su salud y va al doctor porque tiene un poco de fiebre y tos *(cough)*. Escucha sus preocupaciones y completa este párrafo. Se repetirá.
[CD 8, track 11]

Siempre estoy muy preocupado cuando tengo que ir al médico. Ahora tengo fiebre. Quizás

(1) _____ algo muy grave. No sé qué pensar. Ojalá que yo no (2) _____ muy

enfermo. A veces los síntomas más comunes indican un problema muy serio. Si estoy muy mal, el

médico me va a recetar unos antibióticos muy fuertes que me van a poner peor. Ojalá que no

me (3) _____ nada tan fuerte. ¿Y qué pasa si tengo cáncer o algo peor? Tal vez el

médico no (4) _____ lo que tengo. Si me dice eso, me voy a deprimir. Quizás no

(5) _____ a ver al médico. El remedio puede ser peor que la enfermedad.

PASO 3   Me alegro de que disfruten de... ¡Bolivia!

Listening comprehension practice of *Vocabulario*

K. Palabras. Escucha las siguientes afirmaciones y selecciona las palabras que mejor completan su significado. Se repetirá. [CD 8, track 12]

1. _____
   a. acceso.
   b. presión alta.
   c. repuesto.

2. _____
   a. un seguro.
   b. una corbata.
   c. un trimate.

3. _____
   a. el seguro escolar.
   b. la presión alta.
   c. la igualdad.

4. _____
   a. seguro escolar.
   b. seguro de salud.
   c. pago de hipoteca.

L. ¿Qué hacemos el sábado? Eduardo y su novia Melisa están de vacaciones en La Paz. Ahora están hablando de lo que van a hacer el sábado. Escucha su conversación y luego elige la respuesta que mejor complete las oraciones que siguen. La conversación se repetirá. [CD 8, track 13]

1. Eduardo invita a Melisa a...

   a. un partido de fútbol.
   b. ver una película.
   c. un club deportivo.

2. Melisa prefiere...

   a. ir al cine.
   b. ir al club deportivo.
   c. mantenerse en forma.

3. Eduardo quiere...

   a. ir al cine, luego al club deportivo.
   b. ir al cine otro día.
   c. ni ir al cine ni al club deportivo.

4. Es probable que la película que Eduardo quiere ver...

   a. sea aburrida.
   b. no sea hasta la semana próxima.
   c. sea tan popular que no puedan conseguir entradas para verla.

5. Al final, Melisa sugiere...

   a. que se queden en casa.
   b. que vayan a ver otra película menos popular.
   c. que consigan boletos para otro día.

Listening comprehension practice of *En preparación,* 13.4

Subjunctive with expressions of emotion

Expressing emotion

M. ¡Pobrecito! Pablo nos habla de su hermano Ignacio, que lleva una dieta muy rígida. Completa el siguiente párrafo para saber qué dice de él. Se repetirá. [CD 8, track 14]

Mi hermano Ignacio está a dieta. Toda la familia siente mucho que **(1)** _____ que pasar por esto, pero mis padres se alegran de que **(2)** _____ a dieta. Todos sus compañeros esperan que

(3) _____ perder el peso sin problema. Él también teme que **(4)** _____ a aumentar de peso tan pronto como deje la dieta. Pero ahora Ignacio tiene que concentrarse en perder el peso. Su novia

viene todos los días y habla con él. Yo me alegro mucho de que ella **(5)** _____ con frecuencia.

Ignacio se pone muy contento cuando está ella y se olvida de que está a dieta.

N. ¡Estoy muerta! Escucha la conversación de Fulvia y Aldo mientras hablan de su clase de aeróbicos. A continuación, indica si las siguientes oraciones son ciertas (**C**) o falsas (**F**). Se repetirá. [CD 8, track 15]

1.	C	F	Al principio, Fulvia teme que no vaya a poder continuar en la clase de ejercicio.
2.	C	F	Aldo espera poder continuar a pesar de *(in spite of)* sentirse molido.
3.	C	F	Fulvia se alegra de que la clase sea solo de media hora.
4.	C	F	Fulvia cree que la entrenadora sabe lo cansados que están.
5.	C	F	Los dos quieren continuar con la clase.

Listening comprehension practice of *En preparación,* 13.5

Subjunctive with impersonal expressions

Expressing opinions

O. ¡Fanáticos de estar en forma! Raúl, un estudiante boliviano de intercambio, tiene mucha curiosidad por el interés de estar en forma de la gente de los Estados Unidos. Escucha sus opiniones y completa estas oraciones que las resuman. Se repetirá. [CD 8, track 16]

1. Es verdad que los estadounidenses _____ fanáticos de estar en forma.

2. Es obvio que todos los estadounidenses _____ dos o tres veces a la semana.

3. No es lógico que los estadounidenses se _____ todo el tiempo haciendo ejercicio.

4. Es increíble que _____ tanto ejercicio algunas personas que hasta mueren.

5. Es una pena que mucha gente no _____ al mediodía para tener tiempo para hacer ejercicio.

P. No necesitas bajar de peso. Alfredo opina sobre la intención de Andrea de perder diez kilos en un mes. Escucha lo que le dice e indica si las afirmaciones son ciertas (**C**) o falsas (**F**). Se repetirá. [CD 8, track 17]

1.	C	F	Es ridículo que Andrea quiera bajar diez kilos en un mes.
2.	C	F	Es evidente que Andrea es demasiado gorda.
3.	C	F	No es bueno bajar de peso rápidamente.
4.	C	F	Alfredo recomienda que Andrea hable con un entrenador antes de empezar.
5.	C	F	Según Alfredo, es probable que Andrea no necesite bajar de peso.

Dictado [CD 8, track 18]

Escucha las siguientes afirmaciones sobre Bolivia y escribe lo que escuchas. El dictado se repetirá.

1. _____

_____

_____

2. _____

_____

_____

3. _____

_____

_____

CAPÍTULO **14** ¡**Lo mejor de Cuba: su gente, su música y... el béisbol!**

Práctica escrita 🖊

PASO 1 Estando tan en forma, ¡dudo que no ganemos!

Practice of *Vocabulario*

Antes de completar estas actividades, revisa el Vocabulario del Capítulo 14, Paso 1, y visualiza su significado mientras repasas palabra por palabra. Para ayudarte con la pronunciación, escucha el Text Audio CD de ¡Dímelo tú!

A. ¿Quiénes son? Completa las oraciones con una de las palabras de la lista que aparece a continuación.

árbitro   lucha libre   esquí   saludable   perlas

1. Este collar de _____ es una joya preciosa.

2. Hacer deporte es muy _____.

3. Ese _____ es famoso porque es muy injusto.

4. La _____ es mi deporte favorito en las Olimpiadas.

5. Mi actividad favorita en el invierno es el _____.

B. Asociaciones deportivas. Indica cuál de las palabras de la columna B se asocia con cada una de las palabras de la columna A.

	A		B
_____	1. arquero	a.	béisbol
_____	2. lanzador	b.	baloncesto
_____	3. cancha	c.	bicicleta
_____	4. boxeo	d.	guante
_____	5. ciclismo	e.	natación
_____	6. salvavidas	f.	fútbol

Practice of *En preparación,* 14.1

Subjunctive with expressions of doubt, denial, and uncertainty

Expressing doubt, denial, and uncertainty

C. Este partido va a ser un desastre. Narciso es tu amigo de Pinar del Río, en Cuba. Hoy el equipo de fútbol de Pinar del Río juega con el equipo de Matanzas. Tu amigo cree que su equipo no tiene la menor posibilidad de ganar. Expresa sus dudas al reaccionar a los comentarios que recibió en una carta de su padre en Pinar del Río.

MODELO   Creo que vamos a ganar hoy. (dudar / ganar)
Dudo que ganemos.

1. Nuestros jugadores están en muy buena forma. (no creer / estar en forma)

_____

2. El otro equipo tiene algunos jugadores muy malos. (no estar seguro / tener jugadores tan malos)

_____

3. La gente va a animar *(encourage)* a nuestro equipo. (no pensar / estar entusiasmada)

_____

4. Nuestro arquero es el mejor de la liga. (dudar / ser el mejor)

_____

5. Tenemos un entrenador excelente. (dudar / ser tan bueno)

_____

D. Locamente enamorado. Tu amigo Narciso se ha enamorado locamente de Marcela, una chica de Soroa, pero tú sabes que ella no tiene ningún interés en él. Usa las expresiones indicadas para hacerlo volver a la realidad.

MODELO   Yo creo que Marcela me ama locamente. (dudar)
Dudo que te ame locamente.

1. Marcela piensa en mí constantemente. (es improbable)

_____

2. Es obvio que quiere salir conmigo. (no es nada evidente)

_____

3. Me mira durante toda la clase de ciencias políticas. (es absurdo)

_____

4. No hay otro hombre en su vida. (no es cierto)

_____

5. ¿Por qué dices eso? ¿Tú crees que tenga novio? (estoy seguro)

_____

PASO 2   ¡Cuba! ¡Cuba! ¡Cuba!... ¡Jonrón!

Practice of *Vocabulario*

Antes de completar estas actividades, revisa el Vocabulario del Capítulo 14, Paso 2, y visualiza su significado mientras repasas palabra por palabra. Para ayudarte con la pronunciación, escucha el Text Audio CD *de ¡Dímelo tú!*

E. ¿Quiénes son? Completa cada oración con una de las palabras de la lista que aparece a continuación.

contrató   bateadoras   artes marciales   maratón   becas

1. Este gimnasio tiene unas clases de _____ excelentes.

2. Marta y Celia han tenido más jonrones que nadie. Son las mejores _____ del equipo.

3. El Camagüey _____ a Santiago Vela, el mejor bateador de la isla.

4. Una de las pruebas más duras es un _____.

5. Muchos de los atletas estudian gracias a las _____ que reciben.

F. Asociaciones deportivas. Indica cuál de las palabras de la columna B se asocia con cada una de las palabras de la columna A.

	A		B
_____	1. derrotar	a.	ganar
_____	2. contratar	b.	cancha
_____	3. superficie	c.	maestro
_____	4. beca	d.	ayuda
_____	5. instructor	e.	reclutar

Practice of *En preparación,* 14.2

Subjunctive in adjective clauses

Referring to unfamiliar persons, places, and things

G. ¡Qué futuro! ¿Recuerdas cuando practicabas deportes de niño? ¿Qué tipo de atención necesitan los niños que quieren ser atletas de élite?

1. los padres / buscar / instructor(a) / tener experiencia con niños

   _____

2. los niños / necesitar / gente no / presionarlos

   _____

3. los niños / desear tener canchas / estar en óptimas condiciones

   _____

4. el equipo / necesitar entrenadores / saber enseñar el juego

   _____

5. los niños querer / practicar / deporte / ser divertido

   _____

H. ¡A trabajar! Narciso es un buen atleta, pero con los deportes en la universidad no se gana dinero. ¿Qué posibilidades hay en los anuncios clasificados?

> MODELO   Se necesitan cocineros... (tener experiencia)
> **Se necesitan cocineros que tengan experiencia.**

1. Se solicitan secretarios(as)... (saber usar la computadora)

   _____

2. Se busca portero... (poder trabajar de noche)

_____

3. Se solicita instructor(a)... (explicar bien la gramática)

_____

4. Se busca tesorero... (ser responsable)

_____

5. Se necesitan camareros(as)... (tener buena presencia)

_____

I. **¡Descontento!** Mateo no está contento en la Universidad de La Habana. ¿Qué pasa? ¿Qué quiere?

MODELO   Tiene un apartamento que es pequeño. (querer / grande)
Quiere un apartamento que sea grande.

1. Tiene un empleo que paga poco dinero. (buscar / más dinero)

_____

2. Está en un equipo de baloncesto que nunca gana un partido. (desear / ganar de vez en cuando)

_____

3. Está en un equipo que practica lejos de su apartamento. (necesitar / más cerca)

_____

4. Tiene compañeros de apartamento que son antipáticos. (querer / amables)

_____

5. Tiene varias clases que son muy difíciles. (preferir / más fácil)

_____

PASO 3   ¡Tal vez consiga el puesto... en Cuba!

Practice of *Vocabulario*

Antes de completar estas actividades, revisa el Vocabulario del Capítulo 14, Paso 3, y visualiza su significado mientras repasas palabra por palabra. Para ayudarte con la pronunciación, escucha el Text Audio CD de ¡Dímelo tú!

J. Sinónimos. Busca en la columna B los sinónimos de las palabras de la columna A.

	A		B
_____	1. en cuanto	a.	dar
_____	2. bastante	b.	parecer
_____	3. ofrecer	c.	fuerza
_____	4. poder	d.	suficientemente
_____	5. aparentar	e.	tan pronto como

K. Es lógico. Escoge las palabras que mejor completen las siguientes oraciones.

1. Lourdes piensa _____ tan pronto como termine el semestre.

   a. legalizar   b. casarse

2. Gerardo era el guía de la Playa Guanabo, pero se _____ el mes pasado.

   a. ofreció   b. jubiló

3. Juan es muy amable. Es todo un _____.

   a. caballo   b. caballero

4. Si quieres vamos a tomarnos un _____ de leche.

   a. batido   b. refrán

5. Lourdes ha terminado sus estudios y _____ la semana que viene.

   a. se gradúa   b. se jubila

Practice of *En preparación,* 14.3

Subjunctive in adverb clauses

Stating conditions

L. ¡Graduación! Según tu mejor amigo Eduardo, ¿qué pasará el día de su graduación?

_____	1. Me graduaré...	a.	para que mis padres estén orgullosos.
_____	2. Sacaré excelentes notas...	b.	a menos que me duerma.
_____	3. Limpiaré mi apartamento...	c.	en caso de que lloren.

_____ **4.** Escucharé los discursos...   d. a menos de que saque una F en la clase de español.

_____ **5.** Traeré Kleenex para mis padres...   e. antes de que lleguen mis padres.

M. Dos meses después: ¡Pobre hombre! Ernesto acaba de recibir esta carta de Eduardo. ¿Qué le aconseja él?

Querido Ernesto:

Como sabes, me gradué de la universidad hace dos meses. Desafortunadamente, he ido a muchas entrevistas pero todavía no consigo trabajo. Tengo muchas deudas. Te debo dinero a ti, a otros amigos y a mis padres también. Me imagino que todos estarán perdiendo la paciencia conmigo. ¿Qué me aconsejas?

Eduardo

1. Sigue buscando trabajo hasta que... (conseguir algo)

_____

2. Ten paciencia aunque... (no poder pagar tus deudas ahora)

_____

3. Paga las deudas en cuanto... (encontrar trabajo y empezar a ganar dinero)

_____

4. Vive con tus padres hasta que... (tener dinero para mudarte)

_____

5. Páganos tan pronto como... (recibir tu primer cheque)

_____

N. ¡Todo ha cambiado! Ahora completa esta segunda carta de Eduardo.

Querido Ernesto:

Ayer fui a una entrevista con una empresa centroamericana y aunque todavía no **(1)** _____

(ofrecerme) el puesto, estoy seguro de que lo harán. Pienso dar una gran fiesta tan pronto

como **(2)** _____ (ganar) lo suficiente. Te podré pagar lo que te debo tan pronto como

(3) _____ (ser) posible. Pero primero, tendré que comprar muebles nuevos cuando

(4) _____ (cambiar) de casa. Y claro, después de que (5) _____ (ahorrar)

algún dinero, podré comprar un televisor nuevo, un estéreo y...

Eduardo

El rincón de los lectores

Antes de empezar, dime...

¿Qué ideas tienes sobre los deportes en los países hispanos? Compara lo que sabes antes de leer el artículo con lo que sabes después de leerlo.

Antes de leer			Información sobre los deportes en Latinoamérica	Ideas del autor	
C	F	1.	En los países hispanos siempre ha habido un gran interés por el deporte.	C	F
C	F	2.	Pelé y Diego Armando Maradona son dos jugadores de béisbol muy famosos.	C	F
C	F	3.	Muchos deportes ecuestres y acuáticos no son muy populares en Latinoamérica porque son demasiados costosos.	C	F
C	F	4.	Algunos deportes, como el béisbol y el baloncesto, no se practican en los países hispanos.	C	F
C	F	5.	Generalmente, los periódicos en países latinos no le informan al público de los resultados deportivos.	C	F

Lectura

Los deportes en Latinoamérica

El fútbol es uno de los deportes más populares en Latinoamérica, al igual que en Europa. En los últimos años ha aumentado mucho el número de participantes y aficionados en los estadios. Las canchas para la práctica del fútbol también están llenas de jugadores y espectadores todos los domingos. El brasileño Edson Arantes do Nascimento, o Pelé, y el argentino Diego Armando Maradona, son solo dos de los futbolistas sobresalientes en este deporte.

Sin embargo, el interés en diversos deportes es obvio en todos los países. Es bastante conocido el enorme interés que hay en el juego del béisbol en los países del Caribe. Los mejores jugadores en estos países a menudo se han incorporado a los equipos de las grandes ligas de los Estados Unidos. Entre ellos se puede nombrar a Roberto Clemente, Orlando Cepeda, José Canseco, Fernando Valenzuela, Sammy Sosa, Alex Rodríguez, entre muchos otros.

Otro deporte de gran desarrollo en los países hispánicos es el boxeo. La historia de este deporte demuestra que son muchos los nombres hispanos de grandes campeones. Tampoco se puede ignorar el gran desarrollo que ha tenido el automovilismo Fórmula 1, especialmente en Brasil y en Argentina. En el automovilismo se han destacado el argentino Juan Manuel Fangio, los brasileños Ayrton Senna y Emerson Fittipaldi y más recientemente, el colombiano Juan Pablo Montoya y la venezolana Milka Duno.

Hay algunos deportes que por sus características resultan demasiado costosos y solo los practican las personas que disponen de dinero o reciben ayuda de empresas privadas. Entre estos están los deportes ecuestres y los deportes acuáticos como la natación y la navegación a vela.

El golf se practica en pocos clubes particulares. El tenis, en cambio, es popular en todas partes. Actualmente han logrado buena figuración los españoles Rafael Nadal y David Ferrer, los argentinos Juan Martín Del Potro y David Nalbandian y el chileno Fernando González. Otros deportes igualmente populares son el baloncesto, el voleibol y el atletismo. Son muchos los nombres de los deportistas destacados pero, indudablemente, Argentina, Cuba y México son los países que han logrado siempre los mejores resultados.

Todo lo que se ha dicho permite afirmar que el deporte es una actividad que preocupa y despierta enorme interés, lo que se ve claramente en los programas de radio y televisión y en el número de páginas que dedican los diarios a proporcionar información y a comentar las actividades deportivas nacionales y extranjeras.

Y ahora, dime...

Selecciona la frase que completa la oración correctamente.

1. Los deportes que menos se practican en Latinoamérica son...

   a. la natación y la navegación a vela.

   b. el automovilismo y el tenis.

   c. el boxeo y el golf.

   d. el fútbol y el béisbol.

2. Probablemente los deportes más populares en Latinoamérica son...

   a. el tenis y la natación.

   b. los deportes ecuestres.

   c. el baloncesto y el atletismo.

   d. el béisbol y el fútbol.

3. ¿En qué deportes han destacado los siguientes deportistas?

Rafael Nadal: _____

Diego Maradona: _____

Fernando Valenzuela: _____

Milka Duno: _____

¡Escríbelo!

Antes de escribir

In *¡Dímelo tú!,* **Capítulo 14, ¡Escríbelo!** you learned that, when writing a historical essay, it is important to organize and present all historical facts in a chronological manner before expressing any personal opinions.

In this activity you will write a historical essay on the relationship between Cuba and the United States during the last half of the twentieth century and the present. Prepare for writing this essay by gathering as many historical facts as possible and listing them in chronological order. Then write a first draft of a historical essay on the relationship between Cuba and the United States since the second half of the twentieth century. Be sure to mention all important historical facts leading up to the present before expressing your own opinion on the matter.

_____

_____

_____

_____

_____

Atajo Writing Assistant: You may now use the Atajo Writing Assistant to explore how to write a historical essay, to check your grammar and spelling, to consult the dictionary, to conjugate verbs, and to receive suggestions for useful phrases. Search for the following vocabulary or topics.

Vocabulary: working conditions; time: calendar; religions; numbers (various); medicine; media: television and radio; materials

Grammar: relatives (various); verbs: compound tenses; verbs: conditional; verbs: *if*-clauses

Phrases: writing an essay; talking about past events; talking about the date; talking about the recent; writing a conclusion

Verb conjugator: estar (presente, pretérito, imperfecto); ser (presente, pretérito, imperfecto); vivir (presente, pretérito, imperfecto); ocurrir (presente, pretérito, imperfecto); embargar (presente, pretérito, imperfecto)

_____

_____

NOMBRE _____ FECHA _____ CLASE _____

_____

_____

_____

Ahora ¡a revisar! Based on what you learned in this chapter and from using the Atajo Writing Assistant, rework and make the necessary changes to your draft from the **Antes de escribir** section.

La versión final. Now create your title and prepare the final version of your historical essay on Cuba and the United States since the second half of the twentieth century. Make sure you present all pertinent historical facts before expressing your own point of view.

Título:

_____

_____

_____

_____

_____

_____

_____

_____

_____

_____

_____

_____

_____

Práctica de comprensión auditiva

PASO 1 Estando tan en forma, ¡dudo que no ganemos!

Listening comprehension practice of *Vocabulario*

A. Palabras. Escucha las siguientes afirmaciones y selecciona las palabras que mejor completan su significado. Se repetirá. [CD 8, track 19]

1. _____ a. la natación. b. el boxeo. c. el esquí.

2. _____ a. salto de altura. b. esquí. c. levantamiento de pesas.

3. _____ a. arquera. b. lanzadora. c. entrenadora.

4. _____ a. un empate. b. una pelea. c. una liga.

Listening comprehension practice of *En preparación*, 14.1
Subjunctive with expressions of doubt, denial, and uncertainty
Expressing doubt, denial, and uncertainty

B. Tomás el incrédulo. Los amigos de Tomás conversan en la cafetería de la Universidad de Camagüey. Tomás siempre duda de lo que dicen. Completa estas oraciones para saber cuáles son sus dudas. [CD 8, track 20]

1. Dudo que _____ fáciles.

2. No creo que _____ bistec.

3. Es poco probable que te _____ una beca *(scholarship)*.

4. Yo dudo que _____ sol.

5. Es posible que yo no _____ ir.

C. ¿Cómo va a salir esta fiesta? Consuelo, una estudiante de la Universidad de La Habana, ha organizado una fiesta de cumpleaños para su amiga María Elena, pero está preocupada pensando que la fiesta no va a salir bien. Completa este párrafo para saber lo que piensa. Se repetirá. [CD 8, track 21]

Estoy segura de que la fiesta que planeé para el sábado **(1)** _____ a ser un desastre. María

Elena me dijo que llegaban hoy sus parientes de Bogotá y que tiene que pasar el fin de semana con

ellos. Dudo que ella **(2)** _____ venir. Juan Luis tiene que estudiar y es poco probable que

(3) _____. José Antonio iba a tocar la guitarra en la fiesta, pero se rompió el brazo jugando

fútbol y es evidente que no **(4)** _____ a tocar. Y mi amiga Bárbara, que pensaba ayudarme a preparar la comida, se enfermó ayer y no puede venir. ¡Es increíble que **(5)** _____ todas

estas cosas en el peor momento posible! No sé lo que voy a hacer. Creo que **(6)** _____

cancelar la fiesta e ir al cine. ¿Qué crees tú?

PASO 2   ¡Cuba! ¡Cuba! ¡Cuba!... ¡Jonrón!

Listening comprehension practice of *Vocabulario*

D. Palabras. Escucha las siguientes afirmaciones y selecciona las palabras que mejor completan su significado. Se repetirá. [CD 8, track 22]

1. _____ a. un jonrón.	b. medallas.	c. la directiva.
2. _____ a. la élite.	b. el jonrón.	c. la medalla.
3. _____ a. visitando.	b. comiendo.	c. entrenando.
4. _____ a. orgullosos.	b. deprimidos.	c. imparciales.

E. Un partido que nunca se olvidará. Acaba de terminar el partido de béisbol entre los Azucareros de Camagüey y las Avispas de La Habana en el campeonato regional. Escucha los comentarios del famoso comentarista deportivo Horacio Jiménez. Luego, selecciona la frase que mejor complete las oraciones que siguen. El comentario se repetirá. [CD 8, track 23]

1. El comentarista Jiménez afirma que...

   a. ganaron los Azucareros.

   b. el partido fue fantástico.

   c. Paquito Sánchez es el mejor jugador de los Azucareros.

2. Momentos después del jonrón espectacular marcado por Paquito Sánchez, las Avispas...

   a. perdieron el juego.

   b. hicieron dos goles.

   c. empataron con los Azucareros.

3. En el último *inning* los Azucareros marcaron _____ jonrones.

   a. cinco   b. dos   c. tres

4. En el último *inning* las Avispas marcaron _____ jonrones.

   a. cinco

   b. dos

   c. tres

5. Al final, el comentarista Jiménez dice que...

   a. las Avispas van a tener que mejorar su defensa.

   b. los Azucareros ganaron cuatro a tres.

   c. este partido fue uno de los más impresionantes del siglo.

Listening comprehension practice of *En preparación*, 14.2

Subjunctive in adjective clauses

Referring to unfamiliar persons, places, and things

F. Después de la universidad. Un grupo de estudiantes de la Universidad de La Habana está discutiendo qué tipo de trabajos les gustaría obtener cuando se gradúen. Escúchalos e indica si estas oraciones son ciertas (**C**) o falsas (**F**). Se repetirá. [CD 8, track 24]

1.	**C**	**F**	Esta chica quiere un empleo donde pueda utilizar sus conocimientos de lenguas extranjeras.
2.	**C**	**F**	Este chico quiere un empleo que empiece muy temprano.
3.	**C**	**F**	Esta chica quiere un trabajo que no tenga mucha responsabilidad.
4.	**C**	**F**	Este muchacho va a buscar un trabajo que pague mucho dinero, aun si le quita todo su tiempo.
5.	**C**	**F**	Esta muchacha desea encontrar un trabajo que la lleve a otros países.

G. A trabajar. La familia Rodríguez necesita más dinero, y todos están buscando trabajos a tiempo parcial para ayudar a la familia. Como la señora Rodríguez ya tiene bastante trabajo en la casa, su nuevo trabajo debe cumplir ciertos requisitos (*requirements*). Escucha y completa el siguiente párrafo para conocer su situación y para saber cómo debe ser su nuevo trabajo. Se repetirá. [CD 8, track 25]

Espero que sea posible encontrar un trabajo que me (**1**) _____ ocuparme de mis hijos.

Tengo tres: la mayor está en su último año de la escuela secundaria, el segundo tiene doce años y el menor tiene diez.

Necesito un puesto que me (**2**) _____ salir a las dos de la tarde. Voy a buscar una

oficina que (**3**) _____ cerca de mi casa y un jefe que (**4**) _____ simpático. Si

encuentro un trabajo que me guste, tanto mejor, pero lo más importante para mí es estar disponible

si me necesitan mis hijos. ¿Conoce usted a alguien que (**5**) _____ ayudarme a conseguir

tal empleo?

PASO 3 ¡Tal vez consiga el puesto... en Cuba!

Listening comprehension practice of *Vocabulario*

H. Palabras. Escucha las siguientes afirmaciones y selecciona las palabras que mejor completan su significado. Se repetirá. [CD 8, track 26]

1. _____ a. orgulloso. b. caballero. c. contrario.

2. _____ a. jubilarse. b. transferir. c. graduarse.

3. _____ a. solos. b. dispuestos. c. orgullosos.

4. _____ a. jubilan. b. denegan. c. firman.

I. ¡Viene mamá a visitar! Angelita, la madre de Esmeralda, viene a visitar a Esmeralda y su esposo Gerardo en Guantánamo. Ahora Gerardo y su esposa hablan de los preparativos que tienen que hacer. Escucha su conversación y luego selecciona la frase que mejor complete cada oración. La conversación se repetirá. [CD 8, track 27]

1. Gerardo y Esmeralda acaban de mudarse...

   a. a la casa del papá de Gerardo.

   b. a una casa nueva.

   c. a la casa de la mamá de Esmeralda.

2. Antes de llegar su visita, Gerardo y Esmeralda tienen que comprar...

   a. una casa nueva.

   b. una cama nueva.

   c. un carro nuevo.

3. Gerardo espera que le paguen por un trabajo...

   a. que ya hizo.

   b. que va a hacer.

   c. que hará para *La Prensa*.

4. A Esmeralda le gustaría comprar...

   a. ropa nueva.

   b. muebles nuevos.

   c. toda la comida para la semana que viene.

5. Geraldo cree que Esmeralda quiere...

   a. ahorrar su dinero.

   b. ahorrar dinero.

   c. gastar todo su dinero y mucho más.

Listening comprehension practice of *En preparación,* 14.3

Subjunctive in adverb clauses

Stating conditions

J. Tengo ganas de cambiar de trabajo. Ramón se queja a su esposa Ana de su trabajo. Escucha su conversación e indica si las afirmaciones son ciertas (**C**) o falsas (**F**). Se repetirá. [CD 8, track 28]

1.	C	F	La empresa donde trabaja Ramón gana poco dinero.
2.	C	F	Ramón ha empezado a leer los clasificados.
3.	C	F	Ramón piensa dejar su puesto antes de que le ofrezcan otro.
4.	C	F	Ana es muy optimista respecto a la situación.
5.	C	F	Ramón piensa en todas las cosas que puede comprar si consigue un nuevo trabajo.

K. Día de limpieza. Elena y una de sus compañeras de apartamento, Laura, están preparando su día de limpieza en la casa. Escucha los planes que tienen e indica si las siguientes oraciones son ciertas (**C**) o falsas (**F**). Se repetirá. [CD 8, track 29]

1.	C	F	Laura y Elena tienen que limpiar su apartamento hoy.
2.	C	F	Laura va a lavar los platos.
3.	C	F	Las chicas invitaron a unos amigos a almorzar mañana.
4.	C	F	Las chicas deciden salir a comprar ropa por la tarde.
5.	C	F	Es probable que las chicas no hagan los quehaceres domésticos esta tarde.

Dictado [CD 8, track 30]

Escucha las siguientes afirmaciones sobre Cuba, y escribe lo que escuchas. El dictado se repetirá.

1. _____

   _____

   _____

2. _____

   _____

   _____

3. _____

   _____

Actividades con el video ✍

Throughout each chapter of this section of the *Cuaderno* you will be introduced to five people from different Spanish-speaking countries. They have come together to live and learn from each other in La Hacienda Vista Alegre outside San Juan, Puerto Rico. Before watching each segment you'll review strategies that will help you to better comprehend what you see and hear. Then, you'll do activities in which you will demonstrate your understanding of the information... ¡**Empecemos!**

CAPÍTULO 1

Antes de ver el video

A. A conocer a los cinco compañeros. Soon you are going to watch and listen as the roommates arrive in Puerto Rico and their new home.

Review the **Estrategias para ver y escuchar, Capítulo 1, Paso 2** of *¡Dímelo tú!*. In addition to listening for the words that you do understand, also try to listen for cognates in order to get the gist of what is being said. So, before watching, what do you think the following Spanish cognates, taken from this video selection, mean in English?

nervioso	grupo	medicina	clase
resulta	estudio	familia	banda
mexicano	universidad	naturaleza	sexi
espectacular	historias	danza	comentarios
acento	proyecto	fotos	provocan

B. Las nacionalidades de los compañeros. One of the cognates from the previous activity was a nationality of one the five roommates. The roommates represent five different Spanish-speaking countries. Complete the following chart with their adjectives of nationality.

PAÍS	ADJETIVOS
Argentina	
Colombia	
México	*mexicano / mexicana*
España	
Venezuela	
Al ver el video	

A. ¿De dónde son los compañeros? As you watch the video for the first time, pay attention to how the roommates greet each other (remember the expressions that you've learned: **Hola, ¿cómo te llamas?**, etc.) and fill in the data charts below with the **país de origen, nacionalidad, carrera** and **pasatiempo** of each roommate.

NOMBRE: _____ Javier _____

PAÍS DE ORIGEN: _____

NACIONALIDAD: _____

CARRERA: _____

PASATIEMPOS: _____

NOMBRE: _____ Alejandra _____

PAÍS DE ORIGEN: _____

NACIONALIDAD: _____

CARRERA: _____

PASATIEMPOS: _____

NOMBRE: _____ Antonio _____

PAÍS DE ORIGEN: _____

NACIONALIDAD: _____

CARRERA: _____

PASATIEMPOS: _____

NOMBRE: _____ Sofía _____

PAÍS DE ORIGEN: _____

NACIONALIDAD: _____

CARRERA: _____

PASATIEMPOS: _____

NOMBRE: _____ Valeria _____

PAÍS DE ORIGEN: _____

NACIONALIDAD: _____

CARRERA: _____

PASATIEMPOS: _____

B. Las carreras universitarias y los pasatiempos de los compañeros. Did you notice that all of the roommates are currently studying at different universities? Below is a list of common fields of study and typical hobbies for university students. As you watch the video for a second time, listen as each roommate mentions his or her **carrera** and **pasatiempos favoritos** and complete the data charts in activity A.

Carreras universitarias	Pasatiempos
administración de empresas	ir al cine
arte y diseño	bailar
biología	viajar
danza moderna	escribir historias cortas
derecho	las actividades al aire libre
medicina	salir con amigos
filología (inglesa, española, alemana, etc.)	la fotografía
historia	escuchar música
informática	deportes

Después de ver el video

A. ¿Estamos de acuerdo? Compare your completed data charts with those of a classmate.

B. ¿Somos nosotros como los compañeros? Working in groups of five or six, first make a list in Spanish of a) **carreras:** the most popular fields of study (i.e., majors and minors) at your university and b) **pasatiempos:** <u>your</u> hobbies (i.e., what do you like to do in your free time when you're not studying?)

Second, determine which members of your group are most similar to the five roommates, based on their studies and/or personal interests, and complete the following sentences. If no one is a match, write *nadie* (no one) in the first blank.

1. _____ es como Javier porque _____

_____.

2. _____ es como Alejandra porque _____

_____.

3. _____ es como Antonio porque _____

_____.

4. _____ es como Sofía porque _____

_____.

5. _____ es como Valeria porque _____

_____.

Share your group's results with the class.

CAPÍTULO 2

Antes de ver el video

Review the **Estrategias para ver y escuchar, Capítulo 2** of *¡Dímelo tú!*. You are going to listen as the roommates discuss how they are going to set up their living arrangements and then watch as they set out to discover Puerto Rico on their first day trip. Try to anticipate what you're going to see and hear in this segment by completing the following activities.

A. Dentro de la casa: dividiendo las habitaciones. The house—la *Hacienda Vista Alegre*—has three bedrooms. Based on what you already know about the roommates, answer the following questions.

1. ¿Quién va a compartir cada habitación con quién?

   _____

2. ¿Quién va a querer tener habitación propia?

   _____

B. Fuera de la casa: Explorando Puerto Rico por primera vez (Parte 1). You are going to watch the roommates as they explore Puerto Rico. Based on what you already know about this country, where do you think the roommates will go on their first day trip and what will they see? Put an X by the locations / attractions below.

_____ a.   el Viejo San Juan

_____ b.   otras ciudades puertorriqueñas

_____ c.   El Morro

_____ d.   El Yunque

_____ e.   el mercado de la Plaza San José

_____ f.   la playa

_____ g.   el Paseo de la Princesa

_____ h.   la Plaza de la Rogativa

_____ i.   la Fortaleza

Al ver el video

A. ¿Quién va a compartir cada habitación con quién? Below is a floor plan of the house. As you watch the video, listen as the roommates divide up the bedrooms. Indicate where each person will be living by writing his or her name in the corresponding bedroom in the floor plan.

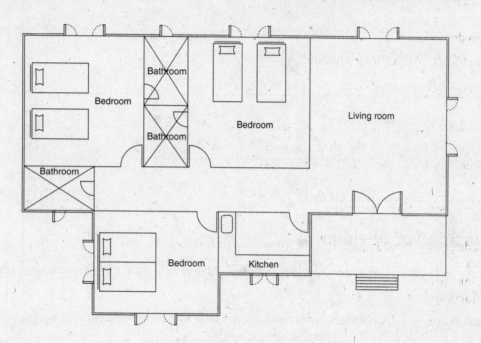

B. ¿Qué planean hacer Javier, Alejandra, Sofía, Valeria y Antonio? Each roommate has a specific idea about what he or she wants to do or see during the day. Read their plans listed in column B of the chart below. As you watch the video for the first time write the roommate's name in column A next to his or her plan.

A	B
_____	Voy a ir a la playa.
_____	Voy a ir de compras.
_____	Voy a ir al mercado de la Plaza San José.
_____	Voy a tomar muchas fotos.
_____	Todos vamos a levantarnos temprano y a visitar muchos lugares de interés en el Viejo San Juan.

C. ¿Qué hace cada persona? Let's see if the roommates stick to their original plans for the day. Watch the video a *second time* and then, in groups of 3 or 4 people, answer the following questions.

1. ¿A qué hora planean los compañeros reunirse de nuevo para volver a casa juntos?

   _____

2. ¿Qué hacen Sofía y Javier?

   _____

3. ¿Adónde van Alejandra y Antonio?

   _____

4. ¿Qué hace Valeria?

   _____

Share your group's answers with the class.

Después de ver el video

A. El plano de la casa. Compare your floor plan with that of a classmate and then answer the following questions.

1. ¿Piensas que esta distribución de las habitaciones es la más apropiada para los compañeros? ¿Por qué sí, o por qué no?

   _____

   _____

2. ¿Vives con compañeros y compartes habitación? ¿Es una experiencia positiva, negativa o una mezcla de ambas?

   _____

   _____

3. ¿Qué ventajas y desventajas encuentras en compartir la habitación? Basándote en esas ventajas y desventajas, adivina *(guess)* qué va a ocurrir entre los compañeros durante su estancia en la Hacienda Vista Alegre.

   _____

   _____

B. ¿Adivinaste *(Did you guess)* bien? Did you anticipate correctly what the roommates would see during their day trip? Make any necessary corrections to your initial predictions (from *Antes de ver el video*) and compare your responses with those of a classmate.

CAPÍTULO 3

Antes de ver el video

La primera excursión en Puerto Rico. Before watching the conclusion of the roommates' first day trip in Puerto Rico, review the **Estrategias para ver y escuchar, Capítulo 3, Paso 2** of *¡Dímelo tú!*. Lee las preguntas en la siguiente sección *(Al ver el video)* y tenlas *(have them)* presentes al ver el segmento.

Al ver el video

Fuera de la casa: Explorando Puerto Rico por primera vez (Parte 2) ¿Te acuerdas del capítulo anterior del video, durante el cual los compañeros exploraban el Viejo San Juan? Este segmento que vas a ver es la continuación de su excursión. Al ver el video contesta las preguntas de comprensión.

1. ¿Por qué está nerviosísima Valeria?

   _____

2. ¿Con quién habla Valeria y por qué?

   _____

3. ¿Adónde quiere ir Valeria?

   _____

4. ¿Qué están haciendo Sofía y Javier? ¿Y Antonio y Alejandra?

   _____

5. ¿De quién hablan Antonio y Alejandra?

   _____

6. Antonio hace una comparación de los estados de ánimo de Alejandra y Valeria. Según él, ¿cómo están ellas?

   _____

   _____

7. Cuando llega Valeria, ¿en qué lugar de la casa están Antonio y Alejandra? ¿Qué están haciendo?

_____

_____

8. ¿Por qué dice Antonio que estaban preocupados por ella?

_____

9. ¿Por qué no dice la verdad Valeria?

_____

10. ¿Por qué está celosa Valeria?

_____

Después de ver el video

A. ¡Ah, los celos! Valeria está celosa y al haber visto el video sabes por qué. Con un(a) compañero(a) de clase, piensen en la situación de Valeria y contesten las siguientes preguntas.

1. ¿Cómo se nota que una persona está celosa?

_____

2. ¿Es peligroso estar celoso(a)?

_____

3. ¿Pueden provocar los celos problemas de convivencia? ¿Qué tipos?

_____

_____

4. ¿Qué creen Uds. que va a pasar entre...

Valeria y Antonio? _____

Valeria y Alejandra? _____

B. La conversación continúa... Basándose en sus respuestas, escriban una conversación entre Valeria y Antonio o Valeria y Alejandra. Luego dramaticen la situación delante de la clase.

CAPÍTULO 4

Antes de ver el video

La ropa. In the video segment that you are about to watch, the roommates talk about clothing. Review the **Estrategias para ver y escuchar, Capítulo 4, Paso 2** of *¡Dímelo tú!* and then listen as your instructor reads the list of cognates below that appear in the segment. Note how they are pronounced in Spanish and draw a circle around the stressed syllable *(in column A)*. Then go back and write the English equivalent and underline the syllable that is stressed in the English word *(in column B)*. Finally, indicate with an **X** if the pronunciation is similar or different *(in column C)*.

Column A	Column B	Column C	
Spanish	**English**	**Pronunciation**	
		Similar?	**Different?**
co-le-gio			
es-ti-lo			
san-da-lias			
cri-sis			
pro-ble-ma			
fút-bol a-me-ri-ca-no			
u-ni-ver-si-dad			
co-lo-res			
cues-tio-nes			

¡OJO!: One of the words on the list is a false cognate. Can you identify it?

_____

Al ver el video

Los gustos sobre la ropa. Mientras ves el episodio, indica si las siguientes oraciones se asocian con Sofía (S), con Alejandra (**Ale**), con Antonio (**Ant**) o con Javier (**J**).

_____ 1. Tengo que comprarme zapatos nuevos.

_____ 2. Me encanta ir de compras y tener muchas ropa bonita.

_____ 3. No tiene sentido comprar ropa nueva si todavía puedo llevar mi ropa vieja.

_____ 4. ¡Por favor, ese estilo ya pasó de moda!

_____ 5. No me gusta la ropa atrevida y colorida.

_____ 6. Llevo la gorra y la camiseta del equipo de fútbol americano de mi universidad.

_____ 7. Llevo la camiseta de fútbol del mejor equipo del mundo—¡Argentina!

_____ 8. Son importantes las cuestiones de la moda.

Después de ver el video

Una encuesta sobre la ropa. Usa las preguntas que aparecen a continuación _(below)_ para entrevistar a un(a) compañero(a) de clase sobre la última vez que él/ella fue de compras para ropa nueva.

1. ¿Hace cuánto fuiste de compras?

2. ¿Adónde fuiste? ¿Adónde prefieres ir de compras normalmente?

3. ¿Fuiste solo(a) o acompañado(a)?

4. ¿Pensaste en la moda? ¿Por qué sí, o por qué no?

5. ¿Miraste los escaparates de las tiendas o entraste directamente?

6. ¿Te probaste la ropa?

7. ¿Compraste algo al final?

Si tu compañero(a) contesta «**Sí**» a la pregunta número 7, pregúntale lo siguiente:

- *¿Qué compraste? (Descríbelo en detalle—el tipo de ropa, los colores, las telas, etc.)*

- *¿Cuánto te costó todo?*

Si tu compañero(a) contesta «**No**» a la pregunta número 7, pregúntale lo siguiente:

- *¿Qué pasó? (Por ejemplo, ¿No pudiste encontrar lo que buscabas o querías?, ¿No tuviste dinero suficiente?, ¿No tuviste tiempo?, etc.)*

Luego, cambien de papel *(exchange roles)* y deja que tu compañero(a) te haga las mismas preguntas.

CAPÍTULO 5

Antes de ver el video

¿Quién se queda en Puerto Rico? Repasa las Estrategias para ver y escuchar del Capítulo 5, Paso 2 de *¡Dímelo tú!*. Luego, escucha mientras los narradores introducen el episodio al hablar sobre un(a) compañero(a) que planea quedarse en Puerto Rico después de que termine el mes. En su presentación, utilizan varios cognados con los sufijos -**mente**, -**ad** y -**ente**. Escribe todas las palabras que oigas en la tabla que aparece a continuación.

-mente	*-ad*	*-ente*

Al ver el video

¿Departamento o apartamento? Aunque sea el mismo idioma, sabes que existen diferencias de vocabulario entre los países hispanos (repasa la actividad *A proposito* en el texto). Mientras ves el episodio, marca el vocabulario relacionado con los apartamentos que escuchas en el episodio.

_____ un departamento	_____ una sala de estar	_____ un dormitorio
_____ un apartamento	_____ un garaje	_____ una cocina
_____ un piso	_____ una cochera	_____ un comedor
_____ un estudio	_____ un baño	_____ una oficina
_____ una piscina	_____ un cuarto	_____ un jardín
_____ una pileta	_____ una habitación	
_____ un living	_____ un recámara	

Después de ver el video

Añadir más detalles al episodio. La clase se va a dividir en dos grupos: Grupo A y Grupo B, para completar las siguientes actividades.

Grupo A. Las personas del Grupo A van a escribir un diálogo. Trabajen en grupos de tres personas e inventen la conversación que ocurrió cuando Sofía y Javier fueron a la inmobiliaria anunciada en la ventana del piso que se alquilaba. Cada persona en el grupo asumirá uno de estos papeles: (1) Sofía, (2) Javier y (3) el/la agente. Trabajen juntos, sean creativos y estén listos para representarle su diálogo a la clase.

Grupo B. Las personas del Grupo B van a describir con más detalle el apartamento que Sofía encontró en el episodio. Trabajen en grupos de tres o cuatro personas. Primero, dibujen el plano del apartamento, según la descripción de Sofía que escucharon en el episodio. Luego, decoren el apartamento para ella. ¡No olviden respetar la personalidad y los gustos de Sofía! Estén listos para mostrarle el plano y explicarle la decoración que Uds. recomiendan.

CAPÍTULO 6

Antes de ver el video

¿Cuándo ocurrió? Ordenen cronológicamente los siguientes eventos que han ocurrido *(have occurred)* hasta ahora en el video. Marque el primer evento que ocurrió con el número 1 y el más reciente con el número 9.

_____ Sofía le dijo a Javier que quería quedarse en Puerto Rico.

_____ Los compañeros decidieron visitar el viejo San Juan.

_____ Javier, Sofía, Valeria, Antonio y Alejandra se conocieron allí. Se presentaron y hablaron de sus países de origen, sus estudios universitarios y sus pasatiempos.

_____ Cinco personas de países diferentes viajaron a Puerto Rico para vivir juntas durante un mes.

_____ Los compañeros escogieron entre las habitaciones de la casa.

_____ Mientras Sofía y Alejandra estuvieron en su habitación, Sofía se probó la ropa de Alejandra y durante un tiempo cambió completamente su estilo de vestir.

_____ Los compañeros llegaron uno por uno a la Hacienda Vista Alegre en las afueras de San Juan, Puerto Rico.

_____ Sofía y Javier fueron a una agencia inmobiliaria y Sofía encontró un apartamento perfecto para ella.

_____ Valeria se perdió por las calles de San Juan y llegó muy tarde a la casa.

Al ver el video

Los testimoniales de los compañeros. En este episodio vas a ver once testimoniales durante los cuales Alejandra, Antonio, Javier, Sofía y Valeria expresan sus opiniones sobre los demás compañeros. En la tabla a continuación tienes unas citas *(quotes)* tomadas de los testimoniales.

Mientras ves el video, para cada cita, completa la tabla con el nombre de la persona que expresó la opinión en la columna **¿Quién lo dijo?** y el nombre de la persona de la que se habló en la columna **¿Acerca de quién(es)?**. El primero te va a servir como ejemplo.

de testimonial	Cita	¿Quién lo dijo?	¿Acerca de quién(es)?
1	«Es atractivo, pero es también vanidoso.»	Valeria	Antonio
2	«Es llamativa y sexi. Aunque es arrogante...»		
3	«Siempre hace bromas... Él cree que es muy gracioso...»		
4	«...ya somos amigos y compartimos el mismo cuarto.»		
	«Creo que a nadie le gusta... aunque a mí no me disgusta del todo.»		
5	«Ella es muy linda... Es una muchacha inteligente.»		
6	«Me hace reír.»		
	«...es una chica muy guapa... pero es insoportable.»		
	«...creo que a él no le gusta su carrera para nada.»		
7	«Vivir con cuatro personas que no conoces, es una experiencia nueva.»		
8	«...es muy guapa... siempre sonríe...»		
	«...parece estar amargada, por alguna razón.»		
9	«...es muy galante y es muy atento conmigo... pero a veces me confunde la manera en la que mira a Valeria...»		
10	«...siempre hace todo lo posible para dar la impresión de que en su vida todo es perfecto y hermoso como ella.»		
11	«Me siento celosa... Ella tiene a Antonio.»		

Después de ver el video

En los episodios anteriores... Para las series de televisión y con las películas con secuelas, es común que aparezca un resumen de los eventos anteriores antes de ver episodios nuevos. Van a trabajar en grupos de cuatro o cinco personas para escribir un noticiero especial sobre los episodios que Uds. vieron (incluyendo este episodio de testimoniales).

PASO 1. Hacer un noticiero. Trabajando juntos, usen la información que escucharon durante los testimoniales de este episodio y sus memorias de episodios pasados y apunten:

- Qué eventos **ocurrieron**.

- Cómo **avanzaron** las relaciones entre los compañeros desde las primeras impresiones hasta el presente.

Luego, usen sus apuntes para escribir el guión *(script)* para <u>dos reporteros</u>.

PASO 2. Presentar el noticiero. Ahora que tienen el guión escrito hagan lo siguiente en preparación para la presentación:

- Decidan quiénes van a ser los dos reporteros.

- Repasen las estrategias para escuchar en el texto. Lean de nuevo el guión e identifiquen pausas lógicas. Marquen con una *P* los lugares donde los reporteros deben pausar.

- Ensayen (los dos reporteros) el noticiero con las pausas para los otros miembros del grupo.

Ahora están listos para presentarle el noticiero a la clase.

CAPÍTULO 7

Antes de ver el video

Las preguntas que hacen los compañeros. Repasa las Estrategias para escuchar en el Capítulo 7, Paso 2 de *¡Dímelo tú!*. En la tabla a continuación tienes una lista de algunas preguntas que surgen en el episodio. Anticipa el tipo de entonación que van a usar en cada pregunta. Marca con una **X** el patrón de entonación que esperas oír.

	Patrón de entonación	
	(sí / no) ⤴	(que pide información) ⤵
¿Estabas escuchando mi conversación?		
¿Y por qué terminaron su relación?		
¿Tuviste una mala experiencia?		
Es mejor así, ¿no crees?		
¿Quieres hacer algo esta noche?		
¿Qué te gustaría hacer?		

Escucha mientras tu instructor(a) lee las preguntas y revisa tus respuestas.

Al ver el video

¿Más que amigos? La siguiente conversación telefónica entre Valeria y su madre resume lo que pasa en el episodio que estás a punto de ver. Lee la conversación y mientras ves el episodio, llena los espacios en blanco con los sustantivos, los nombres de personas y los pronombres de objeto directo que están a continuación.

amigo	inseguridad	me
Antonio	la	Raquel
César	lo	Rubén
familia	los	te

(M) = la madre de Valeria
(V) = Valeria

M: Hola, cariño, ¿cómo estás?

V: Muy bien.

M: ¿Algo nuevo?

V: Pues, sí. Estoy emocionada.

M: ¿Por qué?

V: Estaba conversando por teléfono en la piscina con _____ y me enfadé con él.

M: ¿Qué pasó esta vez? Valeria, ¡no debes dejar que tu ex novio te emocione tanto!

V: Ya lo sé, mamá. Quiero ser su amiga pero a veces es tan difícil. Se puso celoso cuando mencioné a Antonio. Empezamos a discutir, como siempre, y poco después colgué el teléfono.

V: Cuando _____ colgué, vi a _____ allí. Me enojé con él porque pensaba que _____ estaba espiando.

M: Valeria, ¡siempre piensas mal de la gente!

V: Sí, lo sé. Pero luego vi que Antonio sólo estaba preocupado por mí. Es un buen _____.

M: ¿Y luego qué pasó? Dijiste que estabas contenta.

V: Empezamos a hablar de nuestras antiguas relaciones. Hablé de César y su _____.

V: Luego Antonio me contó sobre su relación con _____, su novia de la universidad. Fueron novios durante tres años.

M: ¿Y qué ocurrió con ellos? ¿Por qué rompieron?

V: Una Navidad Antonio se fue a México a visitar a su _____. Y cuando él regresó a la universidad ella y _____, su mejor amigo le dijeron que estaban enamorados *(they were in love)*.

M: ¡Ah, pobrecito! ¿Cómo reaccionó?

V: Fue espantoso pero que pasó hace ya mucho tiempo. Mamá, él perdonó.

M: ¿Perdonó a los dos?

V: Sí, perdonó a ella y a Rubén también. ¡Es una persona increíble!

V: ¿Y sabes qué pasó después? Él sugirió hacer algo esta noche.

V: Vamos a salir dentro de poco pero _____ quería llamar antes de irme.

M: Me parece muy bien, hija. Que disfruten.

M: ¿Seguro que Antonio sólo es un amigo?

V: Ya veremos mamá. Tengo que irme. Te quiero.

M: Te quiero. Hasta luego.

V: Hasta luego, mamá.

Después de ver el video

¿Una cita romántica? En este episodio vieron como Antonio le preguntó a Valeria si quería salir por la noche. Trabajen en grupos de tres o cuatro personas y escriban un desenlace *(ending)* para su cita. Escriban el <u>diálogo</u> entre Valeria y Antonio y piensen en las siguientes preguntas.

- ¿Adónde fueron? ¿Qué hicieron? (una cena, un paseo por la playa o la ciudad, etc.)

- ¿Cómo fue la cita? (romántica, aburrida, incómoda, etc.)

- ¿Qué emociones experimentaron Valeria y Antonio? (alegría, enojo, nerviosismo, etc.)

- ¿Qué ocurrió al final de la cita? (un beso, una invitación para otra cita, nada, etc.)

CAPÍTULO 8

Antes de ver el video

La cena especial de Valeria. Repasa las Estrategias para ver y escuchar en el Capítulo 8, Paso 2 de *¡Dímelo tú!*. En grupos de tres o cuatro personas, lean las preguntas relacionadas con la cena especial que prepara Valeria en *Al ver el video*. Luego, usen esa información para adivinar *(to guess)* qué información específica van a escuchar Uds. en el video. Para cada pregunta (#1–7) escriban en la tabla a continuación unas preguntas que crean que se va a contestar en el video sobre cada tema. La primera pregunta les va a servir como ejemplo.

	Nuestras preguntas específicas
Al ver el video **Pregunta #1**	*¿Por qué quiere preparar Valeria una cena especial?* *¿Para quién(es) es la cena especial?* *¿Qué platos va a preparar? ¿Qué ingredientes tienen los platos?* *¿Sabe cocinar Valeria?*
Al ver el video **Pregunta #2**	
Al ver el video **Pregunta #3**	
Al ver el video **Pregunta #4**	
Al ver el video **Pregunta #5**	
Al ver el video **Pregunta #6**	
Al ver el video **Pregunta #7**	

Al ver el video

Un plato hecho con amor. Mientras ves el video, completa las oraciones que aparecen a continuación con la información específica que escuchas.

1. Valeria quiere preparar una cena especial porque _____

   _____.

2. A Valeria le gusta _____

   _____.

3. El plato que Valeria quiere preparar _____

_____.

4. Valeria quiere llamar a su mamá para _____

_____.

5. Valeria tiene muchas preguntas sobre _____

_____.

6. Valeria y Alejandra compran los ingredientes _____

_____.

7. La cena resultó todo un desastre porque _____

_____.

Después de ver el video

Trabajen en los mismos grupos de la actividad *Antes de ver el video* y hagan las siguientes actividades.

A. ¿Adivinaron bien? Vuelvan a las preguntas específicas que Uds. escribieron para la actividad *Antes de ver el video*. ¿Adivinaron o no correctamente la información específica del episodio? ¿Por qué sí o por qué no? ¿Qué pueden hacer para adivinar mejor lo que va a pasar la próxima vez que vean un video en español?

B. La comida hispana. Contesten las siguientes preguntas.

• ¿Les gusta la comida hispana y/o tex-mex? Expliquen.

• ¿Qué platos conocen? Hagan una lista para el grupo.

Ahora, escojan uno de los platos de su lista y descríbanlo. En su descripción deben incluir lo siguiente:

1. los ingredientes

2. cómo se lo prepara (al horno, a la parilla, frito, etc.)

3. si es difícil o fácil preparar

4. cuánto tiempo se tarda en prepararlo, desde el principio hasta el final

Cuando terminen, léanle la descripción a toda la clase sin mencionar el nombre del plato. ¿Pueden adivinar sus compañeros de clase qué plato es?

CAPÍTULO 9

Antes de ver el video

Repasa las Estrategias para ver y escuchar en el Capítulo 9, Paso 2 de *¡Dímelo tú!*. Trabajen en grupos de cuatro o cinco personas y hagan las siguientes actividades.

A. Nuestras experiencias. Piensen en sus experiencia personales con **la convivencia** (por ejemplo, con miembros de familia, compañeros de dormitorio o apartamento, etc.) y contesten estas preguntas.

1. ¿Es difícil la convivencia?

   _____

2. ¿Cuáles son los problemas más típicos que ocurren al compartir una vivienda *(housing)?* Hagan una lista.

   _____

   _____

   _____

3. Sabemos que cada persona tiene una rutina diaria particular. ¿Cómo afecta esta rutina la convivencia con otras personas?

   _____

   _____

   _____

B. Pensando los problemas de la convivencia. El título de episodio que Uds. van a ver es «¡Los problemas de convivencia en la Hacienda Vista Alegre!» Repasen la lista de problemas de convivencia que Uds. hicieron en la actividad anterior. ¿Piensan que van a ver alguno de esos problemas u otro tipo de problema en este episodio? Basándose en su experiencia personal y lo que ya saben de los cinco compañeros, completen la tabla que aparece a continuación.

El problema de convivencia que vamos a ver en este episodio es...	*¿Cómo se resuelve? (por ejemplo, no se resuelve, al final los compañeros hacen las paces, etc.)*

Al ver el video

¡La convivencia no siempre es fácil! Mientras ves el video, contesta las siguientes preguntas sobre lo que ocurre en el episodio.

1. ¿Quién está en el baño?

   _____

2. ¿Por qué están impacientes los otros compañeros?

   _____

3. ¿Qué tienen que hacer los compañeros a las nueve?

   _____

4. ¿Cómo le gusta empezar su día a Sofía?

   _____

5. ¿Qué tiempo hace?

   _____

6. ¿Por qué se enoja Valeria con Antonio?

   _____

Después de ver el video

¡¿Qué hace Valeria en el baño?! La clase va a dividirse en tres grupos. Cada grupo va a escribir una descripción detallada de lo que hace Valeria en el baño todas la mañanas, pero desde las diferentes **perspectivas** siguientes: la de Valeria de sí misma, la de Sofía y Alejandra y la de Javier y Antonio.

Grupo 1: La perspectiva de Valeria. ¿Qué explicación da Valeria? Escriban <u>las palabras de ella</u>. Piensen en lo siguiente:

- ¿Creen que a Valeria le parece mucho tiempo pasar más de media hora en el baño todas las mañanas? ¿Según Valeria, cuánto tiempo es normal estar en el baño preparándose por la mañana?

- ¿Qué hace todas las mañanas en el baño para prepararse? Expliquen con detalle su rutina.

- ¿Qué reacción tuvo cuando Antonio la llamó «Miss Venezuela»? ¿Le gustó o no?

- ¿Le gusta compartir el baño con cuatro compañeros?

Estén preparados para leerle la perspectiva de Valeria a toda la clase.

Grupo 2: La perspectiva de Sofía y Alejandra. ¿Qué explicación dan Sofía y Alejandra? Escriban <u>las palabras de ellas</u>. Piensen en lo siguiente:

- ¿Pasa Valeria demasiado tiempo en el baño todas las mañanas?

- ¿Cuánto tiempo pasan ellas *(Sofía y Alejandra)* en el baño? ¿Tanto tiempo como Valeria?

- ¿Qué creen ellas que hace Valeria todas las mañanas en el baño para prepararse? Expliquen con detalle su rutina.

- ¿Es una mujer «típica» Valeria en cuanto a sus rutinas diarias?

- ¿A ellas les gusta compartir el baño con tantos compañeros? ¿A ellas les gusta compartir el baño con hombres?

Estén preparados para leerle la perspectiva de Sofía y Alejandra a toda la clase.

Grupo 3: La perspectiva de Javier y Antonio. ¿Qué explicación dan Javier y Antonio? Escriban <u>las palabras de ellos</u>. Piensen en lo siguiente:

- ¿Pasa demasiado tiempo en el baño Valeria todas las mañanas?

- ¿Piensan ellos *(Javier y Antonio)* que hay hombres que también pasan demasiado tiempo en el baño preparándose? Sí es así, ¿qué creen que hacen exactamente?

- ¿Qué creen ellos que hace Valeria todas las mañanas en el baño para prepararse? Expliquen con detalle su rutina.

- ¿A ellos les gusta compartir el baño con tantos compañeros? ¿A ellos les gusta compartir el baño con mujeres?

Estén preparados para leerle la perspectiva de Javier y Antonio a toda la clase.

CAPÍTULO 10

Antes de ver el video

Una excursión al mar. Repasa las Estrategias para escuchar en el Capítulo 10, Paso 2 de *¡Dímelo tú!* y practica, escuchando, **desde abajo hacia arriba,** mientras los narradores introducen este episodio en el que los compañeros van al mar. Luego, empareja los verbos y adjetivos de la columna A con las cosas, lugares o conceptos que describen en la columna B.

Columna A
brincar del
de colores
hacer
impresionante
marinas
preciosos
ver debajo del mar
zarpar

Columna B
el arrecife
en el barco
el lado del bote
esnórkeling
la máscara
las algas
los corales
los peces

Al ver el video

Lo que hicieron. Ahora mira todo el episodio y pon en el orden apropiado los siguientes eventos que ocurrieron durante la segunda excursión de los compañeros en Puerto Rico.

_____ a. Una vez que Alejandra, Sofía, Javier y Antonio estuvieron en el agua trataron de convencer Valeria que entrara al agua también.

_____ b. Todos menos Valeria se pusieron las aletas y las máscaras para probárselas antes de hacer esnórkeling.

_____ c. Llegaron al Puerto del Rey.

_____ d. El guía les dio la bienvenida a los compañeros.

_____ e. Los cinco compañeros condujeron juntos a la playa.

_____ f. No hubo ningún accidente al entrar al agua porque los compañeros siguieron las instrucciones del guía de brincar solamente de pies.

_____ g. Mientras los demás bebían y comían sandía en la cubierta, Valeria se fue abajo y se sentó sola.

_____ h. Valeria les dijo que el agua le producía miedo.

_____ i. Todos le dijeron adiós al guía y se dirigieron al coche.

_____ j. Alejandra, Sofía, Javier y Antonio tuvieron una experiencia estupenda al hacer esnórkeling.

_____ k. Sacaron las toallas, las mochilas y los bolsos del coche y los trajeron al barco.

Después de ver el video

Las mentiras. En este episodio Valeria les mintió a los demás compañeros sobre por qué no quería hacer esnórkeling. Les dijo que el esnórkeling le daba miedo. Pero luego en un testimonial ella admitió que le daba miedo el agua porque no sabe nadar.

Entrevista a un(a) compañero(a) para averiguar su opinión sobre lo que hizo Valeria y sobre las mentiras en general. Luego, deja que tu compañero(a) te entreviste a ti. Estén preparados para compartir sus opiniones con la clase.

1. ¿Alguna vez hiciste algo parecido a lo que hizo Valeria, o sea, no decir la verdad para no tener que admitir que no sabías hacer algo bien? Explícalo.

2. ¿Estás de acuerdo con las siguientes declaraciones? ¿Por qué si o no?

   - Siempre es importante decir la verdad.
   - A veces es necesario mentir.
   - Es fácil saber si alguien está mintiendo o si está diciendo la verdad.

3. Si alguien dice: «Jamás mentí en mi vida», crees que esa persona está diciendo la verdad o está mintiendo? ¿Por qué?

4. ¿Alguna vez dijiste una mentira piadosa *(white lie)?* ¿Por qué?

5. ¿Cuándo fue la última vez que mentiste? ¿Por qué mentiste? ¿Te sentiste mal después? ¿Por qué sí o por qué no?

CAPÍTULO 11

Antes de ver el video

Cómo celebrábamos los cumpleaños... Entrevista a un(a) compañero(a) de clase sobre sus cumpleaños en la niñez. A continuación hay algunas preguntas que puedes usar para guiar la entrevista. Anota las respuestas de tu compañero(a) y luego deja que él/ella te entreviste a ti.

- ¿Cómo celebrabas tus cumpleaños en la niñez?

  - ¿En qué lugar (casa, restaurantes, colegio, etc.) se celebraban?

  - ¿Quiénes (familia, amigos, compañeros de colegio, etc.) asistían a la celebración?

  - ¿Qué tipo de comida y bebida había?

  - ¿Qué juegos, actividades y eventos hacían los invitados?

- ¿Cuál fue el mejor cumpleaños de tu niñez? ¿Por qué fue especial?

- ¿Había una tradición especial para los cumpleaños que seguía tu familia? ¿Y hoy en día, han cambiado o evolucionado las costumbres familiares o continúan iguales?

Repasa las estrategias para ver y escuchar en el texto. Ahora basándose en su conversación sobre sus cumpleaños en la niñez, adivinen lo que van a ver en este episodio. Contesten las siguientes preguntas:

1. Es el cumpleaños de una de las chicas de la casa. ¿Quién es: Alejandra, Sofía o Valeria?

   _____

   _____

2. La persona que cumple años está triste. ¿Por qué creen que se siente así? ¿Por qué razones?

   _____

   _____

Al ver el video

¡Ah, la nostalgia! Mientras ves el video presta atención a lo que dicen Valeria y Alejandra sobre sus cumpleaños de la niñez para poder contestar estas preguntas:

1. ¿Quién cumple años? ¿Cuántos años tiene hoy?

2. ¿Por qué está triste?

3. ¿Y cómo celebraba su cumpleaños en la niñez Alejandra?

   - ¿Con quién(es) celebraba su cumpleaños?

   - ¿Dónde lo celebraba?

   - ¿Qué comían y bebían?

4. ¿Prefiere Valeria sus cumpleaños más recientes o los de su niñez?

5. ¿Cómo celebraba su cumpleaños en la niñez Valeria?

   - ¿Qué le regalaba su padre?

   - ¿Qué hacía su madre y quiénes le ayudaban?

Después de ver el video

A. ¿Adivinaste bien? ¿Quién cumplía años y por qué estaba triste?

B. ¡El mejor cumpleaños en la niñez! Hagamos una encuesta para identificar a la persona de la clase que ha tenido el mejor cumpleaños en la niñez.

Una de las preguntas de la entrevista en la actividad *Antes de ver el video* fue la siguiente:

¿Cuál fue el mejor cumpleaños de tu niñez? ¿Por qué fue especial?

Ya sabes la respuesta de un(a) compañero(a) de clase. Ahora tienes que ir por la clase y hacerle esa pregunta a todos tus compañeros de clase. Anota sus respuestas en una hoja de papel. Al terminar, escoge a la persona que tuvo el mejor cumpleaños y completa la información abajo.

En mi opinión, _____ ha tenido el mejor cumpleaños porque _____.

Comparte esta información con la clase para hacer recuento *(tally)* de los nombres de las personas elegidas. ¿Quién tiene más nominaciones? ¡Él/ella es el/la ganador(a)!

CAPÍTULO 12

Antes de ver el video

Los planes para el futuro. Repasa las Estrategias para ver y escuchar en el Capítulo 12, Paso 2 de *¡Dímelo tú!*. En este episodio cada compañero(a) revelará sus aspiraciones para el futuro y/o sus sueños. Basándote en lo que ya sabes de cada persona (su personalidad, intereses, etc.), decide quién querrá hacer cada uno de los planes que aparecen a continuación. Escribe el nombre del compañero(a) que diría lo siguiente.

¿Sería el deseo de Alejandra, Antonio, Javier, Sofía o Valeria?

_____	1. «Volveré a casa pero no iré solo. Si ella está de acuerdo, iremos juntos y le enseñaré mi ciudad.»
_____	2. «Viviré aquí por un año y escribiré un libro sobre la cultura taína, el arte, la historia y la vida cotidiana en Puerto Rico.»
_____	3. «Tendré mi propia agencia de ecoturismo y deportes de aventura.»
_____	4. «Me invitó a ir a su casa con él. Lo pensaré. Es una propuesta muy interesante. Tendré que pensarlo.»
_____	5. «Regresaré a casa y montaré una exposición de fotografía en el Museo de Arte.»

Al ver el video

A. ¿Quién deseaba qué? Mientras ves el episodio por primera vez revisa tus respuestas de la actividad de *Antes de ver el video*.

B. Los detalles sobre los planes. Mientras ves el episodio por segunda vez, contesta las siguientes preguntas sobre los planes de cada persona.

Javier

1. ¿Seguirá estudiando medicina? ¿Por qué sí o por qué no?

   _____

   _____

2. ¿Qué sueño tiene Javier? ¿Qué hará?

   _____

   _____

3. ¿Por qué es Sofía su inspiración?

   _____

   _____

4. ¿Con qué está Antonio ayudándole a Javier?

   _____

   _____

5. En su testimonial Javier explica detalladamente su plan. Nombra por lo menos **dos** cosas que hará Javier.

   _____

   _____

Sofía y Alejandra

1. ¿Qué escribirá Sofía?

   _____

2. ¿Por cuánto tiempo vivirá Sofía en Puerto Rico?

   _____

3. ¿Al regresar a Colombia, qué hará Alejandra?

   _____

4. ¿Por qué nunca tuvo tiempo Alejandra al cumplir su meta?

   _____

Antonio y Valeria

1. ¿Qué le pregunta Antonio a Valeria?

   _____

2. ¿Cuál es la respuesta de Valeria?

   _____

3. En tu opinión, ¿qué hará Valeria?

   _____

Después de ver el video

¿Cómo podemos conseguir nuestros sueños? Trabaja con un compañero(a) de clase para hacer la siguiente actividad. Una persona seguirá las instrucciones para la Persona A y la otra las de la Persona B.

Persona A. ¿Qué has soñado hacer en la vida? ¿Cuál es tu gran sueño? Escríbelo a continuación:

   Siempre he soñado con _____.

Ahora, piensa en lo siguiente:

- ¿Es un sueño personal, profesional o los dos?

- ¿Desde hace cuando tienes este sueño?

- ¿Cómo te cambiará tu vida la realización de este sueño?

Ahora comparte con tu compañero(a) de clase tu sueño y pídele sus consejos sobre cómo conseguirlo.

Persona B. Un(a) compañero(a) de clase va a compartir contigo un sueño que quiere realizar. Te va a pedir ayuda. Dale consejos específicos. Por ejemplo:

- **No tengas** miedo.

- **Determina** cuánto tiempo necesitarás para conseguir tu sueño y sé práctico.

CAPÍTULO 13

Antes de ver el video

El instructor de baile. Repasa las Estrategias para ver y escuchar en el Capítulo 13, Paso 2 de *¡Dímelo tú!*. En este episodio los compañeros van a aprender a bailar. Trabajen en grupos de tres o cuatro personas y lean las siguientes frases que les va a decir el instructor de baile mientras les da la información y las instrucciones a los compañeros.

Digan la palabra o la frase que mejor explique el significado de las palabras en negrilla *(bold)*. Trabajen juntos y usen toda la información que ya saben sobre música y baile al interpretar estas palabras.

1. Yo voy a ser su instructor de baile **folclórico.**

   _____

2. Este tambor **se encarga** de mantener un ritmo constante.

   _____

3. Cada ritmo obviamente tiene su **paso** básico.

   _____

4. Y vamos a buscar la **acentuación** dentro del ritmo... sería dumdumdumdá, dumdumdumdá.

   _____

5. Y los varones, estén **pendientes** para que vean cómo yo hago los movimientos y que luego lo podamos hacer.

   _____

Al ver el video

¡A bailar! Escoge la palabra que mejor complete las siguientes afirmaciones, de acuerdo con lo que escuchas en el episodio.

1. La persona que no quiere bailar es _____.

   a. Javier b. Sofía c. Valeria

2. El baile que los compañeros van a aprender se llama _____.

   a. la plena b. la bomba c. la mazurka

3. _____ es un tambor que se encarga de mantener un ritmo constante.

   a. El buleador b. La seguidora c. El primo o subidor

4. _____ es un tambor que se encarga de improvisar y marcar los pasos que hace el bailador o la bailadora.

   a. El buleador b. La seguidora c. El primo o subidor

5. Mientras baila, Alejandra se lastima cuando se le dobla _____.

   a. el tobillo b. el dedo c. la rodilla

6. No le sorprende a Alejandra que se lastime fácilmente al bailar porque hace un año se rompió _____.

   a. el brazo b. la pierna c. el pie

7. El instructor de baile le recomienda a Alejandra que _____.

   a. vaya al médico b. aguante y siga bailando c. descanse

8. Alejandra quiere que el instructor _____.

   a. la invite a salir esta noche b. le dé lecciones de baile c. baile con ella

Después de ver el video

¿Una nueva afición? El este episodio los compañeros tuvieron la oportunidad de probar algo nuevo: un baile folclórico puertorriqueño. ¿Qué nueva afición o pasatiempo te gustaría a ti aprender? Escríbelo abajo.

Me gustaría aprender a _____.

Ahora trabaja con un(a) compañero(a) de clase y haz lo siguiente.

1. Pregúntale a tu compañero(a) qué nueva afición o pasatiempo le gustaría aprender. Expresa tu reacción. Puedes usar las expresiones que aparecen a continuación. Por ejemplo: **¡Me alegra de que quieras aprender a montar a caballo porque a mí también me gusta! Monto a caballo desde hace diez años y...**

   Alegrarse (de)

   Estar contento(a) (de)

   Sorprenderse (de)

   Es increíble

   Es bueno

2. Pídele a tu compañero(a) más detalles sobre cómo empezará a practicar esta nueva afición o pasatiempo. Por ejemplo:

   - dónde los practicará

   - cuándo empezará

   - si los practicará solo/a o con otras personas

3. Dale a tu compañero/a un poco de ayuda. ¿Qué le recomiendas que haga? Usa los verbos y expresiones **para dar consejos y recomendaciones** a continuación. Recuerda que hay que usar el subjuntivo en la segunda cláusula (la segunda parte) de la oración.

   querer

   recomendar

   aconsejar

   insistir (en)

   sugerir

   ojalá

   tal vez

   quizás

CAPÍTULO 14

Antes de ver el video

La última actividad. Repasa las estrategias para ver y escuchar en el Capítulo 14, Paso 2 de *¡Dímelo tú!*. Estás a punto de ver el último episodio del video. Antes de despedirse y marcharse de la Hacienda Vista Alegre, los compañeros harán una última actividad juntos. ¿Cuál crees que será esa actividad?

Trabaja con un(a) compañero(a) de clase. Lean las instrucciones que aparecen a continuación. Los compañeros las van a recibir en la primera parte del episodio donde se explica el proyecto. Luego contesten a las preguntas que siguen. **OJO:** Además de la información contenida en las instrucciones no olviden usar lo que ya saben de los compañeros (su personalidad, sus gustos, talentos, etc.) cuando estén respondiendo a las preguntas.

Las instrucciones sobre el proyecto

> «... no pueden irse sin hacer un último proyecto juntos... Este proyecto deberá simbolizar la convivencia, la amistad, la diversidad de culturas y el trabajo en grupo que ustedes han experimentado durante su tiempo en Puerto Rico... Aquí deberán quedar plasmados sus nombres, como un sello del primer grupo que vivió en Hacienda Vista Alegre, y que será admirado por los futuros protagonistas de este proyecto.»

1. ¿Qué tipo de proyecto podrán hacer los compañeros para que su nombre permanezca en la Hacienda Vista Alegre?

   _____

   _____

   _____

2. ¿Cómo contribuirá cada compañero(a) a la realización del proyecto?

   _____

   _____

   _____

Al ver el video

El proyecto. Mientras ves el video, determina si las siguientes oraciones son verdaderas (V) o falsas (F).

_____ 1. Sofía y Javier leen la carta a los demás compañeros.

_____ 2. Antonio sugiere que los compañeros hagan un collage.

_____ 3. Los compañeros deciden pintar un cuadro para su última actividad juntos.

_____ 4. Para su proyecto de arte los compañeros utilizan elementos de postales de su respectivo país.

_____ 5. Sofía dice que va a extrañar las montañas de Vista Alegre.

_____ 6. En su testimonial, Alejandra admite que la experiencia de vivir con cuatro compañeros siempre fue difícil.

_____ 7. Javier opina que su estancia en Puerto Rico cambió su destino.

_____ 8. Valeria cambió de opinión sobre los demás compañeros durante su mes en la Hacienda Vista Alegre.

Después de ver el video

Hechos ciertos e inciertos. Como actividad de toda la clase, van a intentar contestar la siguiente pregunta:

¿Qué piensa hacer cada compañero(a) (Alejandra, Antonio, Javier, Sofía y Valeria) ahora que su mes en Puerto Rico ha terminado?

PASO 1. Trabajen en grupos de cuatro personas. En una hoja aparte, hagan una lista de situaciones futuras que los compañeros van a afrontar, tantos situaciones en común como situaciones individuales (basadas en lo que saben de cada persona). A continuación tienen unos ejemplos para ayudarles a empezar.

Situaciones en común	Situaciones individuales
• Regresar a su casa... • Buscar trabajo...	• La futura relación amorosa entre Valeria y Antonio... • El libro de Sofía...

PASO 2. Denle su hoja con la lista de situaciones a otro grupo de la clase. Lean las situaciones que sus compañeros inventaron y escriban una reacción / opinión para cada situación. Usen las expresiones y conjunciones que aparecen a continuación. Por ejemplo:

Situación: El libro de Sofía
Reacción / Opinión: **Es increíble que** Sofía quiera escribir un libro sobre la cultura taína. Creemos que va a empezar a escribir **tan pronto como** esté en su nuevo apartamento.

Expresiones

(No) dudar que...
(No) creer que...
¿Creer que... ?
(No) pensar que...
Ser probable que...
Ser posible que...
Ser seguro que...
Ser obvio que...
Ser increíble...

Conjunciones y expresiones adverbiales

aunque   a menos que
cuando   antes (de) que
después (de) que   con tal (de) que
en cuanto   en caso (de) que
hasta que   para que
tan pronto como   sin que

PASO 3. Devuélvanle la hoja al grupo original y lean lo que los miembros del otro grupo opinaron sobre las situaciones que Uds. inventaron. ¿Están de acuerdo con sus opiniones? ¿Por qué sí o no?